ÉTUDES ÉPIGRAPHIQUES

SUR

L'ARCHITECTURE GRECQUE

PAR

Auguste CHOISY

INGÉNIEUR EN CHEF DES PONTS ET CHAUSSÉES

PARIS

LIBRAIRIE DE LA SOCIÉTÉ ANONYME DE PUBLICATIONS PÉRIODIQUES
13-15, QUAI VOLTAIRE, 13-15

M DCCC LXXXIV

ÉTUDES ÉPIGRAPHIQUES

SUR

L'ARCHITECTURE GRECQUE

PAR

Auguste CHOISY

INGÉNIEUR EN CHEF DES PONTS ET CHAUSSÉES

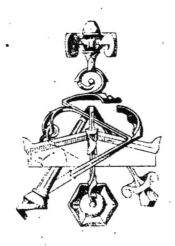

PARIS

LIBRAIRIE DE LA SOCIÉTÉ ANONYME DE PUBLICATIONS PÉRIODIQUES

13-15, QUAI VOLTAIRE, 13-15

—

M DCCC LXXXIV

A Monsieur

E. EGGER

MEMBRE DE L'INSTITUT

Hommage d'une respectueuse reconnaissance

PRÉFACE ·

———

Les textes épigraphiques, qui ont jeté tant de lumière sur les institutions des anciens Grecs, éclairent aussi sur plus d'un point l'histoire et les méthodes de leur architecture.

C'était, on le sait, un usage de consacrer par des inscriptions les décrets ou les titres de quelque importance. Les magistrats préposés aux travaux publics faisaient ainsi graver sur des stèles les actes qui avaient signalé leur gestion : et ces stèles, groupées autour des édifices dont elles retraçaient l'histoire, formaient comme des archives authentiques exposées à tous les yeux : des archives de marbre, plus durables parfois que l'œuvre elle-même, et dont les fragments parvenus jusqu'à nous révèlent les détails de monuments depuis long-temps détruits.

De ces archives, il nous reste des textes de deux sortes : des comptes de dépenses et des descriptions rédigées pour servir de base à des contrats d'entreprise ; des *décomptes* et des *devis*. Les décomptes présentent toute la précision de pièces justificatives destinées à couvrir la responsabilité d'agents sans cesse en butte à ces procès de malver-sation où s'exerçait l'esprit inquiet des orateurs grecs ; quant aux devis, ils embrassent parmi leurs prescriptions les circonstances même les plus accessoires de l'entreprise : énonçant les moindres obligations du contrat sans que les difficultés de l'écriture lapidaire semblent les entraver dans leurs minutieux développements. Nous possédons un devis qui a trait à la pose de treize dalles de trottoir : il comprend plus de cent lignes. On dressait des devis descriptifs pour toute espèce d'ouvrages, même pour des statues[1] ; et, par une omission étrange, pas un de ces devis n'est accompagné d'un dessin : les Grecs acceptent les complications d'une pénible analyse, tandis qu'un plan et quelques cotes pouvaient donner à leur idée une expression si naturelle et si simple.

De ces descriptions, la plus complète a trait à l'Arsenal du Pirée : c'est un document de découverte récente, qu'une fouille heureuse a mis au jour en 1882. Aucune dimension n'y est omise, aucun détail d'exécution n'est laissé dans le vague : tracés d'ensemble, aménagements intérieurs, tout est prévu ; la conception de l'architecte est renfermée là tout entière : mais dans ce texte, comme en général dans ceux qui touchent à l'art de bâtir chez les anciens, l'idée nous est transmise sous les voiles d'un langage technique dont le vocabulaire est en grande partie à reconstituer : nous nous trouvons en face d'une question mixte, qui n'est exclusivement ni du domaine de l'architecture ni du ressort de la philologie ; et l'écueil en cette sorte de problème est de faire à l'induction technique une part trop large. Que d'erreurs circulent sous l'autorité de Vitruve, dont la critique grammaticale ferait justice ! Ai-je échappé à ce genre de méprise ? du moins j'ai senti le danger ; et, pour le prévenir, j'ai plus d'une fois mis à contribution la savante obligeance d'un maître

---

[1] Demosth. *De cor.*, 37.

qui voudra bien, je l'espère, agréer comme une expression de reconnaissance l'hommage de ces Études.

Parmi les inscriptions groupées dans ce recueil, je me suis attaché spécialement à quatre principales, les seules qui m'aient semblé susceptibles d'une interprétation un peu suivie, ce sont :

1° Le devis descriptif de l'Arsenal du Pirée ;

2° Un devis du même genre, relatif à la restauration des murs d'Athènes ;

3° Les comptes de dépenses de l'Erechtheion ;

4° Les prescriptions techniques, administratives et financières qui ont régi les constructions annexes du temple de Livadie.

— Ce dernier document présente un double caractère, administratif et technique. Envisagé au point de vue de l'art des constructions, il nous fait connaître l'outillage entier d'un chantier antique ; au point de vue de l'histoire du droit, il nous montre les garanties extrêmes dont les Grecs entouraient les marchés d'entreprise ; nous y voyons formulé l'usage de réserver à l'État les fournitures de matériaux ; celui de payer les entrepreneurs par voie d'avances échelonnées : tout un système administratif et financier se devine sous les clauses de ce contrat.

J'arrive à deux inscriptions que leur caractère plus spécialement descriptif rapproche davantage de celle de l'Arsenal du Pirée : le devis des murs d'Athènes et le décompte de l'Erechtheion.

Ces textes ont été commentés par d'illustres archéologues, et ma première pensée fut d'enregistrer simplement les résultats des travaux antérieurs. Mais ces travaux, si remarquables au point de vue de la philologie et de l'histoire, je ne tardai point à reconnaître qu'ils étaient loin de fixer le sens technique d'une manière définitive : les détails de charpente contenus dans l'inscription de l'Erechtheion demeuraient inexpliqués ; et, dans le devis des murs d'Athènes, bien des dispositions devaient être conciliées soit avec les exigences militaires, soit avec les principes de l'art de bâtir. La traduction graphique de ces deux textes était à reprendre : et heureusement les découvertes récentes offraient pour cette révision des éléments précieux.

— Restait un groupe d'inscriptions, plus ou moins mutilées et incomplètes, qu'on ne pouvait songer à traduire dans leur ensemble sans recourir à des interpolations risquées, mais qu'on ne pouvait exclure d'un recueil où les faits s'expliquent par voie de rapprochements. Pour ces lambeaux d'inscriptions, je me suis contenté d'une analyse. Enfin dans une série de listes récapitulatives j'ai résumé, pour chaque inscription, les éléments essentiels du vocabulaire technique.

———————

Le principal intérêt qui s'attache à cet ordre de documents, c'est d'embrasser un côté de l'architecture antique dont nous demanderions vainement le secret aux édifices eux-mêmes: je veux parler de cette partie essentiellement périssable des constructions qui constituait leur charpente. Parcourez les ruines d'un temple grec, à peine quelques enclaves vous y indiquent la place des maîtresses-poutres : et ce vague indice laisse pour le surplus des dispositions un champ trop libre aux conjectures; seules les inscriptions permettent de reconstituer ces charpentes disparues. Les comptes de l'Erechtheion nous donnent les détails complets d'un plafond monumental. Le devis du Pirée vient à son tour nous montrer dans une grande application l'état des méthodes de la construction en bois au ivᵉ siècle avant notre ère : méthodes primitives, mais dont la simplicité même est un trait caractéristique de cette époque de l'art.

Deux procédés équivalents dans leurs résultats, bien que fort différents dans leur principe, ont fourni à l'architecture le moyen de couvrir les larges espaces : dans la construction en pierre, l'emploi de la voûte, c'est-à-dire de la pierre agissant par pressions obliques ; dans la construction en charpente, l'emploi des fermes à tirants. Ces deux procédés paraissent également étrangers à l'ancien art grec : pour un constructeur grec, le bois aussi bien que la pierre n'a qu'un mode d'emploi, la superposition pure et simple ; les efforts de la pesanteur n'ont qu'un mode de propagation, la transmission verticale. Point de tensions dans les charpentes ; dans les ouvrages d'appareil, point d'efforts obliques ou de poussées : un empilage de blocs, voilà le résumé de la construction en pierre ; un empilage de poutres, voilà toute l'économie de la construction en charpente. De part et d'autre les conditions d'équilibre sont les mêmes.

De là résultent, entre les constructions d'appareil et les ouvrages en bois, d'inévitables ressemblances ; et, si l'on admet que les Grecs soient les héritiers d'une civilisation où régnait l'usage des charpentes, on conçoit qu'ils aient pu bâtir en pierre sans renoncer aux formes consacrées de leur ancienne architecture[1].

---

[1] J'emprunte cette observation à M. Dieulafoy, qui, dans la 2ᵉ partie de *l'Art antique de la Perse*, met en pleine lumière le passage d'un des deux modes de construction à l'autre.

Appliquons cette remarque à la théorie des ordres ; immédiatement elle concilie entre elles deux hypothèses en apparence opposées :
celle qui, s'appuyant sur la tradition, rattache l'origine des ordres
aux souvenirs de la construction en bois ; et celle qui, se fondant
sur la parfaite appropriation des formes aux convenances d'un appareil de pierre, voit dans les ordres classiques l'influence exclusive
de la matière mise en œuvre.

Une dernière question sur laquelle les textes épigraphiques
fournissent des données d'une indiscutable valeur, est celle des
proportions ; le devis de l'arsenal du Pirée prouve jusqu'à l'évidence que les Grecs s'astreignaient, dans le choix des dimensions,
à des combinaisons de nombres dont l'inflexible rigueur nous paraît
une entrave, mais qui devinrent entre leurs mains un élément
d'ordre et d'harmonie : ils suivaient, sans jamais y déroger, la loi
des rapports simples et des cotes entières (p. 31).

L'heureux effet produit par l'observation de cette loi numérique
n'a rien d'ailleurs qui doive nous surprendre. Les parties diverses
dont se compose une œuvre d'art ne sauraient être indépendantes les
unes des autres, il faut entre elles un lien : et ce lien, dans l'art grec,
est la loi modulaire qui crée l'unité d'impression en subordonnant
toutes les grandeurs à une commune mesure. Dans telle autre
architecture nous trouverions, au lieu d'une loi de nombres, des
tracés géométriques plus ou moins simples ; mais qu'importent ces
différences de procédés ? Au fond de ces architectures rhythmées,
le principe d'harmonie est partout le même et se résume en un mot :
Établir l'ordre ou l'unité dans l'ensemble en soumettant les parties
à une loi de génération commune. Qu'il suffise d'ailleurs d'énoncer

ici le principe; dans les Études qui vont suivre je ne me propose nullement de discuter la valeur des méthodes grecques, mais d'en saisir la trace parmi les documents techniques que renferment les inscriptions. Sans examiner davantage la portée esthétique de la loi des proportions, j'envisagerai désormais cette loi à la manière des faits qui constituent l'histoire de l'art : j'essaierai de préciser le sens que les anciens lui attribuaient, de caractériser la façon dont ils l'ont appliquée, et de marquer enfin l'action qu'elle exerça sur les progrès et le déclin de leur architecture.

L'ARSENAL DU PIRÉE

ÉTUDES

SUR L'ARCHITECTURE GRECQUE

PAR

Auguste CHOISY

INGÉNIEUR EN CHEF DES PONTS ET CHAUSSÉES

1re ÉTUDE

L'ARSENAL DU PIRÉE

D'APRÈS LE DEVIS ORIGINAL DES TRAVAUX

PARIS

LIBRAIRIE DE LA SOCIÉTÉ ANONYME DE PUBLICATIONS PÉRIODIQUES

—

MDCCCLXXXIII

L'ARSENAL DU PIRÉE

La période peut-être la moins connue de l'architecture grecque est celle qui s'étend du siècle de Périclès au siècle d'Alexandre : peu de grands édifices furent élevés pendant cet intervalle[1] ; et c'est à peine si quelques ruines, telles que celles de Palatitza, nous font entrevoir les méthodes de l'architecture à l'époque de Démosthènes. Aujourd'hui il est permis de compter parmi les monuments de cette date un exemple nouveau, l'arsenal de Philon, au Pirée. C'est un édifice qu'on pouvait croire à jamais perdu : Sylla l'avait incendié[2]. Une description vient de nous le rendre, et cette description ne laisse dans le vague aucune des dispositions essentielles de l'œuvre. Non seulement on a le plan général, mais l'appareil et la dimension des pierres, la forme, l'agencement, la grosseur des bois de la charpente, on possède jusqu'aux détails des aménagements intérieurs et du mobilier ; et (ce qui importe beaucoup plus que ces menus faits) on peut, grâce aux cotes authentiques de toutes les parties, rétablir avec une certitude entière la loi harmonique, le canon des proportions qui guida l'architecte ; redessiner, sous sa dictée et par les méthodes mêmes qu'il a suivies, le plan original de son œuvre.

[1] Bœckh, *Die Staatshaushaltung der Athener*, t. I, p. 290. — Cf. Ottfr. Müller, *Archäol.*, 105 ; Heuzey et Daumet, *Mission archéol. de Macédoine*, p. 221.
[2] Plut.. *Sylla*, VI.

1

Un autre genre d'intérêt s'attache à ce monument, c'est qu'il appartient à la catégorie des édifices civils, dont les exemples sont si rares. C'était même, parmi les édifices civils de l'ancienne Grèce, l'un des plus célèbres : Plutarque en parle comme d'un ouvrage admiré[1]; Strabon le cite comme l'un des plus remarquables du Pirée ; et Philon, son architecte, lui avait consacré un traité qui faisait autorité à l'époque de Vitruve.

La description, gravée sur une dalle de marbre, n'est autre chose qu'un programme des travaux, dressé pour servir de base aux marchés à passer avec les entrepreneurs : c'est ce que nous appellerions un devis descriptif, devis qui fut exposé au public à la manière des affiches de nos adjudications.

La date du projet nous est connue ainsi que la durée de l'exécution : M. Foucart a prouvé[2] que les travaux, commencés l'an 346 avant notre ère, se prolongèrent, avec des alternatives d'interruptions et de reprises, jusqu'en 328. Les noms de Démosthènes et de l'orateur Lycurgue sont liés à l'histoire de la fondation de l'arsenal et de son achèvement. On sait que, sur l'avis de Démosthènes, les fonds destinés à l'entreprise furent momentanément consacrés à la guerre contre Philippe ; et, par une singulière rencontre, les Inventaires de la marine athénienne viennent compléter toutes ces indications en nous donnant un relevé des approvisionnements du chantier.

La première édition du *Devis* est due à M. A. Meletopoulos, qui l'accompagna d'une reproduction photographique du marbre[3]; bientôt

---

[1] Plut., *Sylla*, VI ; Strab., IX (Ed. Casaub, p. 395); Vitr., VII, præf.

[2] *Bulletin de Corresp. hellénique*, juillet 1882. Les principaux textes sur lesquels M. Foucart appuie ses conclusions, sont les suivants :

C. I. A., II, 270 ; Philochoros, *Fragm. hist. gr.*, éd. Didot, p. 406 ; C. I. A., II, 240.

[3] Ἀνέκδοτος ἐπιγραφή. Ἡ σκευοθήκη τοῦ Φίλωνος. Athènes, 1882 (in-4°). Cf. Ἀθήναιον, 1882 p. 557.

après, M. Foucart inséra au *Bulletin de l'École française d'Athènes*[1], un commentaire qui fixe les repères chronologiques, et précise les dispositions d'ensemble. M. Th.-W. Ludlow publia dans l'*American Journal of philology*[2], une traduction qui éclaircit sur plusieurs points l'obscurité des termes; et enfin, dans un article de l'*Hermès*[3], M. P. Fabricius discuta le sens technique du texte, en s'attachant à préciser ses interprétations par des dessins. — C'est en m'aidant de ces excellents travaux, et surtout en recourant à l'obligeance infinie de M. Egger, que j'ai pu reconstituer le projet d'exécution du monument. Je me propose ici de développer cette restitution graphique. Mais avant tout il importe de préciser, par une traduction aussi fidèle que possible, le sens littéral du devis.

---

[1] *L'Arsenal de Philon*, contrat pour la construction de la sceuothèque à Zéa : *Bulletin de corresp. hellénique*, juillet 1882.

[2] *American Journal of philology*, vol. III, n° II.

[3] *Hermes, Zeitschrift für classische Philologie*, 1882, p. 541 et suiv.

PREMIÈRE PARTIE

—

LE DEVIS DE L'ARSENAL[1]

1   Les dieux.

Conventions pour l'arsenal de pierre [destiné] aux agrès [de la marine[2] : arsenal] d'Euthydomos, fils de Démétrius de Milet, et de Philon, fils d'Exekestès d'Eleusis.

Bâtir l'arsenal aux agrès à Zéa.

5   On commencera [à bâtir] à partir du propylée de l'agora.

Pour qui s'avance vers [ce propylée] en partant de l'arrière des cales qui ont un toit commun, la longueur [sera] de quatre plèthres, la largeur de cinquante cinq pieds avec les murs.

[Θ]εο[ί].

Σ]υνγραφαὶ τῆς σκευοθήκης τῆς λιθίνης τοῖς κρεμαστοῖς σκεύεσιν

Εὐθυδόμου· Δημητρίου Μελιτέως, Φίλωνος Ἐξηκεστίδου Ἐλευσινίου.

Σκευοθήκην οἰκοδομῆσαι τοῖς κρεμαστοῖς σκεύεσιν. ἐν Ζείαι. Ἀρξά-

5 μενον ἀπὸ τοῦ προπυλαίου τοῦ ἐξ ἀγορᾶς. Προσιόντι ἐκ τοῦ ὄπισθεν τῶν ν-

εωσοίκων τῶν ὁμοτεγῶν, μῆκος τεττάρων πλέθρων, πλάτος πεντήκοντα π-

---

[1] Dans ce devis, les dimensions sont exprimées en pieds, palmes et doigts.
Le pied grec est d'environ 0ᵐ,308.

On sait d'ailleurs que le palme est le quart du pied, et le doigt le quart du palme : en d'autres termes, les dimensions sont données en pieds, quarts et seizièmes de pied.

[2] Littéralement : « Pour les objets qui se suspendent [aux navires]. » On en trouvera la nomenclature au chap. VI du mém. de M. Cartaud sur *la Trière athénienne*. — Quant

Ayant creusé l'emplacement sur une épaisseur de trois pieds à partir du point le plus haut et ayant régularisé le surplus : sur l'aire on posera les assises d'un massif et on les élèvera [les arasant] en tête à hauteur uniforme : le tout dressé au niveau.

10 On prolongera les assises [du massif] jusque sous les piliers, en réservant à partir de chaque mur un espace [qui est] de quinze pieds y compris l'épaisseur du pilier[1].

Nombre des piliers de chaque file : trente-cinq, les deux files laissant entre elles au milieu de l'arsenal un passage public.

Dans l'intervalle entre les [deux files de] piliers, [intervalle qui sera de] vingt pieds, on élèvera le massif [jusqu'à] la hauteur de quatre pieds, posant les pierres alternativement en manière de clayonnage[2] et dans le sens de la longueur.

15 On construira les murs de l'arsenal ainsi que les piliers en pierre d'Acté, donnant aux murs un socle (A). Largeur des pierres [de ce socle] : trois pieds; épaisseur, trois demi-pieds: longueur, quatre

οδῶν καὶ πέντε σὺν τοῖς τοίχοις. Κατατεμὼν τοῦ χωρίου βάθος ἀπὸ το-
ῦ μετεωροτάτου τρεῖς πόδας, τὸ ἄλλο ἀνακαθράμενος, ἐπὶ τὸ στέριφ-
ον στρωμάτιεῖ καὶ ἀναλήψεται ἴσον κατὰ κεφαλὴν · ἄπαν ὀρθὸν πρὸς τ-
10 ὸν διαβήτην. Στρωμάτιεῖ δὲ καὶ τοῖς κίοσιν ἀπολείπων ἀπὸ τοῦ τοίχου ἑκατέρου πέντε κ[αὶ δέκα] πόδας σὺν τῶι πάχει τοῦ κίονος. Ἀριθμὸς
τῶν κιόνων ἑκατέρου τοῦ στοίχου πέντε καὶ τριάκοντα, διαλείπων δ-
[ί]οδον τῶι δήμωι διὰ μέσ[η]ς τῆς σκευοθήκης. Πλάτος τὸ μεταξὺ τῶν κιόνων εἴκοσι ποδῶν , πάχος ἐπιθήσει τὸ στρῶμα τετράπουν, τιθεὶς τοὺς
15 λίθους ἐναλλὰξ [φ]ορ[μηδ]ὸν καὶ παρὰ μῆκος. Οἰκοδομήσει δὲ τοὺς τοίχους τῆς σκευοθήκης καὶ [τ]οὺς κίονας ἀκτίτου λίθου, θεὶς εὐθυντηρί-

aux personnages qui donnent leur nom à l'arsenal, M. Foucart, se fondant sur une analogie empruntée à l'inscription des murs d'Athènes, pense que ces personnages sont l'un des épistates de la construction et l'architecte.

[1] C. à d. on interrompra le remblai dans l'intervalle compris entre chacun des murs et la file de colonnes : intervalle qu'il faudra plus tard recouvrir d'un plancher (l. 66).

Cf. Thucyd. II, 75.

pieds, sauf les [pierres d'] angles, longues de quatre pieds trois palmes.

Sur ce socle et suivant son milieu, on dressera des pierres de
20 soubassement (B) longues de quatre pieds, épaisses de cinq demi pieds et un doigt, hautes de trois pieds, sauf celle des angles, [dont la] longueur [sera] réglée d'après la mesure des triglyphes : en réservant, sur la largeur de l'arsenal, des portes [au nombre de] deux de chaque côté; largeur, neuf pieds.

Et de chaque côté, dans l'intervalle des deux portes, on bâtira un jambage séparatif (C) ayant en largeur deux pieds et s'avançant de dix pieds vers l'intérieur. Et on coudera jusqu'aux premiers
25 piliers le mur (C', C'') contre lequel s'ouvrira chacune des deux portes.

Et sur le soubassement (B) on bâtira les murs à l'aide de pierres ayant en longueur quatre pieds, en largeur cinq demi-pieds; toutefois aux angles la longueur [des pierres sera réglée] d'après la mesure des triglyphes. Épaisseur trois demi-pieds.

Et on donnera au mur, au-dessus du socle, une hauteur de
30 vingt-sept pieds y compris le triglyphe sous la corniche.

χν τοῖς τοίχοις, πλάτος τριῶν ποδῶν, πάχος τριῶν ἡμιποδίων, μῆκος τ-
ετραπόδων τῶν [λίθ]ων, ἐπὶ δὲ ταῖς γωνίαις τετραπόδων καὶ τριῶν παλαστῶν. Καὶ ἐπὶ τῆς εὐθυντηρίας ἐπιθήσει ὀρθοστάτας περὶ μέσηι τῆ-
20 ι εὐθυντηρίαι, μῆκος τετράποδας, πάχος πενθημιποδίων καὶ δακτύλου, ὕψος τρίποδας, τοὺς δ᾽ ἐπὶ ταῖς γωνίαις μῆκος ἐκ τοῦ μέτρου τῶν τριγλύφων, διαλείπων θυραίας κατὰ τὸ πλάτος τῆς σκευοθήκης, δύο ἐκ[α]-
τέρωθεν, πλάτος ἐννέα ποδῶν. Καί οἰκοδομήσει μέτωπον ἑκατέρωθε[ν]
ἐν τῶι μετ[αξ]ὺ τῶν θυρῶν πλάτος δίπουν, εἰς δὲ τὸ εἴσω δεκάπουν· καὶ π-
25 ερικάμψει τὸν τοῖχον μέχρι τῶν πρώτων κιόνων πρὸς ὃν ἀνοίξεται ἡ
θύρα ἑκατέρα. Ἐπὶ δὲ τοῦ ὀρθοστάτου πλινθίσιν οἰκοδομήσει τοὺς τ-
οίχους, μῆκος τετράποσιν, πλάτος πέντε ἡμιποδίων, ἐπὶ δὲ ταῖς γωνίαις μῆκος ἐκ τοῦ μέτρου τῶν τριγλύφων, πάχος τριημιποδίοις. Ὕψος δ-
ὲ ποιήσει τῶν τοίχων ἀπὸ τῆς εὐθυντηρίας ἑπτὰ καὶ εἴκοσι ποδῶν σὺ-
30 ν τῆι τριγλύφωι ὑπὸ τὸ γεῖσον, τὰς δὲ θυραίας ὕψος πέντε καὶ δέκα πο-

Et [on fera] les portes d'une hauteur de quinze pieds et demi. Et on les surmontera de linteaux (D) en pierre du Pentélique de douze pieds de longueur, de même épaisseur que les murs et d'une hauteur [égale à] deux assises, après avoir dressé des jambages de pierre du Pentélique ou de l'Hymette et posé des seuils (E) [en pierre] de l'Hymette. Et on posera sur les linteaux une corniche faisant saillie de trois demi-pieds.

35 Et on fera des fenêtres (F) au pourtour, dans tous les murs : une dans chaque intervalle de piliers, et, sur la largeur, trois de chaque côté[1]; hauteur trois pieds, largeur deux pieds. Et on ajustera dans chaque fenêtre des garnitures en bronze s'ajustant.

Et, sur tout le pourtour, on surmontera les murs de corniches, et on construira les frontons et on les surmontera de corniches rampantes.

40 Et on dressera les piliers après avoir posé sous eux un stylobate (G) ayant en crête même hauteur que le socle. Épaisseur [des pierres], trois demi-pieds; largeur, trois pieds un palme; longueur quatre pieds.

Épaisseur des piliers, au bas, deux pieds trois palmes; longueur,

δῶν καὶ ἡμιποδίου. Καὶ ἐπιθήσει ὑπερτόναια λίθου πεντεληικοῦ, μῆκος δώδεκα ποδῶν, πλάτος ἴσα τοῖς τοίχοις, ὕψος δίστοιχα, παραστάδας στήσας λίθου πεντεληικοῦ ἢ ὑμηττίου, ὀδοὺς ὑποθεὶς ὑμηττίους · καὶ γεῖσον ἐπιθήσει ἐπὶ τῶν ὑπερτοναίων, ὑπερέχον τρία ἡμιπόδια.

35 Καὶ ποιήσει θυρίδας κύκλωι ἐν ἄπασιν τοῖς τοίχοις, καθ' ἕκαστον τὸ μεταχιόνιον, ἐν δὲ τῶι πλάτει τρεῖς ἑκατέρωθεν, ὕψος τριῶν ποδῶν, πλάτος δυοῖν ποδοῖν. Καὶ ἐναρμόσαι εἰς ἑκάστην τὴν θυρίδα χαλκᾶς θυρίδας ἁρμοττούσας. Καὶ ἐπιθήσει ἐπὶ τοὺς τοίχους γεῖσα κύκλωι καὶ τοὺς αἰετοὺς οἰκοδομήσει καὶ γεῖσα ἐπιθήσει καταιέτια. Καὶ στ-

40 ήσει τοὺς κίονας, ὑποθεὶς στυλοβάτην κατὰ κεφαλὴν ἴσον τῆι εὐθυντηρίαι, πάχος τριῶν ἡμιπόδων, πλάτος δὲ τριῶν ποδῶν καὶ παλαστῆς. μῆκος τεττάρων ποδῶν. Πάχος τῶν κιόνων κάτωθεν δυοῖν ποδοῖν καὶ τ-

[1] C. à d. trois dans chacun des murs-pignons.

chapiteau compris, trente pieds; chaque [pilier composé] de sept vertèbres longues de quatre pieds, sauf la première [qui sera] de cinq pieds. Et on posera sur les piliers des chapitaux en pierre 45 du Pentélique (H).

Et on posera des architraves de bois (I) au-dessus des piliers, les ayant ajustées. Largeur, cinq demi-pieds; hauteur, sur la plus haute des deux faces[1], neuf palmes. Nombre : dix-huit sur chaque rangée[2].

Et on posera sur les piliers, au-dessus du passage, des entraits (K) égaux en largeur et en hauteur aux architraves.

Et au-dessus on posera des faîtages (L) : largeur, sept palmes, 50 hauteur, cinq palmes et deux doigts, sans [tenir compte de] la pente[3], après avoir posé par dessous [en l'appuyant] sur l'entrait une sous-poutre (M) longue de trois pieds, large de trois demi-pieds.

Et on assemblera les faîtages par des broches sur les entraits.

Et on posera sur eux des chevrons (N) d'une épaisseur de dix

ριῶν παλαστῶν, μῆκος σὺν τῶι ἐπικράνωι τριάκοντα ποδῶν, σφονδύλω-
ν ἕκαστον ἑπτά, μῆκος τετραπόδων, τοῦ δὲ πρώτου πεντέποδος. Τὰ δὲ ἐπ-
45 ίκρανα ἐπιθήσει ἐπὶ τοὺς κίονας λίθου πεντεληικοῦ. Καὶ ἐπιθήσει
ἐπιστύλια ξύλινα ἐπὶ τοὺς κίονας, κολλήσας, πλάτος πέντε ἡμιποδίων, ὕψος ἐννέα παλαστῶν ἐκ τοῦ ὑψηλοτέρου, ἀριθμὸς δεκαοκτὼ ἐφ' ἑκά-
τερον τὸν τόνον. Καὶ μεσόμνας ἐπιθήσει ἐπὶ τοὺς κίονας ὑπὲρ τῆς δι-
όδου, πλάτος καὶ ὕψος ἴσα τοῖς ἐπιστυλίοις. Καὶ ἐπιθήσει κορυφαῖα,
50 πλάτος ἑπτὰ παλαστῶν, ὕψος δὲ πέντε παλαστῶν καὶ δυοῖν δακτύλοιν
ἄνευ τῆς καταφορᾶς, ὑποθεὶς ὑπόθημα ἐπὶ τῆς μεσόμνης, μῆκος τριῶν
ποδῶν, πλάτος τριῶν ἡμιποδίων. Καὶ διαρμόσει τὰ κορυφαῖα κερκίσι-
ν ἐπὶ τῶν μεσομνῶν, καὶ ἐπιθήσει σφηκίσκους, πάχος δέκα δακτύλων, π-

[1] Cette indication était nécessaire; car ainsi que le montre le dessin, les deux faces de l'architrave sont d'inégales hauteurs.
[2] Une pièce d'architrave répond ainsi à deux intervalles de pieds-droits.
[3] C. à d. sans tenir compte des levées qu'on devra opérer pour faire suivre au faîtage les deux contre-pentes de la toiture.

doigts, d'une largeur de trois palmes et trois doigts, séparés les uns des autres par des intervalles de cinq palmes.

55 Et ayant posé par dessus [ces chevrons] des madriers (P) larges d'un demi-pied, épais de deux doigts, séparés les uns des autres de quatre doigts ; et ayant posé sur [ces madriers] des voliges épaisses de un doigt, larges de six doigts ; ayant cloué [ces voliges] à l'aide de clous de fer [et les] ayant enduites, on fera la toiture en tuile de Corinthe s'assemblant une [tuile] avec l'autre.

Et on posera au-dessus des portes, sur les jambages séparatifs (C),
60 du côté de l'intérieur, un plafond (Q) en pierre de l'Hymette.

Et on mettra aux portes de l'arsenal des vantaux s'ajustant dans les baies, et qui seront extérieurement en bronze.

Et on dallera le sol en pierres qui, suivant leur tranche, s'ajusteront tout à fait les unes contre les autres ; et on achèvera de rendre [le dallage] droit et uni par-dessus.

Et on interceptera chaque entre-colonnement par deux murs d'appui (R) en pierres de champ de trois pieds de hauteur ; et dans
65 l'intervalle entre [ces murs d'appui] on disposera une grille se fermant.

Et on fera aussi les planchers de l'intervalle [1], sur lesquels les

λάτος τριῶν παλαστῶν καὶ τριῶν δακτύλων, διαλείποντας ἀπ' ἀλλήλω-
55 ν πέντε παλαστάς. Καὶ ἐπιθεὶς ἱμάντας, πλάτος ἡμιποδίου, πάχος δυοῖν δακτύλοιν, διαλείποντας ἀπ' ἀλλήλων τέτταρας δακτύλους, καὶ ἐπιθεὶς καλύμματα, πάχος δακτύλου, πλάτος ἓξ δακτύλων, καθηλώσας ἥλοις σιδηροῖς, δορώσας, κεραμώσει κορινθίωι κεράμωι ἁρμόττοντι π-
ρὸς ἄλληλον. Καὶ ἐπιθή[σ]ει ὑπὲρ τῶν θυρῶν ἐπὶ τὰ μέτωπα ἐκ τοῦ ἐντὸς
60 ὀροφὴν λιθίνην λίθου ὑμηττίου. Καὶ θύρας ἐπιθήσει τῆι σκευοθήκη-
ι ἁρμοττούσας εἰς τὰς θυραίας, χαλκᾶς ἔξωθεν ποιήσας. Καὶ συντρώ-
σει τὸ ἔδαφος λίθοις τὸ ἐντός ἅπαν συναρμόττουσι πρὸς ἀλλήλους, κ-
αὶ ἐπεργάσεται ὀρθὸν καὶ ὁμαλὲς ἄνωθεν. Καὶ διαφράξει τὸ μετατύ-
λιον ἕκαστον ὀρθοστάταις δυοῖν λιθίνοις, ὕψος τριῶν ποδῶν, καὶ ἐν
65 τῶι μεταξὺ κινκλίδα ἐπιθήσε[ι] κλειομένην. Ποιήσει δὲ καὶ τὰς ὀροφ-

----

[1] C. à d. de l'intervalle vide ménagé dans les substructions (l. 10 et 11).

agrès seront déposés ; [on les fera] en reliant de chaque côté [de l'édifice] la face intérieure des piliers avec les murs à l'aide d'une poutre (S) au droit de chaque pilier et [d'une poutre] accolée à chacun des murs extrêmes : [poutres ayant] cinq palmes de largeur [et] une hauteur de un pied, pénétrant d'une part de trois palmes dans le mur ; d'autre part on dressera contre chaque pilier des pilastres adossés, en pierre (T).

70 Et sur les poutres on posera des solives (N') : sept de chaque côté [de l'édifice], occupant tout l'intervalle jusqu'aux piliers. Largeur trois palmes, épaisseur un demi-pied.

Et on recouvrira toute la surface à l'aide de planches, les ayant juxtaposées et rendues jointives. Largeur trois pieds, épaisseur deux doigts.

Et on fera aussi[1] des tablettes[2] (K' et K") sur lesquelles seront
75 déposées les ceintures de navires[3] et les autres agrès ; [on les fera]

ὰς τὰς διαμέσου, ἐφ' ὧν τὰ σκεύη κείσεται, τὸ ἐντὸς τῶν κιόνων ἐκατέρωθεν μέχρι τοῦ τοίχου διαρμόσας καθ' ἕκαστον τὸν κίονα καὶ παρὰ τὸ-
ν τοῖχον ἐκατέρωθεν διερείσματι, πλάτος πέντε παλαστῶν, ὕψος ποδ-
ιαίωι· ἐπιβάλλοντι ἐπὶ μὲν τὸν τοῖχον τρεῖς παλαστάς, παρὰ δὲ τὸν κ-
70 ίονα παραστύλια στήσει λίθινα. Καὶ ἐπὶ τῶν διερεισμάτων ἐπιθήσε-
ι σφηκίσκους ἑπτὰ ἐφ' ἑκάστην τὴν χώραν συμπληρῶν μέχρι τῶν κιόνω-
ν, πλάτος τριῶν παλαστῶν, πάχος ἡμιποδίου. Καὶ συνστρώσει πίναξιν
ἅπαν τὸ χωρίον, συμβαλὼν καὶ κολλήσας, πλάτος τρίποδας, πάχος δυοῖ-
ν δακτύλοιν. Ποιήσει δ[ὲ κ]αὶ μεσόμνας, ἐφ' ὧν κείσεται τὰ ὑποζώματα κ-
75 αὶ τ'ἄλλα σκεύη παρ' ἐκάτερον τὸν τοῖχον, διπλᾶς τὸ ὕψος, καὶ ἐπικάμψ-

[1] Ici commence la description de l'aménagement intérieur; le texte la divise en deux parties :
1° (l. 74 à 79) : description générale ;
2° (l. 79 à 84) : détails techniques.
[2] Le mot μεσόμνη a été précédemment employé (l. 48) pour désigner l'entrait de la charpente: Dans les deux cas, l'idée à laquelle il répond est celle d'une pièce suspendue dans l'espace.
[3] Bœckh considère cet agrès comme une ceinture de cordage renforçant le navire : **Urk.** p. 133-138.

le long de chacun des deux murs, et doubles en hauteur. Et on les coudera le long des murs en retour et suivant [l'alignement des] colonnes : on les coudera de chaque côté [de l'édifice]. Et on fera la tablette inférieure (K') à une hauteur de quatre pieds à partir du plancher, et la tablette supérieure (K″) distante de l'autre de cinq pieds.

Ayant dressé, depuis le plancher inférieur jusqu'au plancher su-
80 périeur, un montant (v) de un demi-pied, épais de six doigts [et] ayant fixé contre les montants des traverses (s' et s″) de même épaisseur [qu'eux], on posera sur ces [traverses] des tasseaux continus (x et z), un de chaque coté, épais de six doigts dans chaque sens ; et sur ces [tasseaux] on posera après les avoir rendues jointives, des planches longues de quatre pieds, larges de trois pieds, épaisses de deux doigts, et on les clouera s'assemblant et affleurant avec les tasseaux.

85   Et on fera des échelles de bois pour monter sur les tablettes.

Et on fera aussi des coffres pour les voiles et les garnitures blanches[1] : [on les fera] au nombre de cent trente-quatre, d'après

ει παρὰ τοὺς πλ[α]γίους τοίχους καὶ κατὰ τοὺς κίονας· ἐπικάμψει καθ'
ἑκάστην τὴν χώραν. Ὕψος δὲ ποιήσει ἀπὸ τῆς ὀροφῆς τεττάρων ποδῶν, τ-
ὴν δὲ ἐπάνω μεσόμνην ἀπὸ τῆς ἑτέρας ἀπέχουσαν πέντε πόδας. Ἰκριωτ-
ήρα στήσας ἀπὸ τῆς κάτω ὀροφῆς μέχρι τῆς ἄνω ὀροφῆς, πλάτος ἡμιποδ-
80 ίου, πάχος ἓξ δακτύλων, διερείσας διερείσματα εἰς τοὺς ἱκριωτήρα-
ς τὸ αὐτὸ πάχος, θράνους ἐπιθήσει διανεχεῖς, ἕνα ἑκατέρωθεν, πάχος
ἓξ δακτύλων πανταχῆι· καὶ ἐπὶ τούτων ἐπιθήσει πίνακας συνκολλήσ-
ας, μῆκος τετράποδας, πλάτος τρίποδας, πάχος δυοῖν δακτύλοιν καὶ [κ]-
αθηλώσει συναρμόττοντας ἐξ ἴσου τοῖς θράνοις. Καὶ κλίμακας ποιή-
85 σει ξυλίνας ἀναβαίνειν ἐπὶ τὰς μεσόμνας. Ποιήσει δὲ καὶ κιβωτοὺς
τοῖς ἱστίοις καὶ τοῖς παραρρύμασιν τοῖς λευκοῖς ἀριθμὸν ἑκατὸν
τριάκοντα τέτταρας, πρὸς τὸ παράδειγμα ποιήσας, καὶ θήσει κατὰ τὸ-

---

[1] D'après M. Cartaud (la Trière athén.), cet agrès serait une tenture d'étoffe peu combustible servant à protéger le navire contre l'incendie.

le modèle [qui sera fourni]; et on les placera un en face de chaque
pilier, et un dans l'espace intermédiaire. Et les fera s'ouvrant : ceux
posés le long des murs, par leur face antérieure; et au contraire,
90 ceux posés en face des piliers, par l'une et l'autre de leurs faces
latérales, afin de permettre aux promeneurs de voir en quel état
se trouvent tous les objets [contenus] dans l'arsenal.

Et, afin qu'il y ait de la fraîcheur dans l'arsenal, lorqu'on bâtira
l'arsenal on laissera des interstices entre les pierres si l'architecte
l'ordonne.

95 Le tout, les entrepreneurs l'exécuteront selon les [présentes] conventions, et selon les mesures et selon le modèle qu'expliquera
l'architecte, et ils livreront chacun des ouvrages dans les délais
souscrits par eux.

ν κίονα ἕκαστον καὶ μίαν εἰς τὸ καταντ[ικρὺ] χωρίον. Καὶ ποιήσει ἀνο-
ιγνυμένας τῶμ μὲν πρὸς τῶι τοίχωι κειμένων τὸμ πρόσθιον τοῖχον, τ-
90 ῶν δὲ κατὰ τοὺς κίονας κειμένων ἀμφοτέρους τοὺς πλαγίους τοίχου-
ς, ὅπως ἂν ἦι ὁρᾶν ἅπαντα τὰ σκεύη διεξιοῦσιν, ὅπως ἂν ἦι ἐν τῆι σκευοθήκηι. Ὅπως δ' ἂν καὶ ψῦχος ἦι ἐν τῆι σκευοθήκηι, , ὅταν οἰκοδομῆι τοὺ-
ς τοίχους τῆς σκευοθήκης, διαλείψει τῶν πλινθίδων ἐν τοῖς ἁρμοῖς ἦ-
ι ἂν κελεύηι ὁ ἀρχιτέκτων. Ταῦτα ἅπαντα ἐξεργάσονται οἱ μισθωσάμ-
95 ενοι κατὰ τὰς συγγραφὰς καὶ πρὸς τὰ μέτρα καὶ πρὸς τὸ παράδειγμα, ὃ
ἂν φράζηι ὁ ἀρχιτέκτων, καὶ ἐν τοῖς χρόνοις ἀποδώσουσιν, οἷς ἂν μισ-
θώσουνται ἕκαστα τῶν ἔργων.

DEUXIÈME PARTIE

—

ÉTUDE DES DISPOSITIONS TECHNIQUES

———

A travers les chiffres et les prescriptions minutieuses du contrat, on distingue sans peine l'économie générale du projet.

L'édifice est à la fois une promenade publique et un arsenal : sa situation entre l'agora et les loges de navires explique sa double destination, et son plan y répond à merveille. L'intérieur, allongé en forme de galerie, est partagé en trois nefs par deux files de minces piliers ; aux promeneurs est livrée la nef centrale, et ce sont les bas côtés qui constituent l'arsenal. Pour que la conservation des agrès soit mieux assurée, ces bas côtés ont pour sol un plancher sous lequel l'air circule. Deux étages de tablettes règnent le long des murs ; et, au-dessus des piliers, une charpente, faite de bois énormes, est laissée entièrement apparente. Point d'autre décoration à l'intérieur, que le couronnement même des piliers et, au dehors, une frise à triglyphes ; point d'autres ouvertures que des meurtrières pratiquées au sommet des murs et, à chaque extrémité de la nef centrale, deux larges portes donnant libre accès à la foule. Il y a dans ce parti si net, si franchement rendu, je ne sais quelle dignité sévère dont l'impression devait être saisissante. Qu'on se figure, sur une longueur comparable à celle de la colonnade du Louvre, une charpente dont la simplicité monumentale fait songer à celles des vieilles basiliques de l'Italie. La promenade couverte, éclairée seulement par les baies étroites des galeries qui la bordent, se dessine dans cette lumière vague qui ajoute aux illusions de la profondeur ; et, aux heures chaudes du jour, on la voit s'animer des mouvements de la foule qui vient chercher la fraîcheur sous son grand vaisseau sombre.

I. — CONSTRUCTIONS EN PIERRE

1° Substructions

L'édifice repose sur le roc vif. Le roc fut aplani (apparemment par gradins), et la plate-forme fut construite non point à l'aide de remblais, mais au moyen d'assises de libages qui se croisent « à la façon d'un treillis ». Le texte n'indique point de fondations spéciales pour les murs non plus que pour les piles de la nef : le massif de la plate-forme constitue un radier général sur lequel les murs et les piles s'appuient sans intermédiaire [1].

2° Appareil des murs

Les pierres, bien entendu, étaient superposées sans mortier ; et il est permis d'inférer des Inventaires de la marine, que ces pierres étaient réunies par des ferrements scellés au plomb : un des inventaires porte en effet l'indication formelle d'un approvisionnement de 335 pierres taillées, « avec le plomb [2] ». Le même inventaire enregistre ensuite

---

[1] Voir, sur la pratique de ce mode de construction, Hittorff, *Monuments de Ségeste et de Sélinonte*, p. 505.

[2] Bœckh, *Urkunden über das Seewesen des Attischen Staats*, p. 404, (l. 95).

Les mots qui servent à désigner les crampons et les goujons sont δεσμά et γόμφος : voir sur le sens de ces deux mots Fabricius, *De archit. gr. commentat. epigr.* (1881), p. 61.

55 crampons et un goujon en fer : ce sont là précisément les ferrements que le plomb doit sceller.

Mais le fait essentiel est l'échantillonnage absolument régulier des pierres : toutes offrent en parement une longueur uniforme de 4ᴾ, sauf les pierres d'angles qui seront réglées, dit le texte, « d'après la mesure des triglyphes ».

— La prescription relative aux pierres d'angle contient l'énoncé d'une règle d'appareil qui fut observée dans presque tous les monuments des belles époques : au temple de Thésée, aux Propylées de l'Acropole, etc., la pierre d'angle est précisément égale à une pierre d'appareil courant, augmentée de la largeur d'un triglyphe[1]. — Telle était la dimension des pierres d'angle à l'arsenal de Philon : et si par contre-épreuve on déduit de la longueur des pierres courantes, qui est donnée, la largeur du triglyphe que l'auteur du marché a omise, on trouve par le calcul le plus élémentaire que la largeur du triglyphe était de 1ᴾ 1/2.

Cela posé il est aisé de reconnaître à l'inspection du plan (pl. I, fig. 2), que les pierres d'angle de la façade principale mesuraient alternativement 5ᴾ 1/2 et 3ᴾ 1/2 de longueur. Ces deux chiffres excédant l'un et l'autre l'épaisseur du mur qui est seulement de 2ᴾ 1/2, il est clair que les angles ne pouvaient être exécutés suivant le système d'appareil dit *en besace :* les pierres d'angle se coudaient; disposition qui ne serait pas recommandable pour des murs fondés sur un sol moins résistant et soumis à de lourdes charges, car au moindre tassement elle amènerait des ruptures.

[1] On peut se rendre compte de cette loi d'appareil par les dessins de Stuart et Revett (*Antiquités d'Athènes*).

3° LES PILIERS

En quoi consistent les piliers de l'édifice?

Le texte ne désigne nulle part ces piliers par le nom de στῦλα (colonnes) ; le radical στῦλος revient à plusieurs reprises dans quelques dérivés techniques tels que στυλοβάτης, ἐπιστύλιον, παραστύλιον, où sa présence ne pouvait donner lieu à aucune équivoque; mais, pour désigner le pilier lui-même, c'est de parti pris que l'auteur du devis use du mot κίων. Cela est significatif : *Les piliers ne sont pas des colonnes, mais bien des pilastres à section carrée.*

Les cotes fournissent à cet égard une preuve décisive :

1° La hauteur, égale à 30ᵖ, représente en chiffre rond onze fois l'épaisseur du fût ;

2° Le talus de ce fût est imperceptible : ce fût ne pouvant être plus mince que l'architrave à laquelle il sert de support, l'inclinaison de ses génératrices par rapport à la verticale ne saurait excéder 1/240;

3° Enfin le chapiteau, dont la hauteur est de 1ᵖ, représente seulement 1/30 de la hauteur totale : à peine la moitié de ce qui conviendrait au chapiteau d'une colonne.

De telles proportions sont en complet désaccord avec celles des colonnes. Et au contraire, si l'on se place dans l'hypothèse d'une *ante* ou pilier carré, tout s'explique :

1° La hauteur du fût comparée à son épaisseur n'a rien d'exagéré pour une ante[1].

---

[1] Au monument de Thrasyllus, le pilier carré qui portait l'architrave était plus élancé encore (voir les relevés de Stuart): or le monument de Thrasyllus se rapproche beaucoup par sa date de l'arsenal de Philon.

2° Le talus presque inappréciable du fût est parfaitement en rapport avec ce qu'on sait du retrait des antes dans les édifices grecs ;

3° A son tour le chapiteau, avec sa hauteur insignifiante, répond sans difficulté à un chapiteau d'ante, et s'accommode fort bien de la moulure traditionnelle en bec-de-corbin que nous avons adoptée pour son tracé.

Ajoutons que la stabilité d'un pilier carré est supérieure à celle d'un fût cylindrique ; et, pour des supports aussi grêles, ce surcroît de garantie n'était nullement à négliger.

La forme des piliers ne saurait donc laisser de doute. Peut-être même serait-on fondé à reconnaître ici cet ordre de supports à section carrée que Pline nous a décrits sous le nom d'ordre attique [1].

Quoi qu'il en soit, la hardiesse de la construction est extrême : des piliers et des murs isolés, dont l'épaisseur n'atteint pas le onzième de leur hauteur, représentent une limite de légèreté qu'on ne saurait dépasser sans risque : les pleins correspondent à peu près au dixième du vide intérieur; et ce ne fut pas un des moindres mérites de l'architecte Philon d'avoir su donner à une construction si légère cet aspect monumental que les anciens admiraient en elle.

II. — CHARPENTE ET TOITURE

Avant la découverte du devis du Pirée, on n'avait sur les charpentes antiques que les notions les plus vagues. On lisait dans l'Inscription des murs d'Athènes, les détails de l'abri qui couvrait une galerie de ronde [2]; les Inventaires de l'Erechtéion donnaient les noms

---

[1] Plin. hist. nat. XXXVI, 56.

[2] Inscript. des murs d'Athènes: Ottfr. Müller, De munim. Athen.; cf. Rangabé, Antiq. hell. 771.

— Plafond et comble de l'Erechtéion: Corp. I. gr. 160.

— Indications techniques de Vitr. : IV, ii; V, i; cf. C. I. lat. 577.

des principales pièces d'un comble ; une phrase ou deux de Vitruve, des descriptions d'engins de guerre et les indications très sommaires de quelques bas-reliefs, voilà ce qu'on possédait en fait de renseignements sur l'art de la charpenterie : l'histoire de la construction présentait sur ce point une regrettable lacune, que le devis de Philon vient remplir.

1° Plancher des nefs latérales

Il ne diffère par rien d'essentiel de nos planchers modernes : des poutres, un solivage, une plate-forme. — L'appui des poutres est le seul détail qui mérite de nous arrêter :

À l'extrémité qui bute contre le mur d'enceinte, rien n'empêchait un appui par encastrement : et ce fut là en effet le parti adopté. Mais à l'autre bout, un encastrement eût affaibli le stylobate dans la partie qui supporte la charge des piliers : aussi, au lieu d'encastrer la poutre par cette extrémité, l'architecte eut le soin de la maintenir par un dé S[1].

2° Charpente du comble

Sur les sommets des piles règne tout le long de la nef centrale un poitrail ou architrave I, composé de pièces d'un équarrissage de 2ᵖ 1/2 sur 2ᵖ 1/4, dont chacune embrasse deux entre-axes de piliers ; les poitraux extrêmes s'enfoncent dans l'épaisseur des murs de tête.

Transversalement à la nef, des pièces de même équarrissage K,

---

[1] Jusqu'ici, les interprètes du devis de Philon ont généralement admis que le plancher destiné à recevoir les agrès *entresolait* les nefs latérales de l'édifice : Cette disposition eût été bien incommode et bien peu stable. Mais une considération qui nous paraît plus décisive encore, c'est que le texte ne dit rien de la cote de hauteur de ce plancher : ce serait une omission étrange, sans exemple dans un devis aussi circonstancié. — En fait, le texte parle non pas d'*un* plancher vaguement situé à mi-hauteur des nefs latérales, mais *du* plancher franchissant un vide dont le lecteur est censé connaître déjà l'existence (ὀροφὴ διὰ μέσου) : ce vide, c'est évidemment la lacune laissée dans le massif de substruction (l. 10). Si le devis n'indique point de cote pour le niveau du plancher, c'est que la cote va de soi : elle n'est autre que celle du dessus du stybolate.

forment traverses et relient les deux cours de poitraux l'un à l'autre : l'ensemble constitue au sommet des piliers comme un grillage d'une solidité à toute épreuve ; et c'est sur ce grillage que repose simplement le plancher incliné de la toiture. Une sous-poutre M reporte sur l'entrait K le poids du faîtage L ; et les chevrons N s'appuient :

Par un bout, sur le faîtage L ;

Vers leur milieu, sur l'architrave I ;

Et, par l'autre extrémité, sur le mur même [1].

— Rien n'est plus simple que cette construction, mais rien ne diffère plus profondément de ce qui se pratique aujourd'hui :

Chez nous, l'entrait est essentiellement une pièce soumise à des efforts de traction, un « tirant » : Ici, l'entrait se présente comme une pièce *portante*. L'idée d'une ferme, c'est-à-dire d'une combinaison où le poids de la toiture se résout en efforts de tension, cette idée fondamentale de la charpente moderne, est ici entièrement absente : le comble entier n'est qu'un empilage de bois qui s'appuient les uns sur les autres et dont les pesanteurs agissent verticalement sans jamais se convertir en tensions : cela marque, à tout prendre, une phase assez primitive dans l'histoire de l'art de la charpente.

Les poitraux et les traverses du comble sont des pièces énormes. On est en vérité surpris de voir employer des poutres de 2^p 1/2 d'équarrissage (plus de $0^m,75$) en pleine Attique : l'Attique aurait-elle été autrefois aussi riche en bois qu'elle en est aujourd'hui dépourvue ? Il est permis de le croire ; et un texte du Critias, où Platon attribue aux forêts indigènes les charpentes des vieux temples d'Athènes, prête à cette hypothèse au moins la vraisemblance [2].

A quelle essence faut-il rapporter ces bois extraordinaires ? Le texte

[1] Le mot du texte qui désigne les chevrons de la toiture est le même qui, dans la description du plancher, désigne les solives : la similitude des noms répond à l'équivalence des rôles.
[2] Cf. Ottfr. Müller, *Archäol*, n. 107.

n'en dit mot : mais son silence, en nous privant d'un détail technique, nous vaut un renseignement intéressant sur le régime financier de l'entreprise. Si le marché ne spécifie pas la nature des bois, c'est que l'État se charge directement de les fournir[1].

3° Plate-forme de la toiture

Le plancher du comble est exposé à la chaleur parfois extrême que les tuiles lui transmettent ; il importe qu'il soit établi de manière à subir sans se déformer cette élévation de température. De gros madriers gauchiraient : on les a remplacés par un double platelage en pièces de bois croisées : le premier platelage, dont les pièces sont dirigées horizontalement, est formé de madriers de deux doigts d'épaisseur, non jointifs ; le second, dont les pièces suivent la direction de la ligne de pente, se compose de voliges épaisses de un doigt seulement, assemblées à joint et clouées. On ne pourrait mieux faire ; et nous-mêmes, lorsque nous voulons établir des panneaux de bois peu sensibles aux variations de température, nous ne procédons pas autrement : nous employons des planchettes minces qui se croisent.

4° La couverture

Les tuiles de la toiture reposaient sur le voligeage par l'intermédiaire d'une couche d'enduit : la surface inférieure de ces tuiles, plus ou moins gauchie par la cuisson, trouvait sur une surface plastique une assiette bien assurée ; et en même temps l'enduit faisait obstacle à l'échauffement des charpentes.

— Mais ce ne sont pas là les seuls renseignements qui soient arrivés jusqu'à nous : les Inventaires de la Marine viennent à notre aide et précisent les moindres particularités de la toiture en établissant :

[1] On sait d'ailleurs qu'il était d'usage chez les Grecs que l'État se chargeât de la fourniture totale ou partielle des matériaux destinés aux travaux publics : Bœckh, *Saattshaush* : liv. II, 10 (2ᵉ éd. p. 287).

1° L'existence de tuiles-cheneaux à gargouille en tête de lion : une tuile-cheneau pour deux largeurs de tuiles courantes ;

2° L'existence de tuiles couvre-joints ornées de palmettes, dont la position est indiquée sur nos dessins par la lettre *f*. — Le passage des *Inventaires*[1], peut être traduit comme il suit :

« ... Un modèle des tuiles de la toiture de l'arsenal.

« Tuiles de première rangée à tête de lion[2] pour la bordure du « fronton : 2.

« Autres [tuiles] de première rangée à tête de lion, avec *le* couvre-« joint à palmette[3]...

« Autres tuiles : 6, dont 3 de première rangée ayant leurs couvre-« joints.

« Couvre-joints à palmette : 2. »

III. — AMÉNAGEMENTS INTÉRIEURS

Voici, sous forme d'interprétation libre, comment le devis décrit les accessoires destinés à recevoir les agrès :

1° Description générale de l'installation

Le long de tous les murs — même le long des murs-pignons et des éperons C' et C″ — règnera une double rangée de tablettes (μεσόμναι) : la rangée inférieure sera à 4^p au-dessus du plancher, l'autre à 5^p plus haut.

---

[1] Bœckh, *Urk.* p. 405-408.

[2] C. à d. tuiles portant cheneau avec gargouille à tête de lion, destinées à occuper les deux angles inférieurs du fronton.

[3] Une tuile de première rangée portant cheneau correspond d'ordinaire à deux largeurs de tuiles courantes, de sorte qu'une file de couvre-joints vient mourir au milieu de chaque tuile-cheneau : là elle se termine par une palmette *f*. Cette palmette *f* se présente rarement sans être accompagnée de palmettes-faîtières. De là notre restitution de la crête qui couronne la toiture. — Hittorff, *Monuments de Ségeste et de Sélinonte*, p. 558.

2° Mode d'exécution

Ces tablettes seront soutenues par des montants v (ἱκρωτῆρες) allant du plancher-bas au comble (de l'ὀροφή inférieure à l'ἐρεψή supérieure) et reliés aux murs par des traverses x et z.

— Ainsi se résument les aménagements de menuiserie de l'arsenal. Si l'on jette les yeux sur la coupe pl. I, fig. 3, on observera avec quelle attention les niveaux des tablettes ont été mis d'accord avec les lignes d'assises. Le dessous de la tablette inférieure K' s'arase avec un lit du mur ; le dessus de la seconde tablette K″ affleure et avec un lit du mur et avec un lit du pilier. Les tambours de ce pilier (ou, pour parler comme le devis, ses « vertèbres ») n'ont pas la même hauteur que les assises du mur : mais, au niveau où doit régner une tablette, la correspondance des lits se rétablit de la façon la plus précise. — Passons aux détails du mobilier proprement dit.

« Sous chacune des tablettes inférieures, on disposera des coffres ; « et d'autres coffres seront également installés en regard de chacun « des piliers. »

Ces coffres sont représentés au plan par des rectangles ponctués : leur nombre même implique leur mode de rangement ; ils se répartissent de la manière suivante :

Coffres adossés aux murs..............	68
Coffres adossés aux piliers.............	66
Total, pareil à l'indication du devis....	134

Pour trouver ce nombre de coffres, il n'en faut point compter dans les chambres extrêmes des galeries ; et cela s'explique : « Les coffres doivent s'ouvrir de telle sorte que les promeneurs puissent vérifier l'état du matériel qu'ils contiennent; » des coffres relégués aux extrémités des galeries eussent échappé à ce singulier contrôle.

IV. — LES PORTES, LES FENÊTRES ET LE MODE D'AÉRAGE

1° PORTES

Dans les édifices grecs, on trouve assez rarement la trace de feuillures destinées à recevoir les portes : le devis de l'arsenal n'en fait aucune mention. Très probablement le bâti dormant devait être fixé aux jambages de la baie par de simples scellements.

Ces jambages, ainsi que les linteaux, sont monolithes et s'arasent sans saillie, à l'affleurement même du mur[1]. Le linteau est en marbre blanc du Pentélique ; quant aux jambages, par une tolérance que motive sans doute leur longueur de 14 pieds, l'entrepreneur est autorisé à les exécuter en marbre bleu de l'Hymette. Un tel contraste de tons nous choquerait ; les Grecs, le trouvant justifié, ne faisaient point de difficulté à l'admettre.

— Une des portes, qui ne répondait point aux conditions du marché, fut refusée ; et la déclaration du refus, consignée aux Inventaires de la marine, nous apprend que cette porte était à un seul vantail[2].

Des vantaux de 9^p de largeur, revêtus de bronze, étaient lourds, et les efforts développés par leur manœuvre pouvaient compromettre la solidité ; aussi l'architecte eut soin, à l'endroit des portes, de consolider la façade par de vigoureux contre-forts. Les portions de mur C, C', C″, dirigées perpendiculairement à la façade, n'ont pas d'autre fonction : ce sont trois éperons que le plafond Q vient encore renforcer en les rendant mutuellement solidaires.

[1] Πλάτος ἴσα τοῖς τείχοις (l. 32)
[2] Bœckh, Urk., p. 415 (l. 50).

4

2° FENÊTRES ET PRISES D'AIR

Rien n'autorise à croire que les fenêtres aient été vitrées. Faut-il admettre qu'au iv° siècle les Grecs aient ignoré l'usage des panneaux translucides? du moins, à l'arsenal du Pirée, la garniture des fenêtres consistait en une simple grille de bronze par où l'air se renouvelait sans cesse.

Indépendamment de ce grillage, le devis prévoit l'établissement de prises d'air qui se feront par les jointures mêmes des pierres. « Afin « qu'il y ait de la fraîcheur (c. à d. afin que l'air circule) dans l'arsenal, « l'entrepreneur laissera des vides entre les joints des pierres, si l'ar- « chitecte l'ordonne. » On ignore si l'idée fut suivie d'exécution, mais des joints verticaux ouverts en forme de meurtrières n'ont rien de contraire aux habitudes des Grecs : l'Erechteïum[1], le temple d'Æza-ni, etc. nous en offrent des exemples; et, dans le cas de l'arsenal de Philon, des interstices de ce genre, ménagés à la partie basse des murs et combinant leur effet avec celui des fenêtres hautes, auraient assuré toutes les garanties d'une excellente ventilation.

V. — MARCHE SUIVIE POUR L'EXÉCUTION DES TRAVAUX

Les Inventaires de la marine nous indiquent assez bien la marche du travail :

A un moment où certaines portions de l'arsenal servaient déjà d'abri à de grosses machines de guerre, les approvisionnements destinés à sa continuation comprenaient à la fois des tuiles, des pierres de taille et des matériaux de scellements[2].

---

[1] *Mittheil. des archäol. Instituts in Athen*, 1881, p. 389 (l'auteur du Mém. émet des doutes sur l'origine hellénique de la baie qu'il décrit). — Cf. W. Ludlow, *American journal of philology*, vol. III, n. 2.
[2] Bœckh. *Urk.* p. 404, (l. 90 et suiv.)

Ainsi, une partie de l'édifice était couverte avant que les murs mêmes des autres parties ne fussent achevés. La construction fut donc conduite par tronçons : on commença par une extrémité et l'on chemina de proche en proche, couvrant la galerie à mesure qu'elle s'allongeait. L'extrémité par où l'on commença est précisément celle qui se trouvait le plus en vue, celle qui regardait le propylée de l'agora ; tel du moins paraît être le sens de ce passage du texte : Ἀρξάμενον ἀπὸ τοῦ προπυλαίου τοῦ ἐξ ἀγορᾶς (l. 5) [1].

On peut même préciser davantage, car l'auteur du devis a décrit les opérations suivant un ordre méthodique qui n'est autre que celui de leur succession : ainsi il a décrit les planchers *après* la toiture, etc.

— La marche des travaux fut donc la suivante :

1° Aplanissement du roc et substructions.

2° Exécution des murs, pose des jambages et des linteaux des portes ainsi que du grillage des fenêtres.

3° Piliers intérieurs.

4° Charpente du comble.

5° Toiture.

6° Construction des porches et pose des vantaux des portes.

7° Dallage de la nef centrale.

8° Établissement des planchers dans les nefs latérales.

9° Tablettes et aménagements intérieurs.

VI. — DÉCORATION

Le devis, si explicite sur les détails de construction, ce texte qui pousse la précision jusqu'à mentionner les clous de la toiture, est presque muet dès qu'il s'agit d'ornements : ainsi c'est par un document

---

[1] C'est ainsi que les Ségestains avaient commencé par la colonnade extérieure l'exécution de leur temple : on sent à cette manière de procéder l'impatience qu'éprouvaient les Grecs de jouir de l'aspect de leur œuvre.

étranger, c'est par l'Inventaire de la marine, que nous savons que les triglyphes de l'arsenal étaient peints[1]. Les corniches, le devis les décrit à peine; le profil des chapiteaux, il le laisse deviner.

Sommes-nous ici en face d'une lacune, ou bien plutôt le silence du devis n'est-il pas un indice de l'état même des méthodes au IVe siècle? — A l'approche de l'époque macédonienne, tout se systématise et tend à se réduire en formules : déjà les architectes adoptent pour leurs plans de villes ces tracés au cordeau où tout est méthodique et réglé ; ces mêmes architectes n'étaient-ils point parvenus à renfermer la décoration tout entière dans une règle assez précise pour n'avoir plus à décrire les détails? — Au reste, en fait de détails décoratifs, le texte implique beaucoup plus qu'il ne dit. Nous avons montré (page 17) de quelle façon il nous donne la largeur des triglyphes. Ainsi que nous allons l'établir, ce texte nous fournit également la hauteur des deux membres inférieurs de l'entablement, le nombre des triglyphes et la position des baies d'éclairage.

Et d'abord, pour la hauteur cumulée de l'architrave et de la corniche, l'hésitation n'est guère possible. Le mur se composant d'assises de 1^p 1/2, ces deux membres ensemble doivent occuper la place d'un nombre exact d'assises; et ce nombre, le sentiment des formes grecques le détermine : l'architrave et la frise ensemble occupent la hauteur de 3 assises, soit 4^p 1/2.

Reste à fixer le nombre et la répartition des triglyphes de la frise. — Or nous savons (l. 36) que la façade principale doit contenir 3 fenêtres : l'une de ces fenêtres se place nécessairement dans l'axe même de l'édifice; et, comme son linteau ne saurait être autre chose qu'une des dalles de l'architrave, il s'ensuit : 1° Qu'une métope occupe le milieu de la façade;

---

[1] *Urk.* : p. 410 (l. 135); p. 499 (l. 23); p. 527 (l. 13).

2° Que le nombre des triglyphes est pair.

On peut hésiter entre trois nombres : 14, 16 ou 18 triglyphes ; le chiffre qui, à notre avis donne la division la plus harmonieuse, est 16 ; nous l'avons admis, après quoi les fenêtres latérales se disposent d'elles-mêmes : la condition de les faire correspondre axe pour axe avec les métopes, ne laisse aucune indécision sur la place à leur assigner.

TROISIÈME PARTIE

—

LES PROPORTIONS

EXPRESSION SYSTÉMATIQUE DES DIMENSIONS EN CHIFFRES ENTIERS

Le projet de Philon est, au point de vue de la précision des cotes, un véritable modèle : il ne contient pas une seule cote moyenne, pas un chiffre déterminé par à peu près : tout est résultat de calculs **exacts**, chaque chiffre à sa signification rigoureusement précise et ne comporte de variation, si légère soit-elle, ni en plus, ni en moins.

. — Je prends un exemple, et je le choisis à dessein parmi les détails en apparence les plus accessoires, le chevronnage de la toiture :

Le texte énonce la largeur et l'espacement des chevrons, savoir :

Largeur .... 3 palmes moins 1 doigt.
Espacement .... 5 palmes.

Ces chevrons et les vides doivent se répartir sur l'intervalle qui sépare les parements intérieurs des deux murs-pignons, c.-à-d. sur 395 pieds.

La répartition est *rigoureusement* exacte :

180 chevrons font ensemble... 168^p 12^d
Les 181 vides.................. 226^p 4^d

Total..... 395 pieds.

— Non seulement les cotes ont toutes ce sens précis, absolu, mais toutes s'expriment (selon la grandeur de l'objet) en nombres entiers de pieds, palmes ou doigts : pas une des dimensions inscrites au devis n'est énoncée sous la forme d'une cote fractionnaire.

Et en effet la précision absolue d'exécution, qui était un besoin pour les Grecs, ne comportait guère les cotes complexes ; il fallait des chiffres ronds, des cotes entières, celles qu'on peut lire directement et sans interpolation sur une règle graduée : force était pour l'architecte de chiffrer sa pensée.

LA LOI DES RAPPORTS SIMPLES.

Ainsi les Grecs s'attachaient de parti pris aux cotes simples. Ils n'attribuaient pas une moindre importance aux rapports simples ; et l'analyse du projet de Philon montrera par quel artifice ils parvinrent à concilier l'une avec l'autre la double condition des cotes entières et des rapports simples [1].

DIMENSIONS DE LA FAÇADE

La largeur totale de la façade est fixée, d'après l'espace disponible, à 55ᵖ.

Voici comment les cotes de hauteur se déduisent de cette cote initiale :

a) Hauteur aux extrémités de la façade.

La hauteur des murs latéraux (hauteur mesurée, ainsi que le texte nous la donne, entre le socle et la corniche) est théoriquement égale à *la moitié* de la largeur de la façade, soit 1/2 55.

---

[1] Bien entendu, pour que les lois se révèlent, il faut que les cotes de hauteur soient évaluées à partir du plan-origine qui a servi à l'établissement même du projet. Le plan de comparaison que Philon a pris pour origine de ses cotes verticales, était tout indiqué il n'était autre que le dessus du socle.

Mais la moitié exacte de 55 serait un nombre fractionnaire 27, 5 : on prendra un nombre entier *aussi rapproché que possible*. On pourrait admettre *avec une égale approximation* 27 ou bien 28 : Le chiffre inscrit au devis est 27.

b) *Hauteur mesurée suivant l'axe.*

Déterminons maintenant la hauteur de la façade en son milieu :

En jetant un coup d'œil sur la coupe de l'édifice (pl. II, fig. 1), on reconnaît que cette hauteur s'obtiendra par l'addition des cotes suivantes :

1° Piles............................	30 p.
2° Entrait K........................	2 p. 1 palme.
3° Sous-faîte M.....................	1 p. 2 pa.
4° Faîtage L........................	1 p. 1 pa. 2 doigts.

5° Chevrons, madriers et voligeage (épaisseur mesurée *verticalement*) :

— Cette dernière épaisseur, si elle était mesurée perpendiculairement à la toiture, *serait* de 13 doigts.

A raison de la pente, il faut augmenter le chiffre de 13 doigts d'une petite quantité que des considérations de triangles semblables permettent de calculer, et dont la valeur est 0 doigt, 448.

L'architecte a compté cette fraction de doigt pour 1 doigt, et considéré l'intervalle vertical entre le dessous des chevrons et le dessus des voliges comme égal à.................. 0 p. 0 pa. 14 doigts.

L'erreur excède à peine *un centimètre*; et, moyennant cette correction insignifiante, le total des cotes qui donne la hauteur de la façade au-dessus du socle s'exprime par...... 36 pieds.

— Or ce chiffre 36 est précisément la partie non fractionnaire du nombre qui représente les 2/3 de la largeur de l'édifice. (Les 2/3 de 55 seraient de 36, 666..).

Si pour simplifier les énoncés, nous appelons *cotes réelles* les cotes effectivement inscrites au devis, et *cotes théoriques* les cotes telles que les donnent les lois harmoniques conçues par l'architecte, la proportion de la façade se formule ainsi qu'il suit :

La hauteur minimum représente théoriquement *la moitié* de la largeur, et la hauteur maximum les *deux tiers* de cette même largeur.

— Des rapports aussi simples se retrouveront dans toutes les parties de l'édifice :

FAÇADES LATÉRALES

Le développement étant de 400^p, la hauteur 27^p correspond *en nombre entier* au quinzième de cette longueur : 1/15 400 = 26, 666... ; 27, *cote réelle*, est le nombre entier le plus voisin.

PROPORTION DES PILIERS

Pour les piliers de la nef, l'épaisseur mesurée au niveau du stylobate représente, *en nombre entier de palmes*, le onzième de la hauteur.

Le onzième de 30^p serait.................... 2' 2" 3'", 64 :

Le nombre entier de doigts le plus rapproché de ce chiffre théorique est 2' 2" 4'", soit......... 2' 3".

C'est précisément cette valeur qui fut adoptée : Toujours le rapport simple donne la dimension théorique ; et de cette dimension théorique on passe à la cote réelle en arrondissant les chiffres.

Proportion des baies

Portes.

La largeur d'une porte représente théoriquement 1/6 de la largeur de la façade, soit 1/6 de 55^p. Mais 55 n'est pas divisible par 6 ; le 6e de 55 serait 9, 17 : on a pris le nombre entier le plus voisin, qui est 9.

— La porte, y compris le linteau et la corniche qui la surmonte, s'élève à une hauteur qu'il est aisé d'évaluer : La nécessité de faire régner avec une ligne d'assise le lit supérieur de la corniche permet d'affirmer que ce lit est à la cote 18^p au-dessus du socle. 18 = 1/2 36 : donc le couronnement de la porte est juste *à mi-hauteur* de l'édifice.

Ce couronnement se développe sur une largeur de 27^p : — C'est précisément (en nombre entier) la moitié de la largeur de la façade (1/2 55 = 27, 5).

Si maintenant on compare à la largeur d'une porte qui est de 9^p sa hauteur mesurée au-dessus du socle, on voit encore un rapport simple apparaître :

Les 3/2 de la largeur s'exprimeraient par un nombre fractionnaire 13, 50. A ce nombre fractionnaire deux cotes entières peuvent être substituées avec une égale approximation : 13 ou bien 14. Le chiffre admis est 14 ; de sorte qu'on peut dire que, pour les baies des portes, la proportion théorique de la largeur à la hauteur est celle de 2 à 3.

Fenêtres, et section transversale de la nef.

Et ce rapport 2/3 n'est pas spécial aux baies des portes : il s'étend à *toutes* les baies de l'édifice.

— Exemple : les fenêtres. Toutes ont deux pieds de largeur pour 3 pieds de hauteur.

Autre exemple : La section de la nef centrale. La largeur de la travée étant de 20ᵖ, sa hauteur (toujours au-dessus du socle) est représentée par 30ᵖ : — encore le rapport de 2 à 3.

— On pourrait, en entrant de plus en plus dans le détail, multiplier à l'infini ces observations de rapports simples :

Si l'on compare l'épaisseur d'un chevron à sa largeur (10 doigts et 15 doigts), on obtient exactement le rapport de 2 à 3.

Si l'on évalue dans le chevronnage la proportion des pleins aux vides, on trouve un rapport qui *théoriquement* est celui de 3 à 5 ; les chiffres théoriques sont :

Chevrons................... 1 pied.
Vides..................... 5 palmes.

— En fait, pour mettre d'accord la distribution des chevrons avec la longueur intérieure de l'édifice, il fallut réduire un peu la largeur des chevrons : on la réduisit exactement de 1 doigt ; de sorte que les cotes réelles furent fixées comme il suit :

Chevrons .... 1 pied *moins un doigt*.
Vides .... 5 palmes.

— Si pour les madriers horizontaux du toit, on fait la même comparaison des pleins aux vides, on trouve :

Largeur d'un madrier....... 1/2 pied.
Vide séparatif............. 4 doigts.

Rapport : 2/1.

Mais voilà, je crois, plus d'exemples qu'il n'en faut pour établir et la loi des rapports simples, et la méthode de correction que les anciens

lui appliquent. Le tracé théorique de la façade se résume tout entier
dans le diagramme suivant:

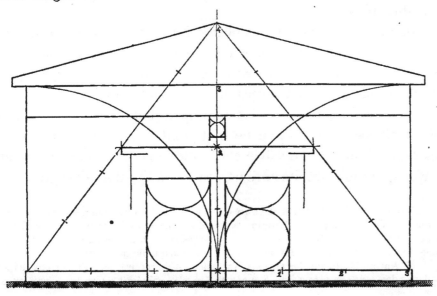

Et toutes les corrections donnant les dimensions réelles se réduisent
à substituer des cotes entières aux cotes fractionnaires que fournirait
le diagramme.

— Le principe des rapports simples est depuis longtemps connu
par le témoignage de Vitruve ; quant à la méthode des corrections
en chiffres entiers, nous en sommes redevables à **M. Aurès**, qui
l'établit par une analyse de monuments aussi pénétrante que parfois
délicate. Pour asseoir sa théorie, M. Aurès n'avait à sa disposition
que des monuments en ruine : il lui fallait faire la part des négligences d'exécution, des erreurs de relevés, du vague enfin qui flotte
sur les mesures antiques : une série de conversions de mesures s'interposait entre la pensée de l'architecte et l'explication de son œuvre.
Ici, tout intermédiaire disparaît, nous sommes directement en face du
plan que l'architecte a tracé : les cotes qu'il a voulues, il nous les

donne ; la loi de proportion qu'il a conçue, nous la lisons dans ses chiffres eux-mêmes. L'idée de M. Aurès ne pouvait recevoir une confirmation plus décisive.

Pour tout résumer, la simplicité des rapports met l'harmonie dans l'ensemble, l'absence de cotes complexes facilite l'exécution et permet de la rendre plus précise. Rien ne satisfait mieux l'esprit que cette combinaison de cotes entières et de rapports simples : elle concilie les exigences esthétiques avec les convenances de l'exécution matérielle la plus irréprochable ; et l'on ne doit point s'étonner si l'on trouve dans les œuvres où elle fut suivie cette double perfection du travail et de la forme que nulle architecture ne possède à l'égal de l'art grec [1].

---

[1] L'exemple qui a fourni à M. Aurès l'application la plus complète de sa théorie des proportions est le temple de Pæstum. (*Étude des dimensions du grand Temple de Pæstum au double point de vue de l'architecture et de la métrologie*): tout l'ensemble des méthodes que nous venons de résumer est développé dans ce remarquable mémoire.

— M. Aurès établit que les anciens s'attachaient à rendre les dimensions exprimables soit par des nombres carrés, soit d'une manière plus générale, par les « puissances » des nombres.

— Cette loi elle-même trouve à l'arsenal du Pirée sa vérification :

La hauteur du sommet de la façade, s'exprime par un nombre qui est un carré parfait : $36 = 6^2$;

La hauteur des murs latéraux est une troisième puissance : $27 = 3^3$:

La largeur de la porte, un carré parfait : $9 = 3^2$.

— Enfin, M. Aurès insiste sur la préférence que les anciens attribuaient à de certains rapports, tels que celui de 3 à 4 : ils aimaient à trouver des contours où ils pussent inscrire le triangle rectangle dont les côtés sont entre eux comme les nombres 3 et 4, et dont l'hypoténuse (commensurable avec les côtés) est exprimée par le nombre 5. — Ici même ce triangle s'inscrit dans la demi-façade (voir le diagramme, page 37) : la hauteur, abstraction faite de la correction qui rend sa cote entière, est à la demi-largeur comme 4 est à 3.

— Il y a, dans la préférence des anciens pour ces nombres ou pour ces rapports, la trace évidente de théories pythagoriciennes dont nous n'avons point à discuter la valeur, mais dont il est intéressant de constater l'influence.

Au reste, le procédé de mise en proportion fondé sur la simplicité des rapports n'était pas spécial à l'architecture ; il régnait dans la statuaire, ainsi que l'établit le beau Mémoire de M. Eug. Guillaume sur le *Doryphore* (Rayet, *Monuments de l'art antique*, 3e livraison). Le principe s'étendait même aux œuvres de l'industrie qui semblent échapper le plus complètement aux influences esthétiques ; M. V. Prou en a signalé l'application jusque dans le tracé des engins de guerre : La *Chirobaliste d'Héron d'Alexandrie* (*Notices et extr. des mss.*, tom. 26).

LISTE

DES MOTS TECHNIQUES DONT L'INSCRIPTION EXPLIQUE OU PRÉCISE LE SENS

Les mots marqués du signe * manquent au Thesaurus de H. Estienne (Ed. Didot).

Lignes du texte.

Ἀἐτός............ 39.

Γεῖσον (Q)........ 30. 34. 38; (γεῖσα * καταιέτια, 39).

* Διέρεισμα (S, s, s'). 68. 70. 80.

Ἐπικράνιον (H)..... 43. 45.

ἐπιστύλιον (I)..... 46.

εὐθυντηρία (A)..... 16. 19. 20. 29. 40.

Θράνος (x, z)..... 81. 84.

θύρα.............. 24. 26. 59. 60.

θυραία............ 22. 30. 61.

θυρίς............. 35. 37. 38.

Ἱκριοτήρ (V)...... 78. 80.

ἱμάς............. 55.

Κάλυμμα (r)...... 57.

κέραμος.......... 58.

κερκίς............ 52.

κίων............. 10. 12. 13. 25. 40. 42. 45.
46. 48. 66. 67. 71. 76.
88. 90.

Lignes du texte.

κορυφαῖον (L)...... 49. 52.

* Μεσόμνη (K, K', K'') 48. 51. 53. 74. 78. 85.

* μεταχιόνιον...... 36.

μεταστύλιον....... 63.

Ὀδός (E)......... 33.

ὀρθοστάτης (B)..... 19. 26. 64.

ὀροφή........... 60. 77. 79.

Παραστάς (C')..... 32.

* παραστύλιον (T).. 70.

πλινθίς.......... 26. 93.

Στυλοβάτης (G).... 40.

σφηκίσκος (N, N')... 57. 71.

Τρίγλυφος........ 22. 28. 30.

Ὑπερτόναιον (D)... 31. 34.

ὑπόθημα (M)....... 51.

LÉGENDE EXPLICATIVE DES PLANCHES

Dans les deux planches qui donnent la traduction graphique du devis, les cotes sont exprimées en :

      Pieds grecs (ı)
      Quarts de pied ou palmes (.)
      Quarts de palme ou doigts (_)
(Le pied grec vaut approximativement 0^m,308.)

La moitié de droite de chaque figure contient EXCLUSIVEMENT *les cotes énoncées au devis* : toute cote qui résulte d'un calcul, si simple soit-il, est inscrite sur la moitié de gauche du dessin.

PLANCHE I

Fig. 1. — Élévation d'une des façades de l'édifice : échelle $\frac{1}{100}$.

Fig. 2. — Plan de détail : échelle $\frac{1}{200}$.

A droite on a représenté le plancher et sa charpente; à gauche, les tablettes et le mobilier de l'arsenal.

Fig. 3. — Plan d'ensemble de l'arsenal : échelle $\frac{1}{1.000}$.

PLANCHE II

Fig. 1. — Coupe transversale : échelle $\frac{1}{100}$.

Fig. 2. — Coupe longitudinale : échelle $\frac{1}{100}$.

TABLE

—

PREMIÈRE PARTIE

Le devis de l'Arsenal.

Pages.

Historique sommaire de l'Arsenal de Philon..................................... 1
Texte et traduction annotée du devis.. 5
Description générale.. 15

DEUXIÈME PARTIE

Étude des dispositions techniques.

I. — CONSTRUCTIONS EN PIERRE.
    1° Substructions.. 16
    2° Appareil des murs.. 16
    3° Piliers 18
II. — CHARPENTE ET TOITURE.
    1° Planchers.. 20
    2° Comble 20
Observations sur l'art de la charpente chez les Grecs............................ 21
    3° La couverture.. 22
III. — AMÉNAGEMENTS INTÉRIEURS.
    1° Arrangement des tablettes dans l'arsenal................................. 23
    2° Leur mode d'exécution.. 24
    3° Le mobilier... 24
IV. — LES PORTES, LES FENÊTRES ET LE MODE D'AÉRAGE.
    1° Portes... 25
    2° Fenêtres et prises d'air... 26
V. — MARCHE SUIVIE POUR L'EXÉCUTION DES TRAVAUX.
Indications fournies par les Inventaires de la marine........................... 26
Indications du devis... 27
VI. — DÉCORATION.
Formes et dimensions des principaux éléments décoratifs de l'arsenal..... 27

TROISIÈME PARTIE

Les proportions.

Pages.

I. — EXPRESSION SYSTÉMATIQUE DES DIMENSIONS EN CHIFFRES ENTIERS................... 31
II. — LA LOI DES RAPPORTS SIMPLES.

      1° Façades... 32
      2° Piliers 34
      3° Baies 35

Conciliation des deux conditions : nombres simples et rapports simples.............. 37
Conclusion... 38

ANNEXES

      1° Liste des mots techniques dont le devis précise le sens........... 39
      2° Légende explicative des planches................................... 40

PARIS. — IMP. DE LA SOC. ANON. DE PUBL. PÉRIOD. — P. MOUILLOT. — 36208.

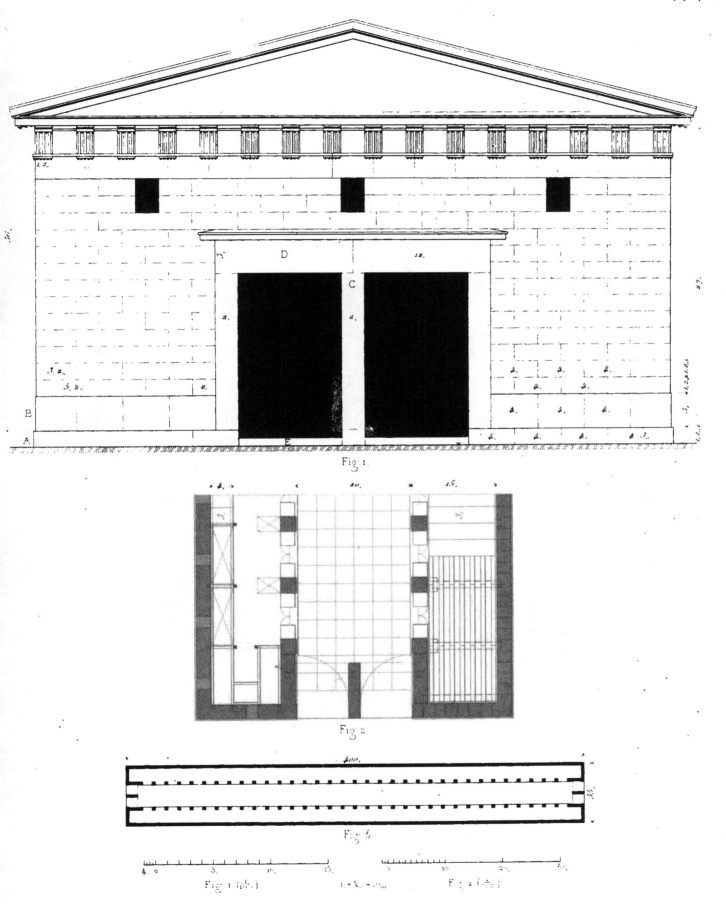

Fig. 1

Fig. 2

Fig. 3

Fig 1 (1/200)   1.4.=20m   Fig 2 (1/100)

A. CHOISY DEL.

IMP. EUDES, PARIS

J. SULPIS SC.

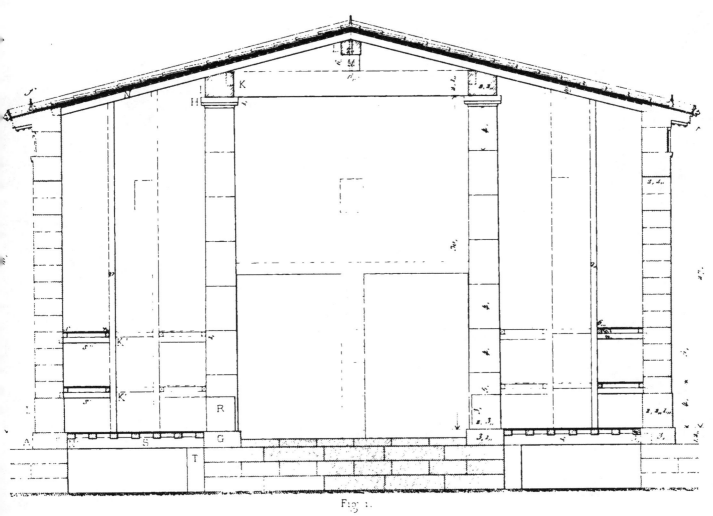

Fig. 1.

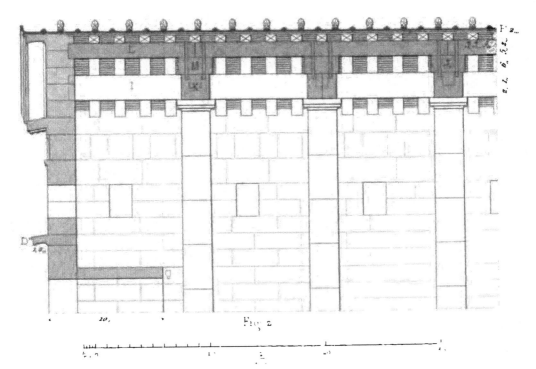

Fig. 2.

LES MURS D'ATHÈNES

ÉTUDES
SUR L'ARCHITECTURE GRECQUE

PAR

Auguste CHOISY

INGÉNIEUR EN CHEF DES PONTS ET CHAUSSÉES

2ᵉ ÉTUDE

LES MURS D'ATHÈNES

D'APRÈS LE DEVIS DE LEUR RESTAURATION

PARIS

LIBRAIRIE DE LA SOCIÉTÉ ANONYME DE PUBLICATIONS PÉRIODIQUES
13-15, QUAI VOLTAIRE, 13-15

—

M DCCC LXXXIII

LES MURS D'ATHÈNES

PREMIÈRE PARTIE

L'INSCRIPTION

La disposition générale des murs de défense d'Athènes nous a été transmise par une inscription découverte en 1829, et qui se divise en deux parties : un décret du peuple ordonnant la restauration des murs, et un devis détaillé des travaux.

Cette inscription fut relevée pour la première fois par Pittakis et publiée par Franz[1]; Ottfried Müller la réédita d'après une copie due à L. Ross, et l'accompagna d'un double commentaire : historique et technique[2].

Le commentaire historique, on s'accorde à le regarder comme une de ces œuvres définitives dont les conclusions s'imposent. Mais le com-

[1] *Bulletino dell' Instit. di corrisp. archeol.* (mars 1835, n. III c).
[2] C. O. Müller, *de Munimentis athenarum quæst. hist. et tituli de instauratione eorum perscripti explicatio :* Comment. II (Goettingue, 1836).

1

mentaire technique nous paraît un simple aperçu d'ensemble, sujet à revision. Le dessin qui l'exprime n'est qu'un vague croquis où les proportions et les formes se montrent à peine esquissées : on sent que, pour devenir réalisable, l'idée aurait besoin de transformations plus ou moins profondes; et ces modifications, on ne les obtiendra qu'en faisant dans la critique une plus large place aux principes mêmes de l'art de bâtir.

C'est cette application des principes techniques que nous tentons ici : nous chercherons dans l'inscription les détails d'un ouvrage qui réponde à la fois aux besoins de la défense et aux exigences de l'art de bâtir; et enfin nous essaierons de résumer les conclusions de cette étude dans une traduction graphique du texte.

L'inscription, avons-nous dit, se divise en deux parties : un décret et un devis.

De ces deux parties, une seule se prête à une interprétation un peu suivie, c'est le devis : le décret qui le précède n'existe que par fragments; et dans le devis même les passages conservés se trouvent séparés les uns des autres par de larges espaces entièrement illisibles.

— Nous avons cru que, malgré leur état de mutilation, les fragments isolés devaient, eux aussi, être conservés et traduits : Si la phrase est rompue, la pensée du moins se trouve comme jalonnée par les mots disséminés sur le marbre, et plus d'une indication curieuse ressort de ces lambeaux du texte. Plus d'une fois il nous faudra marquer par des indications intercalaires l'idée que nous considérons comme le lien de ces fragments : grâce aux différences typographiques, ces transitions purement explicatives se distingueront à première vue de la traduction proprement dite.

— Pour la transcription des passages douteux, nous avons en
général suivi l'édition d'O. Müller, mais en tenant compte des rectifications proposées par M. Rangabé dans ses *Antiquités helléniques*[1], et
surtout de la collation nouvelle faite par M. Kœhler et publiée dans le
deuxième volume du *Corpus Inscriptionum atticarum*[2].

Deux éminents hellénistes ont bien voulu nous prêter un concours qui nous a été précieux : qu'il nous soit permis de présenter ici
à M. E. Egger et à M. E. Miller l'expression de toute notre reconnaissance.

[1] Rang., t. II, n. 771.
[2] C. I. A., vol. II, pars I., n. 167.

TEXTE ET TRADUCTION DE L'INSCRIPTION

1   Sous l'archontat de . . . . ., sous la prytanie de . . . . .,

    Il a plu au peuple ; . . . . . a proposé :

    . . . . les murs de la Ville et du Pirée et les Longs-murs

    et ceux qui entourent le . . . . . . [les réparer] à toujours et . . . . . .

    . . . . . quelles qu'elles soient, qu'elles soient achevées et bâties . . . .

5   . . . . espacés de trois longueurs de courtine (?)

    . . . . que l'architecte désigné par le suffrage du peuple

    [partage] les murs de la Ville du Pirée et les Longs-murs en

    dix lots, et . . . . . le chemin de ronde . . . .

    . . . . fournir . . . . selon [les conditions de]

    l'entreprise . . . . : . . . .

    . . . . l'architecte, et

10   . . . .

---

1 Ἐπὶ . . . . ἄρχοντος, ἐπὶ τῆς . . . . δος πρυτανείας ἔδο]ξεν τῶι δήμωι . . . . [εἶπεν

. . . . τὰ τείχη τοῦ ἄσ]τεως καὶ τοῦ Πειραιέως καὶ τὰ μα-

κρὰ τείχη καὶ τὰ περὶ τὸν τ . . . . Ἀ]θηναίων εἰς τὸν ἅπαντα (?) χρόνον κ.

. . . . ὅσ᾽ ἄ[ν ἦ]ι συντελεσθεῖ καὶ [οἰκ]οδ[ο-

5 μηθεῖ . . . . διαλ]είποντες ἀπ᾽ ἀλλήλων τρία μ[ε]ταπύργια ?

. . . . τὸν ἀρχιτέκτ]ονα τὸν κεχειροτονημένον ὑπὸ τοῦ δή-

μου τῶν τειχῶν τοῦ ἄστεος καὶ τοῦ Πειραιέως καὶ τῶν μα]κρῶν τειχῶν δέκα μέρη καὶ δ[ίοδ]ον ?

. . . . παρέ[χειν] . . . ολη[ν] ὃ ἂν μισθώσηται ?

. . . . μὴ ἔ[λαττον ? . . . ὁ ἀρχι]τέκτων καὶ.

10 . . . .

. . . . qui sont en dehors

. . . . sept pieds

. . . . [dans] l'année

. . . .

15 . . . .

. . . .

. . . . les entrepreneurs . . . .

. . . .

20 . . . .

. . . . l'architecte . . . .

. . . . les entrepreneurs . . . .

. . . . garantir par serment dans le Sénat selon la loi . . . . . .

. . . . inscrits au présent décret . . . .

25 . . . . comprenant . . . . punir celui qui n'obéit pas aux . . . .

. . . . . [Et si] quelqu'un des entrepreneurs reçoit dans le lot qui lui

est échu . . . . et toutes les autres dépendances du mur quelles

. . . . τὰ ἔξω, .

. . . .

. . . . ἑπτὰ πό-

δας . . . . τ]ῶι ἔτ[ε-

15 ι . . . .

. . . .

. . . . μισθωσ]άμεν[οι . . . .

. . . .

20 . . . .

. . . . ἀρχιτέκτονα . . . .

. . . . ὦσιν οἱ μισθωσάμενοι . . . .

. . . . ὅ[ρκωι πι]σ[τώ]σαι ἐν τῆι βουλῆι κατὰ τὸν νόμον . .

. . . . ἐν] τῶιδε τῶι ψηφίσματι γεγραμμένων . . . .

25 . . . . [συλλ]αβοῦσαν, κολάζειν τὸν μὴ πε[ιθα]ρχο[ῦ]ν[τα.

. . . . τὶς τῶν [μεμισθ]ωμένων παραλάβε[ι] ἐ[ν] τ[ῶι] μέρ[ε]ι [τ]ῶι νεμ[ηθέ-

ντι αὐτῶι] . . . . ους καὶ τἄλλ' ὅσ' ἂν ἦι ἐπὶ τοῦ τείχους . .

qu'elles soient. . . . .

. . . . . . sur le mur. [Et, dans le Metroum, en présence du peuple

. . . . . [qu'ils rendent compte de] . . . . de l'entreprise et de

30 l'apport d'argent qu'ils auront fait eux-mêmes pour l'exécution
des ouvrages, et qu'ils soient examinés sur les. . . . . ;
et que le secrétaire de la prytanie inscrive sur une stèle de pierre
le présent décret, ainsi que le [devis des] ouvrages faisant l'objet
de l'adjudication¹ et les sommes qu'auront apportées les archi-
tectes². Et que le trésorier public donne le montant [des frais]
de l'inscription, [soit] cinquante drachmes, sur les fonds consacrés
par le peuple aux dépenses décrétées.

35   Sous . . . . . . de. . . . . . de Céda et d'Autolycus de. . . . .,
les Adjudicateurs et l'Intendant Habron, fils de Lycurgue, Butade.
Ont [mis en adjudication] les ouvrages suivants de la Ville et
du Pirée ainsi que des Longs-murs et de ceux qui entourent le. . .

. . . . ἐπὶ τοῦ τεί]χους. Καὶ εἰς τὸ μητρῷον πρὸς τὸν δῆμον
. . . . τοῦ μεμισθωμένου καὶ τὸ ἀργύριον ὅσ[ον
30 ἂν αὐτοὶ εἰσενέγκωσιν τῆι οἰκο]δομ[ήσει τῶ]ν [ἔργ]ων, καὶ ἐ[ξετ]άζ[οι]ντ[ο] περὶ τὰ τ. .
. . . . ἀναγράψαι δὲ τόδε τὸ ψήφισμα τὸν κατὰ πρυτανεία-
ν γραμματέα καὶ τὰ μισθώσιμα ἔργα καὶ ὅ]σ᾽ ἂν [εἰσ]ενέγκωσιν οἱ ἀρχιτέκτονες, εἰς στήλην λ-
ιθίνην, καὶ τὸ ἀνάλωμα τῆς ἀναγραφῆς τῆ]ς στήλης δοῦναι τὸν ταμίαν τοῦ δήμο[υ ν´ δ]ρα[χμὰς
ἐκ τῶν εἰς τὰ κατὰ ψηφίσματα ἀναλισκο]μένων τῶι δήμωι.

35 Ἐπὶ. . . . . κλέους ἐκ Κηδῶν καὶ Αὐτολύκου. . . . .
. . . . οἱ πωληταὶ καὶ ὁ ἐπὶ τεῖ διοικήσει Ἅβρων Λυκούργου Βουτάδης·
Τάδε τὰ ἔργα τῶν τοῦ ἄστεως καὶ τοῦ] Πειραιέως καὶ τῶν μακρῶν τειχῶν καὶ τῶν περὶ τὸν τ. .

---

¹ Cette stèle n'est autre que le marbre même de notre inscription, et le devis des
ouvrages n'est autre chose que la partie du texte qui commence ligne 35.

² Ces *architectes*, évidemment distincts de l'architecte élu par le suffrage du peuple (l. 6),
sont les entrepreneurs mêmes des divers lots de l'ouvrage.

Sur le sens du mot εἰσφέρειν, voir Boeckh, *Die Staatshaushaltung der Athener* (2ᵉ édit.),
1ᵉʳ vol. p. 697. — Cf. O. Müller, *De munim.*, p. 35, note 32.

... Pour toutes les parties [détruites] depuis les fondements,
[l'entrepreneur rétablira] les soubassements à l'aide de blocs
ajustés ensemble², faisant la hauteur [de ces soubassements] au-
dessus du sol de deux pieds au moins.....................

40 ..... et taillant les joints au ciseau dans le voisinage du front
du mur ; dressant.................; faisant usage de pierres
d'au moins trois demi-pieds.........................

.... droit en parement et en lit, raccordant à l'aide de
terre mêlée de paille [les joints dont le vide est] inférieur à une
[épaisseur de] brique : mais si quelque part il existe un vide de
une brique et demie, [il ajustera une pierre dressée] en parement et en lit, et il l'assujétira à l'aide de coins [en bois]
d'olivier.

45   ..... Et l'assise supérieure des blocages [du soubassement],
il la construira en très grosses pierres de taille⁵ et..........

..... Et il rétablira ce qui manque des escaliers [et des......,
du pourtour. Et si quelque partie est ruinée jusqu'au soubas-

....ἐπισχ....σι. Ὅσα.. ἐκ τῶν θεμελίων
........................τὰς κρηπῖδας λιθολογήσει ὕψος ποιῶν ὑπὲρ γῆς μὴ ἔλαττον ἢ δίπο-
40 διαίας]........................καὶ τοὺς ἁρμοὺς ὑπὸ ξοΐδος τιθεὶς πρὸς μετώπου
........................ὀρθῶν. λίθοις χρώμενος μὴ ἐλάττοσιν ἢ τριημιποδι-
αίοις...........παρὰ πλευρὰν ὀρθὰ καὶ κατὰ κεφαλήν, ἐξυπάγων πηλῶι ἠχυρωμένωι
........................μὴ ἔλαττον πλίνθου, ἐὰν δέ που δέηται τριημιπλινθί-
ο........................παρὰ πλευρὰν καὶ κατὰ κεφαλήν, καὶ σφηνώσει σφησὶν ἐλαϊνοῖ
45 ς...........καὶ τὸν στοῖχον? ἐπάνω? τ]ῶν λιθολογημάτων ἁμαξιαίοις οἰκοδομήσει καὶ
........................ἐπισκευάσει δὲ καὶ τῶν κλιμάκων τὰ δεό-
μενα........................πε ριόντων. Ἐὰν δέ τι πτωματίσει μέχρι τοῦ λιθολογήματ-

⁴ Cet ajustage de moellons dont les *joints* peuvent être obliques, exige un triage for-
bien exprimé par le mot λιθολόγειν. — A raison des lacunes du texte, nous ne présentons
qu'avec une extrême réserve le sens des dix lignes qui vont suivre.
⁴ Ὀρθὰ παρὰ πλευράν : Cf. ligne 70. — Quant au sens de l'expression κατὰ κεφαλήν, il
ressort nettement de l'Inscr. de l'Arsenal du Pirée l. 9 et 40.
⁵ Littéralement : « de pierres qui exigent un chariot pour leur transport. » Müller cite à
l'appui de cette interprétation un passage d'Eurip., *Phoen.* 1175. — Cf. Thucyd. I, 93.

sement⁶...
..... fournira et mettra en œuvre ; et s'il est besoin de plus de⁷
.... : après avoir démoli le chemin de ronde. — Là où les
étais⁸...

50 ...... lançant des pièces de chaînage dans [les murs].

Et si la toiture de quelque tour manque de............
.... la longrine ou l'encorbellement de la corniche, ou
la corniche, soit de pierre, soit de poterie⁹, [ou si quelque autre
partie de] la construction est défectueuse, il [la réparera.

Et il couvrira aussi le chemin de ronde du pourtour de la
Ville, sauf le mur transversal et la double baie au-dessus des
portes¹⁰, ayant posé sur les Longs-murs les corniches de [leur]
plate-forme et de [leurs] parapets.

55 Et toutes [les parties] qui sont avariées sur plus de six doigts
[de profondeur], il les consolidera par des repiquages de briques,

ος̣............................ παρέξει καὶ ἐξοικοδομήσει, ἐὰν δὲ πλεόνων προσδείη-
ται...................... τῶ]ν [μ]εταπυ[ρ]γί[ων] καθελὼν τὴν πάροδον. Ἦι ἂν ἀντηρίδε-
50 ς........................ ἐνδεσμοὺς ἐνβαλών. Ἐὰν δέ τινος πύργου ἡ ὀροφὴ δέηται...................... αι ἢ θράνος ἢ γεισήπους ἢ γεῖσον λίθινον ἢ κεράμεοῦν ἢ
..... [οἰκοδ]ομι........... ἐλλείπει ἐπισκευάσαι. Καταστεγάσει δὲ καὶ τὴν πάροδον
τοῦ κύκλ]ου τοῦ περὶ τὸ ἄστυ ἄνευ τοῦ διατειχίσματος καὶ τοῦ διπύλου τοῦ ὑπὲρ τῶν πυλῶν,
ἐπὶ? τὰ μα]κρὰ τείχη ἐπ[ιβα]λὼν τοῦ περιδρόμου τὰ γεῖσα καὶ τῶν ἐπαλξίων. Πάντα ὅσα δ᾽ ἂν ἦι ἐ-
55 ξεστη]κότα? πλέον ἐξ δακτύλων πλινθοβολήσει διαλείπων θυρίδας διπλίνθους, ὕψος ποιῶ-

⁶ Le devis vient d'examiner le cas où le soubassement lui-même est en ruine ; il passe
au cas où la ruine s'arrête au niveau du soubassement.

⁷ Il paraît être ici question de fournitures de matériaux : ces fournitures, dès qu'elles
prennent une certaine importance, sont, suivant l'usage athénien, faites directement par l'État.

⁸ On vient de mentionner les parties où le corps du mur présente des dégradations assez
profondes pour que sa restauration exige la démolition du chemin de ronde : il s'agit
maintenant de celles qu'il a fallu soutenir par des étais provisoires. — Quant aux ἔνδεσμοι
qui devront consolider les pans de murs restaurés, ce sont apparemment des pièces transversales
de chaînage; les pièces longitudinales portent le nom de θράνοι (l. 75). — Cf. Philon de Byz.,
Traité de Fortif., § III, 3 (éd. Graux et de Rochas); Vitr., I, V.

⁹ Cf. l. 72.

¹⁰ Nous n'entreprendrons pas de fixer le sens que les Grecs attachaient à ces mots :

2

ménageant des créneaux (A) [larges] de deux briques, faisant la hauteur du parapet (B) [de] trois pieds et les créneaux hauts de dix assises.

Et il superposera [à ces créneaux] des linteaux de bois (C) [régnant] sur la longueur du mur, [ayant] l'épaisseur d'une assise [et] une longueur de huit pieds.

Et sous ces linteaux il posera des cubes en bois[11] (D), et par-dessus [ces linteaux] il continuera le repiquage en briques sur une hauteur de six assises.

Et il bâtira, du côté intérieur, des piliers (E)[12] là où ils n'ont

ν τοῦ μ]ὲν ἐπαλξίου τρεῖς πόδας, τῆς δὲ θυρίδος δέκα στοίχους· καὶ ἐπιθήσει ὑπερτόναια ξύλινα γο]μφώσας διάτοιχα, πάχος στοιχιαῖα μῆκος ὀκτώποδα· ὑποθήσει δὲ καὶ κύβους τοῖς ὑπ-
ερτο]ναί[οις· καὶ ἐπιπλινθοβολήσει ὕψος ἒξ στοίχους· οἰκοδομήσει δὲ καὶ ἐκ τοῦ ἔνδοθεν

« le mur transversal, la double baie, etc. » Laissons de côté la question topographique, voici selon nous comment on doit entendre ce passage :

Il y avait sur les murs de l'enceinte (τοῦ κύκλου) un simple chemin de ronde (δίοδος), et sur les Longs-murs une plate-forme plus large à laquelle est réservé le nom de péridrome : ce péridrome, aussi bien que le parapet qui le couronnait, était orné d'une corniche (γεῖσον). Le texte ne dit pas formellement que ce péridrome ait été protégé par une toiture, tandis que le δίοδος des murailles d'enceinte était certainement couvert.

— Ici nous sommes en plein désaccord avec l'interprétation d'O. Müller. Müller coupe la phrase après επιβαλὼν τοῦ περιδρόμου τὰ γεῖσα, et admet :

1° Que le δίοδος et le περίδρομος appartiennent l'un et l'autre au même mur ;

2°. Que le περίδρομος est une galerie extérieure de circulation, soutenue en encorbellement sur la corniche qui couronne le mur du côté de l'ennemi :

— Border ainsi la plate-forme d'un encorbellement extérieur, ce serait masquer aux défenseurs répartis sur le δίοδος la vue du pied des murs, et garantir une sécurité presque absolue aux assaillants pour en saper la base : une telle disposition, essentiellement favorable à l'attaque, paraît tout à fait contraire aux principes de la fortification. — Lorsqu'un chemin de ronde est construit en encorbellement, ce n'est pas le long de la crête extérieure des murs qu'il se développe, mais le long de la crête intérieure : cela ressort clairement des instructions de Philon de Byzance (Fortif. § III, 4) ; et à l'appui de cette remarque, nous pouvons citer, grâce à une obligeante communication de M. O. Rayet, l'exemple des murailles d'Héraclée du Latmos.

[11] Par ces cubes D, nous entendons des corbeaux de forme à peu près cubique, qui seraient constitués par les extrémités de traverses noyées dans la maçonnerie au-dessous des linteaux : et c'est très probablement sur ces corbeaux que reposeront les tourillons des volets fermant les créneaux (voir plus loin, l. 76).

[12] Littéralement : « des cibles ». L'analogie entre cette idée et celle d'un pilier a été mise en évidence par O. Müller : il s'agit ici de piliers minces et allongés, semblables à ceux qui servaient de mires dans les exercices de tir.

pas été bâtis : [il les fera] de briques, laissant entre eux des intervalles de sept pieds.

60   Et il incorporera à la maçonnerie [des piliers] deux solives
(F, F') espacées de trois demi-pieds, faisant la hauteur du pilier de
telle sorte que [les piliers] puissent être à niveau avec l'intérieur
[de la galerie].

Et il posera des poutres (G) sur les piliers[13].

— Là où le plancher n'a pas été fait, il fera un plancher à
l'aide de poutrelles (H) et de traverses (K), les posant à directions
croisées ; ou bien[14] il greffera des solives (L) au pourtour des
poutres, ménageant à partir du dessus [du plancher] un intervalle
de trois palmes[15].

στ]όχους, οὗ μή εἰσιν οἰκοδομημένοι, διπλίνθους διαλείποντας ἑπτὰ πόδας· καὶ ἐνκατοικ-
60 οδ]ομήσει στρωτῆρας δύο διαλείποντας τριημιπόδια, ὕψος ποιῶν τοῦ στόχου ὥστε ἂν ὀρθο-
ὺς] εἶναι εἰς τὸ εἴσω· καὶ ἐπιθήσει δοκοὺς εἰς τοὺς στόχους. Οὗ μὴ κατεστέγασται, στεγάσει δοκί-
σιν καὶ ἐπιβλῆσιν τιθεὶς ἐναλλάξ, ἢ στρωτῆρσιν περιενκενερίσει διαλείπων τρεῖς παλ-

[13] O. Müller entend que les poutres (δοκοί) seront dirigées, non pas transversalement.
c'est-à-dire des piliers à la paroi crénelée, mais longitudinalement d'un pilier à l'autre ; et,
partant de cette idée, il admet que la toiture est un comble à un seul versant, un *auvent* porté :
à l'arrière, par le cours des δοκοί ; et, à l'avant, par la crête du mur crénelé.

— La construction ainsi conçue eût été bien instable ; et, pour peu que la pente du
comble fût accentuée, le δοκός eût été une pièce d'un équarrissage énorme. Admettons (ce
qui répond tout aussi bien au sens littéral du texte) que les δοκοί soient des poutres posées
horizontalement en travers de la galerie de ronde : immédiatement toutes ces difficultés
s'évanouissent.

[14] Le texte met en présence deux solutions, qui correspondent respectivement aux deux
moitiés de notre tracé figure 2.

[15] Le sens est :

On fera la charpente du plancher soit à l'aide de δοκίδες et d'ἐπιβλίδες, soit à l'aide de
simples στρωτῆρες implantés dans les poutres ; *dans les deux cas*, on ménagera pour l'épaisseur de ce plancher un intervalle de trois palmes, mesuré à compter du dessus de l'ouvrage.

Müller, qui poursuit ici son idée d'une charpente inclinée (d'un *auvent*), traduit : « Ménageant entre les στρωτῆρες un intervalle qui est de trois palmes à *leur* extrémité supérieure :

— En fait, on imagine difficilement dans un comble en appentis des pièces dont l'espacement ne soit pas le même à leurs deux extrémités : les στρωτῆρες du dessin de Müller ne
remplissent pas cette condition, et la note qui les explique (page 67 de son Mémoire) fait
ressortir la difficulté bien plus qu'elle n'aide à la résoudre.

— Toute la difficulté naît de la pente faussement attribuée aux στρωτῆρες : Si l'on veut

Et ayant établi au-dessus du mur une maçonnerie qui en franchira toute la largeur[16], il recoupera l'encorbellement de la corniche droit suivant le parement, [et] en saillie d'au moins trois demi-pieds.

Et il fixera un couronnement de corniche (N), le faisant droit
65 à niveau : largeur sept doigts, épaisseur un palme ; l'échancrant en dedans d'une épaisseur de volige, et faisant le front [de ce couronnement N] d'après la pente[17].

Et, intérieurement [à la galerie], il fixera à l'aide de clous en fer des lattes (P) espacées de trois palmes : épaisseur, un doigt ; largeur, cinq doigts.

Et ayant mis sur [ces lattes P] du jonc bien nettoyé (?) et, par-dessous [ces mêmes lattes], des [tiges de] fèves ou du jonc[18],

αστὰς ἐκ τοῦ ἐπάνωθεν· καὶ διοικοδομήσας ἐπὶ τοῦ τοίχου ἀνατεμεῖ τὸ γεισηπόδισμα ὀρθὸν παρὰ πλευρὰν ὑπερέχον μὴ ἔλαττον τριημιπόδια· καὶ ἐπικρούσει ἀκρογείσιον ποιῶν ὀ-
65 ρθὸν κατὰ κεφαλήν, πλάτος ἑπτὰ δακτύλων, πάχος παλαστῆς, παρατεμὼν ἐκ τοῦ ἔνδοθεν πάχος ἱμάντος καὶ τὸ μέτωπον ποιήσας πρὸς τὴν καταφοράν. Ἐπικρούσει δὲ καὶ εἰς τὸ ἐντὸς ἱμάντας διαλείποντας τρεῖς παλαστὰς, πάχος δακτύλου, πλάτος πέντε δακτύλων, ἥλοις σιδηρ-

bien admettre que ces pièces sont *horizontales*, et que l'intervalle de trois palmes représente l'épaisseur du plancher, le texte devient d'une clarté parfaite.

[16] Ce passage a trait à l'établissement d'une terrasse M en briques crues (ou probablement en pisé), qui mettra le chemin de ronde à l'abri du choc des projectiles tirés en bombe, et protégera les bois du plancher contre les flèches incendiaires : Rien dans la traduction de Müller ne rend l'idée de cette masse de terre qui transforme la galerie de ronde en une casemate parfaitement protégée: Müller la couvre d'une charpente assez frêle, que l'ennemi peut effondrer ou incendier à son choix.

[17] L'ἀκρογείσιον, décrit dans ce paragraphe, est une longrine N, de un palme de hauteur, faisant bordure le long de la terrasse.

Cette longrine est *délardée* d'après l'inclinaison du toit, le *front* (c'est-à-dire la partie fuyante du profil) s'inclinant suivant la pente même d'écoulement des eaux. — Müller voit au contraire dans cet ἀκρογ. un chéneau. Nous ne croyons pas que, pour un chéneau, une hauteur de 0m 08 ait été possible, surtout si l'on observe que le chéneau serait en terre cuite, et qu'il faudrait comprendre l'épaisseur du fond dans les huit centimètres.

Étant admis que l'ἀκρογ. est la bordure de la terrasse, on s'explique immédiatement l'utilité de l'*échancrer* d'une épaisseur égale à celle de la volige P'.

[18] La partie de gauche de notre dessin perspectif (fig. 1) indique cette façon d'associer aux grosses lattes P un menu lattis de roseaux ou de chaume.

Cf. Vitr. VII, 3; Pallad. *de Re rust.* I, 13; Columell. XII 50.

il plafonnera en terre mêlée de paille : épaisseur, trois doigts.

Et il couvrira en tuile de Laconie tout le chemin de ronde
70 de l'enceinte ; et, sur les Longs-murs [il posera] les tuiles de
bordure[19] là où elles ne sont pas en place, les posant toutes dans
[le mortier de] terre, droit dans le sens du parement. Et il établira
les tuiles couvre-joints, les posant à bain de [mortier de] terre.

Et il établira[20] des bordures de corniche (S) [qui seront] du
côté du dehors [en poterie] de Corinthe, retaillant les abouts [des
poutres] pour les ajuster et plaçant [ces bordures de corniche]
droit en parement et en tête.

Et ayant fait un échafaudage[21], il exécutera à l'aide d'un
enduit en terre mêlée de paille une frise continue (Q) d'une hauteur de quatre assises.

Et les [parements] extérieurs du mur qui en ont besoin, il les
réparera à l'aide de briques et de demi-briques ; et là où il y a eu

οἷς· καὶ ἐπιβαλὼν κάλαμον λελαμμένον, ὑποβαλὼν λοβὸν ἢ κάλαμον, δορώσει πηλῶι ἠχυρωμένωι πάχος τριδακτύλωι· καὶ κεραμώσει Λακωνικῶι κεράμωι τοῦ μὲν κύκλου πᾶσαν τὴν πάρο-
70 δον, τῶν δὲ μακρῶν τειχῶν τὰς ἡγεμόνας, οὐ μή εἰσιν κείμεναι, τιθεὶς ὅλας ἐν πηλῶι ὀρθὰ παρὰ πλευράν· καὶ καλυπτηριεῖ τιθεὶς τοὺς καλυπτῆρας ὅλους ἐν πηλῶι. Καὶ ἀπογεισώσει ἐκ
τοῦ ἔξωθεν γείσοις Κορινθίοις ἀναξῶν τοὺς χριοὺς ἁρμόττοντας καὶ τιθεὶς ὀρθὰ παρὰ π-
λευρὰν καὶ κατὰ κεφαλὴν. Καὶ ποήσας κανθήλιον ἐκδορώσει? πηλῶι ἠχυρωμένῶι [διάζωμα ίθ]-
υτρεχὲς ὕψος τεττάρων στοίχων· καὶ τὰ ἔξω χρειαζόμενα τοῦ τείχους ἀνα[σκευάσει πλίνθ-

---

[19] Bœckh, *Urkunden über das Seewesen*, p. 405-408.

[20] Müller voit dans ce passage la description d'une *corniche d'ordre corinthien*, avec ses
volutes dont la forme, plus ou moins semblable à celle d'une corne de bélier, serait exprimée par le mot χριός.

En réalité, il s'agit simplement d'appliquer à la saillie de la corniche un de ces revêtements que les Latins désignaient sous le nom d'*antepagmentum*: un antepagmentum *en
poterie de Corinthe*. La poterie de Corinthe était fort en vogue; le devis de l'Arsenal du Pirée
prescrit « la tuile de Corinthe » (l. 58).

Quant au mot χριός, Philon de Byzance, *Traité de fortif.*, § III, 4 l'emploie pour désigner
des poutres encastrées servant de supports à des planchers-volants : ici les χριοί sont les
abouts mêmes des grosses poutres, abouts « qu'il faut recouper » très exactement pour leur
adapter le lambrequin en poterie de Corinthe.

[21] Nous empruntons le sens du mot κανθήλιον au commentaire d'O. Müller.

75 éboulement, il établira la liaison à l'aide de chaînages en bois.

Et il fera au pourtour de la Ville des volets [de créneaux] retombant contre le parapet :

Ayant, [sur chacun des corbeaux D (?)] du parapet, posé et chevillé un chapeau(D')[22], il creusera en dessous [l'évidement destiné à reçevoir le tourillon].

[Et il consolidera le volet à l'aide de traverses] d'une épaisseur de deux doigts, et de contre-traverses[23], et il clouera à l'aide de clous de fer [à têtes] larges : cinq par contre-traverse.

[Et il construira des marche-pieds R en briques (?)[24]] posées à

80 directions croisées, le long du parapet : hauteur, un pied ; largeur, deux pieds ; et il [les] revêtira d'un enduit ; et suivant.........

.... les créneaux et les tours et le chemin de ronde.

Ayant clayonné et construit une aire en béton de tuileaux (?)[25] .... à l'aide de terre mêlée de paille

75 οις καὶ ἡμιπλινθίοις, καὶ ὅσα κατέρρωγεν τοῦ τείχους ἐνδήσει θράνο[ις ξυλίνοις. Ποιήσει δὲ καὶ θυρίδας τοῦ ἄστεως τῶι κύκλωι κα[τ]ρά[κτ]ους κατ' ἔπαλξιν.............[ἐ-
παλξίου στροφέα προσβαλὼν καὶ συνγομφώσας ὑποτρυπήσει...............[ποιήσε-
ι δὲ.... πάχος ἕκαστον διδακτύλο[υς] καὶ ἀντιζυγώσει δυεῖν ἀ[ντιζύγοιν..........κα-
ι καθηλώσει ἥλοις σιδηροῖς πλατέσιν πέντε εἰς τὸ ἀντίζυγον...............
80 δας ἐναλλὰξ παρὰ τὴν ἔπαλξιν ὕψος ποδιαίας πλάτος διπ[οδιαίας?.................
ην ἐναλλὰξ παρὰ τὴν ἔπαλξιν καὶ περιαλείψει καὶ κατα...............τὰς θυρίδας καὶ τοὺς πύργους καὶ τὴν πάροδον, ῥαχώσας καὶ ὀστρακώ[σας...........πηλῶι ἡχυρ-

[22] Le dessin perpectif du volet, que nous donnons fig. 1, rendra compte de cette disposition aussi pratique que simple.

[23] Les ζυγά sont à proprement parler des *moises* : Apollod., *Poliorcétique*, éd. Wescher, p. 165.

[24] Le texte est illisible à l'endroit contenant la désignation de cet accessoire des murs qui se développait « le long du parapet, sur une hauteur de 1 pied et sur une largeur de 2 pieds », et qui se composait de matériaux disposés ἐναλλάξ : — Nous pensons, mais sans prétendre le prouver absolument, que cet accessoire était un marche-pied R : et ce qui nous fait pencher vers cette hypothèse, c'est l'analogie des murs byzantins de Constantinople : Adaptons au mur d'Athènes une banquette de 2 pieds sur 1 pied et nous obtenons, entre le niveau de l'appui du créneau et le dessus de cette banquette, juste l'intervalle qui existe aux murs de Constantinople.

[25] L'usage d'établir ainsi les aires sur lits de paille ou de clayonnage est mentionné par

[formant une couche] d'une épaisseur de deux doigts, et de
terre .... que l'intendant jugera être ......; raccordant [cette
aire] avec l'ancienne, [retravaillant ce qui paraîtra...........
......................; et partout où il le faudra], il
85 creusera l'enduit, et toutes les parties de l'enduit qui auront été
[ainsi] détachés, [il les ....]
.... [Et des Longs-murs[26]] il parachèvera la plate-forme et
le parapet et le parement et la corniche, et ....
.... et, en grattant, il démolira ....
réparant partout où il en est besoin ....
.... les volets et la toiture des tours et [celle] du chemin de
ronde.

ωμένωι πάχος διδακτύλωι, γῆς διπτ . η[μέν]ης ἦν ἂν δοκιμάσηι εἶναι?................[ὁ ἐπὶ
τῆι διοικήσει, προςέχων τῆι προτέραι καὶ ἀπογάζων ὅτι ἂν δοχῆι?....................[τ-
85 ὴν ἀλοιφὴν ἀποσκάψει, ὅσ' ἂν ἀφεστηχότα ἦι τοῦ ἀλοιμοῦ κ................τὸν περίδρομον καὶ τὴν ἔπαλξιν καὶ τὸ θωρακεῖον καὶ τὸ γεῖσ[ον καὶ................
ἐπε[ξ]ε[ργά]σεται λε....λατ...δηι καὶ ἀνατρίψας ἀποσ[κάψει................
................ἐπισκευάσας ὅτου ἂν δέηται................
...τὰς θυρίδας καὶ τὴν ὀροφὴν τῶν πύργων καὶ τῆς παρόδου................

Philon de Byzance (*Vet. mathem.*, p. 87. — De Rochas, *Poliorcétique des Grecs*, p. 64). Vitruve
à son tour (VII, 1) signale cette pratique, aussi bien que l'usage de battre les enduits.

[26] Trois expressions caractéristiques se présentent ici : περίδρομος, γεῖσον et θωρακεῖον ;
et, si l'on veut bien se reporter à la note 10 (l. 54), on verra que les deux premières paraissent
avoir trait aux Longs-murs.

— On ne possède pas de description des Longs-murs qui corresponde à l'époque de
notre inscription : les anciennes constructions, décrites dans Thucydide (I, 93), avaient été
détruites en grande partie par l'ordre des Spartiates et relevées par Conon. Mais la reconstruction s'était faite sans nul doute sur les anciennes fondations, et par suite les Longs-murs de
Conon devaient reproduire à peu près ceux dont Thucydide nous a donné le détail : deux
parements en pierre d'appareil, reliés ensemble par un remplissage en maçonnerie gros sière :
c'était un type de mur fort usité chez les anciens et sur lequel Dion Cassius nous donne, à
propos de l'application qui en fut faite à Byzance, de très précieux détails. Voici sa description (LXXIV, 10) :

ὅ τε γὰρ θώραξ αὐτῶν λίθοις τετραπέδοις παχέσι συνῳκοδόμητο..., καὶ τὰ ἐντὸς αὐτῶν καὶ
χώμασι καὶ οἰκοδομήμασιν ὠχύρετο, ὥστε καὶ ἓν τεῖχος παχὺ τὸ πᾶν εἶναι δοκεῖν, καὶ ἐκ ἄνωθεν
αὐτοῦ περίδρομον καὶ στεγανὸν καὶ εὐφύλακτον ὑπάρχειν.

— Ce qui se traduit ainsi :

« Et le parement (θώραξ) était bâti en pierres carrées épaisses... Et l'intérieur était con-

90   .... [Et] chacune [des portes[27], il la fera] à double volée, [et] l'ajustera ....

...:..... le long du mur, extérieurement et intérieurement, non moins de ....

de trois demi-pieds ....

...... du fossé[28] .... il enlèverait le déblai là où il se produit ....

.... cent .... de palissade ....

95 .... recevoir .... les routes[29] qui sont dans les Longs-murs ....

.... la fortification qu'ils auront entreprise ....

.... la palissade .... qui entoure ....

..... celui qui aura achevé ces murs ....

90 . καὶ ... τε . καὶ μ ..... καὶ μ .... διπτέρως? ἕκαστα ἁρμόσει ....

ωτον .. παρὰ τὸ τεῖχος ἔνδοθεν καὶ ἔξωθεν μὴ ἔλαττον ....

τριημιποδία φαι ..... ατοσω . . α ... οσαποχαινε . π ....

.... τάφρου? .... ὑποφορήσειε τὸν χοῦν οὗ ἂν γ[ί]γ[νηται]...............

.... ἑκατον χάρακος? ....

95 ως ..... παραλαβεῖν μ . α . τὰς ὁδοὺς τὰς ἐν τοῖς μακροῖς τείχεσι ....

μο .. ἐσχάτων καὶ .... ὀχυρὸν ὃ ἂν μισθώση[ται] ....

υ [ἑκάτ]ερο . πα ..... σμ .... α . τόν χάρακα .... τὸν πε[ρὶ] ....

.... τείχη ταῦτα ἐξεργασάμενον ....

ωμένους κ .... κέραμον ὅσομ παρέλαβον ....

solidé par des remblais et des maçonneries, de telle sorte que le tout semblât être un mur unique épais, et que la galerie de couronnement [de ce mur] fût praticable à des chars (περίδρομον), et bien couverte, et facile à garder. »

Tels étaient probablement les Longs-murs : et la description des murs de Byzance nous donne la clé des trois expressions caractéristiques du passage qui nous intéresse, savoir :

Θωρακεῖον — le parement extérieur en pierres d'appareil;

Περίδρομος — la large plate-forme qui les couronne (Cf. note 10. — Vitr., V, xi);

Γεῖσον — le couronnement en pierre de taille du parement appareillé.

[27] Le mot διπτέρως (?), qui a été lu par Pittakis, paraît indiquer qu'il est question dans ce passage de portes « à double volée, » càd. à deux vantaux.

[28] La signification des mots τάφρος, χοῦς et χάραξ est indiquée dans Philon de Byzance (Fortif., § X éd. Graux et de Rochas,).

[29] Voir, au sujet de ces routes, Philon de Byzance, (Fortif., § X, 9).

. . . . [autant de] de tuile qu'il en aura reçu[30] . . . .

100 . . . .

. . . . si quelqu'un . . . .

. . . . les ouvrages . . . .

. . . .

. . . . la démolition . . . .

105 . . . . la deuxième année . . . .

. . . . la troisième année . . . .

. . . . la cinquième année il donnera . . . . . .

les conventions . . . .

des ouvriers, trouver . . . . l'année . . . .

110 . . . . . sera partagé . . . .

. . . . . fournir tout ce dont ils auront besoin pour les travaux . . .

. . . . . . [si, pendant] une guerre, [l'entreprise] est troublée[31] ; et

constituer des garants . . . .

. . . . . chaque année combien il en livrera . . . .

100 . . . .

δὲ αὐτὸν . . . . εἴ τις . . . .

. . . . τὰ ἔργα . . . .

ις αρχ . . . . • . . . .

αὐτὸν . . . . ἔρειψιν . . . .

105 . . . . τῶι δὲ δευτέ[ρωι ἔτει . . . .

. . . . τῶι δὲ τρίτωι ἔτει τὸν . . . .

. τὴν χο . . . . . τῶι δὲ πέμπτωι ἔτει παρέξει . . . .

. νὰς συγγρα[φὰς . . . .

τῶν ἐργατῶν ἀνευρίσκειν? . . . . . τὸν ἐνιαυτὸν . . . .

110 . . ιας μεριεῖται . . . . πρὸς τὰ ἔξω? . . . .

. . οἷς ἄπαντα ὅσων ἂν δέωνται εἰς τὰ ἔργα πα[ρεχ . . . .

. . πόλεμον κινηθῆι ἐγγυητὰς δὲ καταστῆσαι . . . .

. . τὸν ἐνιαυτὸν ἕκαστον ὅσα τούτων παραδώ[σει . . . .

[30] Encore une allusion à l'usage des fournitures faites par l'État aux entrepreneurs.

[31] Ce cas d'une guerre venant modifier les conditions du contrat était habituellement prévu dans les marchés des Grecs. Ex. : Inscr. des [murs de Tégée, commentée par M. Rangabé : *Mém. de l'Acad. des Inscr.* (*Savants étrangers*, 1re série., t. VI, p. 277).

par une corniche de pierre. [Et] il fera les substructions[32] . . . . . .

115 . . . . . largeur cinq demi-pieds, laissant un intervalle de . . : . . . .

. . . . sera . . . . lisse . . . .

. . . . Les architectes ont partagé comme il suit . . . .

du mur.

LES OUVRAGES ONT ÉTÉ ADJUGÉS COMME IL SUIT :

120   Le premier lot du mur septentrional, depuis le mur transversal jusqu'aux . . . .

. . . . des portes, et les chemins de ronde . . . .

λιθίνωι γεισηποδίσματι· ὑποικοδομήσει . . . .

115 . . . πλάτος πενθημιποδίους διαλείποντας . . . .

. . . ἔσται δὲ καὶ . . . λείας τ . . . πειας τοί[χ]ων ? . . . .

. . . . κατὰ τάδε ἔνειμαν οἱ ἀρχιτέκ[τονες .. . .

τείχους

Κατὰ τάδε μεμίσθωται τὰ ἔργα·

120 Τοῦ βορείου τείχους πρώτη μερὶς   Τοῦ νοτίου τείχους πέμπτη μερὶς ἀπὸ
ἀπὸ τοῦ διατειχίσματος μέχρι τῶν   τοῦ διατειχίσματος τ'οῦ Πειραιέως]
. . . . v πυλῶν καὶ τὰς διόδους   μέχρι τοῦ Κηφισοῦ.
— — H H H H
[μισθωτ]ής
125 [μισθωτ]ής Χίωνος Κορυδαλλεύς   Ἕκτη μερὶς ἀπὸ τοῦ Κηφισοῦ

---

[32] « *Une corniche de pierre, etc.* » — Ce retour aux détails techniques à la suite des
clauses générales de l'entreprise paraît bizarre; et O. Müller a mis en avant pour l'expliquer
une ingénieuse supposition, qui consiste à regarder les détails contenus de la ligne 114 à la
ligne 117 comme représentant non plus des travaux *obligatoires* imposés à l'entrepreneur,
mais *des perfectionnements facultatifs* qu'il lui est loisible d'apporter en vue de mériter la
bienveillance du peuple athénien.

Dans cette hypothèse, la partie effacée de l'inscription, avant les mots « par une corniche
de pierre », aurait un sens tel que celui-ci :

Et si l'entrepreneur veut bien mériter du peuple, il couronnera le mur par une corniche
de pierre, etc.

De sorte que l'ordre suivi dans la rédaction du Devis aurait été le suivant :

1° Jusqu'à la ligne 100 : Description des travaux *formellement* imposés aux entrepreneurs
moyennant une rétribution convenue;

2° De la l. 100 à la l. 114 : Conditions générales de l'entreprise;

3° De la l. 114 à la l. 117 : Énumération des perfectionnements facultatifs;

4° A partir de la l. 117 : Partage des travaux en dix lots d'entreprise.

. . . . [talents], 400 [drachmes] . . . .

Entrepreneur . . . .

Entrepreneur . . . . fils de Chion de Corydalle.

Le cinquième lot : du mur septentrional à partir du mur transversal du [Pirée] jusqu'aux Céphise.

Le sixième lot : à partir du Céphise.

DATE DE L'INSCRIPTION.

Le nom d'un des fils de l'orateur Lycurgue, qui est inscrit en tête du devis (l. 36) reporte évidemment l'Inscription au dernier tiers du IV° siècle.

Mais une détermination tout à fait précise n'est pas sans difficulté.

O. Muller pense[1] que l'inscription fut gravée du vivant même de Lycurgue, à une époque où ce magistrat, ayant épuisé la durée légale de sa gestion financière, continuait sous le nom de son fils Habron la direction des grands travaux dont il était le promoteur.

Bœckh, au contraire[2], penche à considérer l'Inscription comme postérieure à la mort de Lycurgue.

Cette conjecture reporterait l'Inscription vers la CXIII° ou la CXIV° olympiade ; et cette date répond en effet à la désorganisation momentanée qu'éprouva l'Empire macédonien à la mort d'Alexandre : c'était bien l'instant le plus favorable qu'Athènes pût saisir pour relever

---

[1] O. Müller, De mu nim., p. 28 et suiv.

[2] Bœckh, Staatshaush. der Athener, 2° éd., p. 570. — Cf. p. 256.

définitivement ses murs. Elle les avait restaurés en l'an 339[1] sous la menace de l'invasion macédonienne; elle les relève vers l'an 323, au moment où l'Empire macédonien se démembre.

[1] Un an avant la bataille de Chéronée : cette date résulte du décret de Ctésiphon rapporté par Démosth. (de Cor., 35).

—

DEUXIÈME PARTIE

EXAMEN DES DISPOSITIONS TECHNIQUES

—

CHAPITRE PREMIER

DISPOSITIONS GÉNÉRALES

Pour saisir le sens technique du Devis, il faut avant tout distinguer dans l'Inscription les passages qui ont trait aux Longs-murs, de ceux qui se rapportent à l'enceinte même de la Ville.

Quelques lignes à peine ont trait spécialement aux Longs-murs[1], mais ces lignes suffisent pour caractériser des dispositions tout à fait étrangères à celles de l'enceinte: Deux parements séparés par un large intervalle; entre les deux, un remplissage de construction grossière; au sommet, une large voie de circulation.

Ce sont les murs mêmes de l'enceinte qui font l'objet principal de l'Inscription; et le profil-type qu'elle définit répond dans son ensemble aux indications du croquis ci-contre :

[1] L. 54, 86, 96.

Ici, la muraille est constituée non plus par un double parement avec remplissage en maçonnerie brute, mais par une maçonnerie pleine, faite de briques crues, qu'un soubassement en blocage met à l'abri de l'humidité du sol. Ce massif de briques comporte, à raison de sa structure plus homogène et **plus régulière**, une épaisseur moindre que

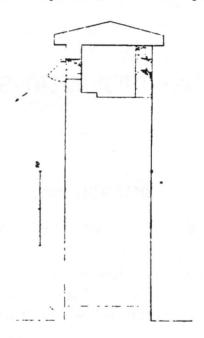

celle du massif grossier des Longs-murs : aussi ne trouve-t-on point à son sommet la large voie de circulation désignée dans le texte sous le nom de *péridrome*, mais un simple chemin de ronde (διάδος). Ce διάδος forme sur tout le développement de l'enceinte une galerie couverte, dont l'installation est la suivante (voir la première figure de la planche annexée à cette étude) :

Le long de la crête extérieure du mur, règne un parement crénelé ;

Le long de la crête intérieure, s'alignent une série de pilastres E, espacés de huit pieds d'axe en axe.

Et les poutres de la toiture reposent d'un bout sur les pilastres E, de l'autre bout sur les merlons du crénelage.

A proprement parler, cette toiture du chemin de ronde est moins un comble qu'un blindage surmonté d'une terrasse : partout les bois sont recouverts par un massif de terre ou protégés par d'épais enduits; le chemin de ronde se présente ainsi comme une véritable casemate régnant au pourtour de l'enceinte.

Aux créneaux du chemin de ronde sont adaptés des volets, et la zone de terrain qui entoure les murs est occupée par de larges fossés et des palissades.

Telle est la fortification, envisagée dans son ensemble. Et cette fortification, le texte nous la montre réduite à l'état de délabrement le plus complet :

Ici, les parapets ont leurs parements corrodés sur plus de six doigts de profondeur (plus de 0^m,11 : l. 55) ; ailleurs des pans entiers de la muraille sont tombés en ruine jusqu'au niveau du soubassement de pierre qui les portait (l. 47); sur quelques points enfin (l. 38) ce soubassement, la fondation même est à refaire.

— De tels désordres ne s'expliquent que par une longue période d'abandon : la corrosion des parements ne peut être qu'un effet prolongé des pluies, elle suppose la destruction des toitures; et les dislocations qui atteignent jusqu'aux fondations mêmes semblent des brèches pratiquées de main d'homme.

La date de l'Inscription jette quelque jour sur cette situation étrange : Athènes ne s'était jamais entièrement relevée des désastres de la guerre du Péloponnèse; ses murs étaient en ruine. A l'approche de l'invasion macédonienne[1], elle tenta un énergique effort pour les remettre en état de défense, mais ce ne fut à coup sûr qu'une reprise improvisée, et la restauration définitive restait à faire. Tant que dura la puissance macédonienne, cette restauration dut être ajournée, et les désastres s'aggravèrent ; jusqu'à ce qu'enfin, à la mort d'Alexandre ; Athènes revenant aux illusions de son indépendance, reprit ce grand travail des murs qui ; selon la fière expression du décret (l. 3), devait être « une restauration à toujours. »

CHAPITRE II

DÉTAILS DE CONSTRUCTION

I. — LES SUBSTRUCTIONS.

Les substructions, avons-nous dit, sont en pierre ; et, autant qu'on en puisse juger d'après les fragments mutilés du texte (l. 38 à 46), la disposition de ces pierres tient le milieu entre l'appareil polygonal et l'appareil régulier.

Les surfaces de lits sont astreintes à l'horizontalité : mais comme le devis n'impose pas une épaisseur d'assise uniforme, il est à croire que les lits présentent des *décrochements* plus ou moins multipliées.

Quant aux joints montants, ils ne sont soumis à aucune loi : rien n'oblige l'entrepreneur à les retourner d'équerre par rapport aux plans de lits.

Un agencement de blocs à lits horizontaux et à joints obliques, tel est donc l'appareil des soubassements : c'est d'ailleurs à ce type

---

[1] L'an 339.

que se rapportent les murs de Messène et la plupart des constructions militaires des Grecs[1].

Au voisinage des parements, les joints montants doivent être ajustés au ciseau, mais dans le corps du massif, ils peuvent laisser entre eux des interstices plus ou moins larges : dans les plus larges on intercale des fragments de pierre assujettis par des coins en bois d'olivier; les autres, on se contente de les combler par un remplissage de mortier de terre mêlée de paille hachée. — Observons incidemment que le mortier n'est pas indiqué comme servant de *lit* de pose, mais uniquement comme fourrure ou remplissage : En Grèce, l'usage de maçonner les pierres de taille à bain de mortier paraît être beaucoup plus récent que le IV° siècle.

II. — LE CORPS DES MURS.

Le corps des murs, à partir du niveau où l'humidité n'est plus à craindre (c'est-à-dire à partir d'environ deux pieds au-dessus du sol), se compose de briques crues. Le texte dit simplement « *des briques* » : mais on sait que le mot πλίνθος, comme en latin le mot *later*, lorsqu'il n'est accompagné d'aucune indication spéciale, veut dire simplement de l'argile moulée en carreaux et séchée au soleil.

Ici, du reste, nous avons un témoignage formel, c'est celui de Vitruve[2]; et Pausanias nous apprend que les anciens préféraient les murs en brique crue aux murs en pierre, comme amortissant mieux les coups du bélier.

Comment ces briques étaient-elles mises en œuvre? Rien dans le texte ne l'explique : il paraît du moins évident que ces briques friables et de faible masse ne pouvaient être employées à sec : assurément on

---

[1] Blouet, *Expéd. scientif. de Morée*, vol. 1, pl. 39.
[2] Vitr. II, VIII. — Cf. Pausan. VIII, VIII, 5.

interposait entre elles un lit de terre délayée ; et cet emploi d'un mortier entre les briques servira un jour de point de départ à la pratique si tardive chez les Grecs de *maçonner* les pierres.

— Réparer des murs ainsi construits était chose facile : Pour les altérations superficielles, une simple application de terre de même nature que celle du mur suffisait à rétablir la régularité du parement ; et, dès que la dégradation devenait profonde, on procédait, nous dit le texte, par repiquage de briques ou de demi-briques.

III. — LES CHAINAGES.

Des pièces de bois longitudinales (θράνοι) et des pièces transversales (ἔνδεσμοι) formant comme un grillage étaient noyées dans l'épaisseur de ces maçonneries et répartissaient sur une grande étendue de mur le choc des engins d'attaque. — « Les longrines, nous dit Philon de Byzance[1] aident aux réparations des brèches. » Et en effet, le texte de l'inscription recommande (l. 75) de leur relier les matériaux des reprises.

Mais le cas le plus curieux de chaînage est celui des piles E qui se dressent le long de la crête intérieure du mur et portent les grosses poutres du toit.

Ces piles, épaisses de un pied seulement sur une de leurs faces, auraient offert une stabilité insuffisante si on les eût laissées isolées les unes des autres. — Deux cours de longrines les entretoisent à deux hauteurs différentes (longrines F et F'), et établissent entre elles une solidarité parfaite, tout en laissant la galerie de ronde largement ouverte du côté de la place, ce qui permet de l'approvisionner en projectiles sur tous les points où la défense l'exige.

Au reste, ce mode d'entretoisement, non plus que le procédé de

---

[1] Fortif. III, 3.

chaînage appliqué au corps des murs, n'est pas exclusivemsnt propre à l'art grc : ces méthodes se retrouvent dans toutes les vieilles architectures de l'Orient ; et l'architectdre byzantine, qui à bien des égards n'est qu'une continuation de l'art grec, les pratique aujourd'hui même .

IV. — CHARPENTE DE LA GALERIE DE RONDE.

La toiture de la galerie de ronde (fig. 1) ne sert pas seulement d'abri aux défenseurs : elle écarte du parement des murs les eaux pluviales, et cette circonstance explique la saillie de un pied et demi que le devis lui attribue.

— La charpente, d'une simplicité toute primitive, n'est à vrai dire qu'un plancher porté par des grosses poutres G et qui peut être, au choix de l'entrepreneur, construit de deux façons distinctes, correspondant respectivement aux deux moitiés de la coupe figure 3 :

1re Solution :

L'une des deux solutions (celle qui correspond à la moitié de gauche de la figure) consiste à faire porter le voligeage sur des poutrelles carrées H *par l'intermédiaire* d'entretoises K ;

2e Solution :

L'autre (celle qui répond à la moitié de droite de la figure) consiste à faire porter le voligeage *directement* sur des solives méplates L.

Dans les deux hypothèses, l'épaisseur occupée par la membrure du plancher est la même, soit trois palmes ; et, comme cette membrure est voilée par un plafond en terre, la différence des deux solutions échappe à l'œil.

La première combinaison (celle de gauche) permet, en rapprochant les entretoises, d'avoir sous la terrasse un voligeage moins épais ; l'autre (celle de droite) supprime les entretoises, mais exige, vu le plus grand espacement des solives, un voligeage plus épais : les garanties de durée sont les mêmes de part et d'autre, et les quantités de bois s'équilibrent : le devis n'établit ni au point de vue de la solidité, ni au point de vue de la dépense, aucune distinction de l'une à l'autre.

V. — TERRASSE ET COUVERTURE.

La terrasse M qui surmonte ce plancher est apparemment un remblai de terre pilonnée. Deux bordures N, épaisses de un palme sur leur face antérieure et profilées suivant la pente de la toiture, arrêtent le long des rives la masse du pisé ; et c'est sur ce pisé que reposent directement les tuiles.

D'ailleurs rien n'oblige à donner au toit l'aspect d'un appentis que lui prête O. Müller ; et le profil à versant unique aurait même l'inconvénient d'exagérer le poids de la construction vers l'arrière, c'est-à-dire à l'endroit où elle n'a que des piles isolées pour supports. — En réalité, la toiture est à double pente ; et la corniche qui la borde, au lieu d'être « une corniche à modillons corinthiens », n'est autre chose qu'un revêtement *en poterie de Corinthe* qui tapisse et protège les pannes de gouttière.

VI. — DÉTAILS DU CRÉNELAGE.

Un détail en apparence fort secondaire, mais qui marque une époque dans l'histoire de l'art de bâtir, c'est la présence des linteaux de bois C au-dessus du vide des créneaux. A la place de ces linteaux C, un arc de briques semblerait tout indiqué comme support de la partie supérieure des maçonneries ; mais au IVe siècle, les procédés de la construction voûtée étaient encore assez peu répandus en Grèce pour qu'un parti en apparence si élémentaire ne vînt même pas à la pensée de l'architecte.

— Notons du moins avec quel juste sentiment des résistances l'architecte a mis en œuvre le bois de ces linteaux : les pièces sont encastrées; l'auteur du projet a senti que cette circonstance ajoutait à leur force, et a réduit d'autant l'équarrissage : ces linteaux n'ont *que l'épaisseur d'un lit de brique*.

VII. — LES VOLETS DU CRÉNELAGE.

Des portières en bois servaient de fermeture aux créneaux : Mobiles autour de leur arête supérieure, elles se soulevaient juste au moment du tir, et offraient en temps ordinaire une protection à la garde du rempart. — Voici (fig. 1), sous les réserves qu'imposent les lacunes du texte, le mode d'exécution de ces portières :

1° LES PANNEAUX :

Des madriers jointifs, dont un est arrondi en tourillon, constituent le panneau; deux traverses moisantes les maintiennent sur chaque rive.

2° LES COUSSINETS :

En guise de coussinets on a maçonné à travers les merlons, des pièces de bois D dont les têtes saillantes forment des corbeaux cubiques d'une parfaite solidité.

Les tourillons du volet s'appuient sur ces corbeaux; des cavités demi-cylindriques reçoivent ces tourillons, et de simples chapeaux en bois D' s'opposent à leur soulèvement.

VIII. — AIRES ET ENDUITS.

L'enduit qui protège les bois de la toiture contre les flèches incendiaires est une couche de terre mêlée de paille hachée (l. 68) : rien n'indique que la chaux entre dans sa composition.

L'épaisseur de cet enduit, non compris le lattis qui le maintient, est de trois doigts (0",06) ; et la façon dont il s'applique au-dessous du solivage est la suivante :

Sous les solives sont clouées des lattes de un doigt d'épaisseur, séparées par des intervalles de trois palmes (0",22).

Ce lattis principal maintient un menu lattis, fait d'une double couche de joncs disposés les uns par-dessus, les autres par-dessous. (Voir, à gauche de la figure n° 1, la représentation perspective de cette disposition.)

Ou bien, à titre de variante, le Devis admet que la couche inférieure de joncs soit remplacée par des tiges de plantes plus minces et sans doute mieux adhérentes à l'enduit. Vitruve nous a laissé la description de plafonds économiques qui répondent de point en point à ces indications[1].

— A son tour, le mode d'exécution de l'aire du chemin de ronde se retrouve, à peine modifié, dans le traité de Vitruve[2] :

La couche plastique de cette aire est un corroi en terre peut-être mêlée de chaux, auquel on incorpore des fragments de poterie, de manière à former une sorte de mosaïque bien résistante. Le tout est soumis à un battage énergique ; et l'aire, au lieu d'adhérer aux briques de la plate-forme qu'elle recouvre, en est séparée par une natte mince (voir les fig. 1 et 3) : excellente précaution, dont le résultat est de rendre libre le retrait de l'aire, et de prévenir ainsi les gerçures qu'elle tend à contracter en séchant.

IX. — La décoration.

Le principal ornement des murs consiste en un revêtement de terre cuite faisant bandeau le long de la toiture.

---

[1] Vitr. VII, 3. — Cf. Cato, *de Re rust.*, 54 ; Pallad., I, 13 ; Columell., XII, 50.
[2] Vitr., VII, 1.

Cet ornement, qui répond aux *antepagmenta* de Vitruve[1], n'est pas sans analogues dans l'architecture des anciens Grecs : on connaît les revêtements de poterie émaillée, à couleurs puissantes, à dessins larges et simples qui ornaient les poutres du temple de Métaponte[2]; le bandeau des murs d'Athènes devait, sauf des nuances de style, reproduire des effets de ce caractère. Et, pour compléter cette sobre décoration, une frise d'enduit Q régnait sous la corniche, occupant sur tout le développement des murs une hauteur de quatre assises de brique.

Les tuiles de rives étaient-elles ornées de palmettes? rien ne nous autorise à l'affirmer[3]; ce qui du moins est assuré, c'est l'absence de tout chéneau : nous croyons avoir montré (page 54, note 17) qu'on attribuerait à tort ce sens au mot ακρογείσιον; et au surplus, il eût été fort inutile de compliquer la construction de cet accessoire lorsqu'on avait, pour écarter les eaux du pied des murs, une saillie de corniche de un pied et demi et, le long des rives de la toiture, un bandeau en poterie qui se prête à merveille au rôle de coupe-larme.

CHAPITRE III

DIMENSIONS PRINCIPALES ET PROPORTIONS

DIMENSIONS.

Essayons maintenant de déterminer les principales dimensions de l'ouvrage :

[1] Vitr., IV, vii. — Cf. *Lex puteol. parieti faciundo* : C. I. L. 577; Egger, *Lat. serm. vetust. reliquiæ*, xxxii.

[2] Ces revêtements, publiés par le duc de Luynes dans son ouvrage sur Métaponte, appartiennent actuellement à la Bibliothèque nationale.

[3] Lorsque les Inventaires de la marine athénienne enregistrent parmi les approvisionnements destinés à l'Arsenal du Pirée des tuiles de rive, ils ont soin d'ajouter, *s'il y a lieu*, la mention des palmettes qui les décorent (Bœckh, *Urk.*, p. 405 et suiv.).

Les cotes qui se lisent dans l'inscription sont en assez petit nombre : plusieurs sans doute étaient contenues dans les lignes effacées; celles que nous possédons avec certitude sont les suivantes :

a) Longueur des madriers C faisant linteaux
     au-dessus du crénelage . . . .   8 pieds.

b) Intervalle vide entre les piles E. . . . .   7 —

c) Largeur des piles E vues de profil. . . . . . .   2 longueurs de brique.

d) Largeur de créneaux. . . . .   2 —

e) Épaisseur du parapet B . . . .   2 —

f) Hauteur du parapet B . . . .   3 pieds.

g) Hauteur du créneau . . . .   10 épaisseurs de brique.

h) Hauteur de la portion de ⎧ non compris le
     mur qui surmonte le ⎨   linteau C. . .   6   —
     crénelage   ⎩ linteau compris   7   —

i) Hauteur de la frise décorative Q   4   —

h) Épaisseur de la ⎧ non compris l'enduit. . . .   3 palmes.
     charpente du ⎨ y compris le lattis de 1 doigt
     plancher   ⎩   et l'enduit de 3 doigts. . .   1 pied.

— De ces chiffres, il est aisé de déduire toute une série de dimensions nouvelles :

1° *Dimensions des piles et largeur des briques.*

Évidemment un cours de linteaux de 8 pieds correspond à l'intervalle d'axe en axe de deux piles E;

L'espace vide entre deux piles E est d'ailleurs de 7 pieds :

Donc la dimension de la pile E, vue de face, est de 1 pied.

Cela admis, comme il paraît clair que la section de la pile E correspond à une brique sur deux, on voit que la brique des murs d'Athènes mesure *un pied sur chaque face* : cette dimension de brique répond d'ailleurs à l'un des échantillons définis par Vitruve[1].

2° *Répartition des créneaux.*

L'ouverture des créneaux étant de deux longueurs de brique, doit être cotée 2 pieds ; et dès lors, l'espacement des créneaux se trouve tout indiqué :

Chacun des linteaux C règne sur un groupe de *deux* créneaux de 2 pieds, séparés par des merlons de même largeur ; en d'autres termes, les vides sont égaux aux pleins.

3° *Dimensions verticales du mur crénelé.* — *Épaisseur des briques.*

La seule dimension verticale qui soit formellement énoncée est celle du parapet : 3 pieds ; les autres cotes de hauteur sont exprimées *en épaisseurs de briques*. Quelle était donc l'épaisseur des briques ?

— Nul doute qu'elle ne fût exprimable très simplement au moyen des unités de mesure grecques.

Or l'expression la plus simple qu'on puisse lui attribuer, *un palme*, donne précisément pour la galerie de ronde une hauteur sous plafond de 7 pieds, ce qui était, croyons-nous, la seule cote admissible.

Il fallait en effet ce minimum de 7 pieds pour que la circulation fût libre ; et d'un autre côté, il importait à la stabilité que le toit fût aussi bas que possible : ce chiffre de 7 pieds s'imposait, et l'épaisseur de briques qui nous le donne ne peut guère être modifiée. — Admettons donc l'hypothèse des briques de 1 palme sur 1 pied : les cotes de hauteur exprimées en épaisseurs de briques se traduiront comme il suit :

[1] Vitr., II, III.

Hauteur du créneau A..........................   **2 pieds 1/2.**

Hauteur de la partie du mur située ⎰ non compris le linteau.   1ᵖ 1/2.
au-dessus des créneaux. ⎱ avec le linteau ....   1ᵖ 3/4.

Hauteur de la frise décorative Q......................   1ᵖ.

Hauteur totale ⎰ y compris l'épaisseur du bétonnage ....   7ᵖ 1/4.
sous plafond ⎱ hauteur réelle, entre le dessus du bétonnage et le dessous du plafond ....   7ᵖ.

4° *Dimensions des principales pièces de la charpente.*

L'épaisseur des grosses poutres G ressort, sans aucune hypothèse, des cotes énoncées au devis ; elle se décompose de la manière suivante :

Épaisseur du solivage............	3 palmes.
Épaisseur du lattis..............	1 doigt.
Épaisseur de l'enduit............	3 doigts.
Total....	1 pied.

1 pied est donc l'épaisseur de la poutre G.

D'ailleurs sa largeur nous est donnée par la largeur même (1 pied) de la pile qui la soutient :

La poutre G se présente ainsi comme une pièce à section carrée de 1 pied d'équarrissage.

5° *Dimensions générales du corps du mur.*

Reste à déterminer l'épaisseur totale et la hauteur du gros mur :

— Un chiffre qui, à raison de sa place dans le Décret, doit se rapporter à l'une des principales dimensions de la construction, est celui de 7 pieds (l. 13) : Ce chiffre de 7 pieds, qui déjà représente la hauteur du chemin de ronde, n'exprimerait-il pas aussi *la largeur libre* de cette galerie ?

Si l'on admet cette attribution, la largeur totale du mur serait portée à 11 pieds, ce qui paraît assez bien d'accord avec les prescriptions de Philon de Byzance :

Philon recommande[1] de donner aux murs en briques crues au moins 15 pieds d'épaisseur. Philon écrit à une date où les moyens d'attaque ont fait, sous l'influence des premiers successeurs d'Alexandre, de très notables progrès : admettre 11 pieds à l'époque des murs d'Athènes paraît une évaluation acceptable.

Quant à la hauteur, Philon la fixe à un minimum de 30 pieds, en motivant ce chiffre par la nécessité de mettre le mur à l'abri de l'escalade : — C'est d'après cette donnée que nous avons établi le profil-type représenté par le croquis d'ensemble de la page 64.

PROPORTIONS.

Dès qu'on adopte les cotes qui viennent d'être exposées, des relations de proportion extrêmement simples se manifestent entre les divers membres de l'ordonnance :

1° La section libre de la galerie forme exactement un carré de 7 pieds de haut sur 7 pieds de large.

2° La hauteur de la façade étant évaluée entre le sommet du gros mur et le sommet de la corniche, on trouve que les baies du crénelage se placent *juste à mi-hauteur* de cette façade.

En effet, la façade se décompose comme il suit :

Parapet. . . . . 3 pieds.
Baies du crénelage. . . . . 1 ᵖ 1/2.

---

[1] *Fortif.*, § 3.

Construction située au-dessus des baies et comprenant :

Le linteau C...................	1	palme.
Six assises....................	6	palmes.
La hauteur de la poutre G........	1	pied.
La hauteur de la bordure N	1	palme.
Ensemble.....	3	pieds.

— Il y a donc 3 pieds de construction au-dessus du créneau et 3 pieds au-dessous.

Ajoutons que la baie elle-même, haute de 1 pied 1/2, large de 2 pieds, présente une proportion très fréquente dans l'architecture antique, celle de 4 à 5.

Des rapprochements plus circonstanciés supposeraient une connaissance plus complète des cotes de détail, mais il n'était pas sans intérêt de retrouver la tendance aux rapports simples jusque dans les combinaisons de l'architecture militaire : soit qu'il élève un temple, soit qu'il bâtisse une forteresse, le Grec ne perd jamais de vue les lois de proportion et d'harmonie.

CHAPITRE IV

CLAUSES ADMINISTRATIVES ET FINANCIÈRES
LES TRAVAUX FACULTATIFS

Ici, c'est un tout autre aspect de l'esprit grec qui se manifeste. Les procès, on le sait, n'étaient pas rares chez les Athéniens, et il n'est point de précaution que l'auteur du devis n'ait prise pour les prévenir : exiger des répondants (l. 112) ; placer les conventions sous la garantie d'un serment solennel (l. 23) ; astreindre les entrepreneurs à comparaître devant le peuple pour rendre compte de leur gestion (l. 28) ; spécifier les travaux qu'ils devront exécuter dans chacune des années du bail (l. 105), la juridiction dont ils seront justiciables, les peines dont ils seront passibles (l. 25), etc.

— Le Devis nous fournit enfin quelques détails sur l'organisation administrative des travaux de l'État.

Un architecte directeur des travaux est élu par le suffrage du peuple (l. 6) ; cet architecte arrête, sous le contrôle d'une commission composée de deux *épistates* et d'un *intendant*, le programme général des travaux, et les partage par lots d'entreprise (l. 7) ; un collège de *vendeurs* (πωληταί) (l. 36) préside à l'adjudication.

Les entrepreneurs, qui portent, eux aussi, le titre d'*architectes* (l. 32), gardent dans l'exécution de leur marché une initiative qui donne au contrat d'entreprise un caractère tout à fait à part : c'est une véritable délégation de responsabilité, et une délégation assez large pour intéresser au succès de l'œuvre leur honneur aussi bien que leur fortune.

Aussi, dans un marché grec de travaux publics, les obligations ne sont jamais limitées ; le marché fixe celles auxquelles l'entrepreneur ne peut se soustraire : libre à lui d'ailleurs de faire autrement, à la condition de faire mieux et de prendre à sa charge les perfectionnements qu'il apporte. Et cette réserve singulière n'est point du tout une réserve fictive : C'est ainsi qu'au temple de Delphes[1] nous voyons l'entrepreneur changer la nature des matériaux convenus et remplacer par du marbre la pierre qui était prescrite ; c'est ainsi que nous voyons,

---

[1] Hérodot., V, LXII.

en l'an 339 ; Démosthènes, préposé aux fortifications d'Athènes, ajouter aux sommes qui lui sont confiées une somme de trois talents[1].

Au cas actuel, non seulement le champ est ouvert au zèle de l'entrepreneur (l. 32) ; mais, d'après la conjecture très vraisemblable d'O. Müller, les dernières lignes du Devis contiennent un énoncé fort explicite des perfectionnements que l'entrepreneur est invité à prendre à sa charge. L'entrepreneur ne doit qu'un soubassement grossièrement dressé : mais il peut, — à ses frais, — en exécuter le ravalement (l. 116). Il ne doit qu'une corniche à revêtement de poterie : il lui est loisible de remplacer cette corniche économique par un couronnement en pierre (l. 114). Le jour où les comptes seront soumis à l'Assemblée du peuple, l'entrepreneur fera la preuve des sacrifices que ces perfectionnements lui auront coûtés (l. 30) ; et l'Etat, s'il le juge bon, le paiera en honneurs.

L'entreprise des travaux publics était donc moins une profession lucrative qu'une charge honorable mais parfois assez lourde : l'armement des vaisseaux, l'équipement des troupes, tout, jusqu'aux représentations scéniques, faisait l'objet de ces ruineuses entreprises ; et l'on se regardait comme amplement récompensé lorsqu'on entendait proclamer au Pnyx ou au Théâtre un décret enregistrant le sacrifice accompli.

Mais ce n'est pas ici le lieu de nous étendre sur ces contributions que le peuple athénien savait si habilement imposer à la vanité des riches entrepreneurs de ses travaux : c'est avant tout un document pour l'histoire de l'architecture que nous cherchions dans l'Inscription des murs d'Athènes.

---

[1] Les textes relatifs à cette curieuse gestion se trouvent rassemblés dans le Mém. d'O. Müller, p. 25, notes 71 et 72. Les principaux sont l'Acte qui figure au paragraphe 17 du plaidoyer de Démosthènes contre Eschine, et le Décret inséré au paragraphe 26 du même discours. — Cf. Xenoph. Œconom., II.

LISTE

DES MOTS TECHNIQUES DONT L'INSCRIPTION PRÉCISE LE SENS

	Lignes du texte.		Lignes du texte.
Ἀκρογείσιον (N)....	64.	κανθήλιος..........	73.
ἀντηρίδες..........	49.	καταράκτης........	67.
ἀντίζυγον.........	78. 79.	κέραμος...........	69. 99.
ἁρμός............	90.	κριοί.............	72.
Γεῖσον............	51. 54. 72. 86.	κύϐοι (D)........	57.
γεισήπους.........	51.	Λιθολογεῖν........	39.
γεισμπόδισμα......	63. 114.	λιθολόγημα........	45. 47.
γόμφος...........	57. 77.	λεῖος.............	116.
Δίοδος............	7. 122.	Μέτωπον..........	40. 61. 62.
δοκός (G).........	61.	Ξοῖς.............	40.
δοκίς (H).........	61.	Ὀροφή...........	50. 89.
Ἔνδεσμος.........	50.	Πάροδος..........	49. 52. 69. 82. 89.
ἐπάλξιον (B).......	54. 56. 76.	περίδρομος........	54. 86.
ἔπαλξις (B).......	80. 86.	πλινθοβολεῖν......	55. 58.
ἐπιβλής (K).......	62.	Στεγάζειν........	61.
Ἡγεμών..........	70.	στόχος (E)........	59. 60. 61.
Θράνος...........	51. 75.	στροφεύς..........	77.
θυρίς (A).........	56. 76.	στρωτήρ (L, F).....	59. 62.
θωρακεῖον.........	86.	σφήν.............	44.
Ἱμάς (P, P').......	66.	Ὑπερτόναια (C)....	56. 58.
Καλυπτῆρες........	71.		

LÉGENDE EXPLICATIVE DES FIGURES

Pour les figures qui accompagnent la présente étude, on s'est servi des notations suivantes :

Le pied grec (approximativement égal à 0^m.308) est exprimé par le signe.. (')

Le 1/4 de pied, ou palme.. (')

Le 1/4 de palme, ou doigt.. (")

Les *seules* cotes inscrites aux dessins sont celles qui résultent des indications formelles du texte : les cotes qui se déduisent de la dimension des briques mises en œuvre ont été systématiquement supprimées; il sera d'ailleurs facile de les rétablir en partant de cette donnée extrêmement probable, que les briques mesurent sur chaque face 1 pied, et que leur épaisseur est de 1 palme.

FIGURE I

PERSPECTIVE CAVALIÈRE DU COURONNEMENT DES MURS.

Les dimensions parallèles à trois axes tracés sur la droite du dessin sont réduites dans la proportion de 1 à 50.

La charpente du plafond pouvait être composée soit de solives assemblées sur les maîtresses-poutres, soit de poutrelles croisées par des entretoises : — c'est la première des deux combinaisons qu'on a représentée.

La partie de gauche du dessin montre l'agencement des lattes et des roseaux qui maintiennent le plafond en terre.

Un des créneaux est muni de sa portière mobile; pour les autres, on a seulement figuré les corbeaux sur lesquels reposent les tourillons des portières.

FIGURE II

PLAN COMPRENANT TROIS TRAVÉES DU CHEMIN DE RONDE.

Échelle $\frac{1}{100}$.

Les lignes ponctuées marquent la position des maîtresses-poutres et les saillies de la toiture.

FIGURE III

COUPE TRANSVERSALE DU CHEMIN DE RONDE.

Échelle $\frac{1}{50}$.

La figure met en regard les deux dispositions de charpente que le Devis laisse au choix de l'entrepreneur :

La moitié de droite, conforme à la perspective (fig. 1), représente un plafond porté par un simple cours de solives L;

Dans la moitié de gauche, on a figuré une charpente composée de poutrelles H et d'entretoises K.

TABLE

—

PREMIÈRE PARTIE

Texte et traduction de l'Inscription.

Pages.

Historique sommaire de l'Inscription des murs d'Athènes............................ 43
Texte et traduction annotée... 47
Date de l'Inscription... 61

DEUXIÈME PARTIE

Examen des dispositions techniques.

CHAPITRE PREMIER

DISPOSITIONS GÉNÉRALES.

Le profil-type de l'enceinte.. 63
État de ruine des murs, et ses causes... 65

CHAPITRE II

DÉTAILS DE CONSTRUCTION.

   I. Les substructions.. 66
  II. Le corps des murs... 67
 III. Les chaînages... 68
 IV. Charpente de la galerie de ronde... 69
  V. Terrasse et couverture.. 70
 VI. Détails du crénelage... 70
VII. Les volets du crénelage... 71
VIII. Aires et enduits.. 71
 IX. La décoration... 72

CHAPITRE III

DIMENSIONS PRINCIPALES ET PROPORTIONS.

Dimensions... 73
Proportions.. 77

CHAPITRE IV

CLAUSES ADMINISTRATIVES ET FINANCIÈRES.

                                                                Pages.

I. Les garanties de l'entreprise.. 78

II. Travaux supplémentaires ou facultatifs.................................. 79

ANNEXES

1° Liste des mots techniques dont le devis précise le sens...................... 81

2° Légende explicative des figures... 82

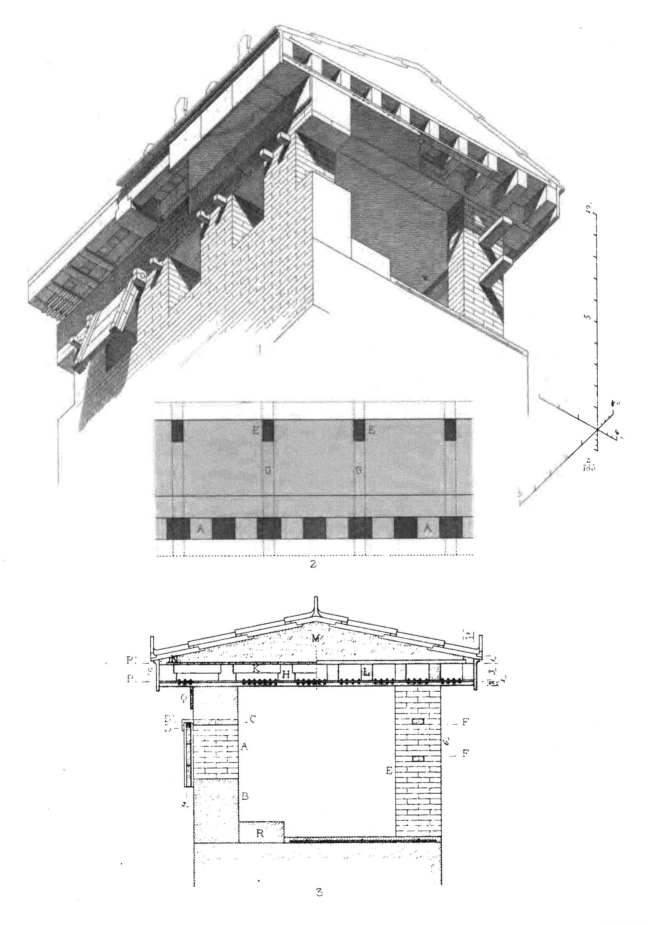

1

2

3

L'ERECHTHEION

ÉTUDES

SUR L'ARCHITECTURE GRECQUE

PAR

Auguste CHOISY

INGÉNIEUR EN CHEF DES PONTS ET CHAUSSÉES

———————

3° ÉTUDE

L'ERECHTHEION

D'APRÈS LES PIÈCES ORIGINALES DE LA COMPTABILITÉ DES TRAVAUX

PARIS

LIBRAIRIE DE LA SOCIÉTÉ ANONYME DE PUBLICATIONS PÉRIODIQUES

——

M DCCC LXXXIV

L'ERECHTHEION

PREMIÈRE PARTIE

—

LES INSCRIPTIONS

Nous nous proposons d'interpréter au point de vue de l'histoire de l'architecture les inscriptions qui ont trait à l'Erechtheion.

Ces inscriptions comprennent :

1° Un décret prescrivant les travaux du temple, ou plutôt la reprise de ces travaux interrompus;

2° Un état résumant la situation des chantiers à l'époque de la reprise;

3° Une série de comptes de gestion : un compte par prytanie. Les prytanies se renouvelant à chaque dixième d'année, on connaîtrait, si les textes étaient sans lacunes, l'avancement des travaux de trente-six en trente-six jours [1].

---

[1] Les inscriptions, disséminées dans différents recueils auxquels nous renverrons tour à tour, ont été réunies dans un volume intitulé *Pausaniae descript. arcis Athenarum*, par O. Iahn et Michaelis (2ᵉ éd., Bonn. 1880). En fait d'interprétation, nous ne connaissons que

Une partie seulement de cette précieuse comptabilité nous a été conservée, mais ce qui nous en reste complète de la façon la plus heureuse les indications des ruines. Les charpentes des temples grecs ont disparu : nous les retrouvons dans les comptes de l'Erechtheion. Un plafond entier y est détaillé, avec ses caissons, ses panneaux de poterie, ses moulures. Ce plafond ne couvrait qu'une moitié de l'édifice ; l'autre moitié présentait un comble apparent et décoré, et ce comble lui-même est décrit pièce par pièce. L'Erechtheion nous offre ainsi deux applications très diverses du bois dans l'architecture classique : ce sont, croyons-nous, deux types généraux auxquels se rattachaient avec de légères variantes les principales œuvres de la charpente monumentale chez les Grecs.

des travaux partiels ; et nous aurions hésité à tenter une traduction d'ensemble, si nous n'avions compté sur l'obligeance de M. Egger pour aplanir les difficultés de tout genre que présentaient les textes.

Décret.

Inscription I [2]

1   Il a paru bon au Sénat et au peuple.... [La tribu...] occupait la prytanie,.... était secrétaire, Smikythos présidait.

Epigenes fit la proposition [suivante] :

Considérant que...

l'architecte du temple...

les architectes...

5   ... adjuger, pour le plus grand bien des Athéniens,...

... étant réunis.... du travail. L'architecte... [reconnaître] les parties des travaux qui sont entièrement achevées, les travaux qui ne sont qu'ébauchés....

Inscription I

[1] Ἔδοξεν τῆι βου[λῆι καὶ τῶι δήμωι — —
—]ς ἐπρυτάνευε, — — ἐγραμμά] [2] τευε, [Σ]μίκυθο[ς ἐπεστάτει, Ἐπιγένης εἶπε·
Ἐπειδὴ — — τὸν ἀρχιτ] | [3] έκτονα τοῦ νεώ... | [4] [τ]οὺς ἀρχιτέκτ[ονας — —
— τύχηι ἀγαθῆι τῆι] | [5] Ἀθηναίων μι[σθῶσαι — —] | [6] ωσι συνιστάμ[ε/οι — — ἔργα] |
[7] σίας, ὁ ἀρχιτέ[κτων — —] | [8] ν τὸ μὲν κ[α]τε[σκευασμένον... τῶ] | [9] ν ἔργων, ὅσα δ[ὲ
ἡμίεργα —] | [10] τα καὶ καλὰ — — | [11] κ.. αμπ — —

[2] C. I. A. 1er vol., n° 60.

État des chantiers lors de la reprise des travaux.

INSCRIPTION II[3]

1ᵉʳ fragment, 1ʳᵉ col.

1 Les préposés [aux travaux] du temple [situé] dans l'Acropole [et] dans lequel [est] l'ancienne Statue :

 B...... de Kephisia, Chariades d'Agrylée, Diodes de Kephisia, l'architecte Philocles d'Acharnes, le secrétaire Etearchos de Cydathénée,

5 Ont enregistré, suivant le décret du peuple qu'Epigenes a proposé[4], l'état où ils ont trouvé les travaux ci-dessous du temple : [travaux] terminés et [travaux] ébauchés,

 Diocles étant archonte, la [tribu] Cecropide occupant la première prytanie [de l'année], dans la session du Conseil où Nicophane de Marathon remplit le premier les fonctions de secrétaire.

 — Du temple, nous avons reconnu comme ébauchées :

 A l'angle près du Cecropion[5] :

10 — Pierres de taille non posées[6] : 4

INSCRIPTION II

1ᵉʳ fragment, 1ʳᵉ col.

¹ ['E] πιστάται τοῦ νεὼ τοῦ ἐμ πόλει, ἐν ὧι τὸ ἀρχαῖον ἄγαλμα, Βροσυν. |² .ης Κηφισιεύς, Χαριάδης 'Αγρυλῆθεν, Διώδης Κηφισιεύς, ἀρχιτέκτων | ³ [Φι]λοκλῆς 'Αχαρνεύς, γραμματεὺς 'Ετέαρχος Κυδαθηναιεὺς, | ⁴ [τά]δε ἀνέγραψαν ἔργα τοῦ νεὼ, ὡς κατέλαβον ἔχοντα, κατὰ τὸ ψή | ⁵ [φισ]μα τοῦ δήμου ὃ 'Επιγένης εἶπεν, ἐξειργασμένα καὶ ἡμίεργα, ἐπὶ Διο | ⁶ [κ]λέους ἄρχοντος, Κεκροπίδος πρυτανευούσης πρώτης, ἐπὶ τῆς βουλῆς, | ⁷ ἧι Νικοφάνης Μαραθώνιος πρῶτος ἐγραμμάτευσεν. |

⁸ Τοῦ νεὼ τάδε κατελάβομεν ἡμίεργα· |

ἐπὶ τῆι γωνίαι τῆι πρὸς τοῦ Κεκροπίου· |

---

³ C. I. A. I, 322; IV, p. 38. Cf. Schneider, *Vitr.*, t. II, p. 260: O. Müller, *Minervae Poliadis sacra..* (Götting. 1820); Bœckh, C. I. G., 160; Newton, *Inscr. mus. Brit.*, I, xxxv.

⁴ C'est-à-dire en exécution du décret dont l'inscr. 1 est un fragment.

⁵ C'est-à-dire sur un chantier situé en Z.

⁶ Le mot qui désigne ces pierres signifie littéralement : *des briques.* Cf. *Arsenal du Pirée,* l. 26 et 93.

	Longueur	4 pieds.
	Largeur	2 —
	Épaisseur	3/2 —
Pierre d'angle		1
	Longueur	4 pieds.
	Largeur	3 —
15	Épaisseur	3/2 —
— Pierres de couronnement (assise *r*)		5
	Longueur	4 pieds.
	Largeur	3 —
	Épaisseur	3/2 —
[Pierre de couronnement] d'angle :		
20	Longueur	7 pieds.
	Largeur	4 —
	Épaisseur	3/2 —

— Pierre moulurée, non posée, [servant de] contre-partie
aux pierres de couronnement[7] :

	Longueur	10 pieds.
25	Hauteur	3/2 —

[Autres, servant de] contre-partie aux architraves (pierres *v*)   2

	Longueur	4 pieds.
	Largeur	5 palmes.

IIII ¹⁰ πλίνθους ἀθέτους μῆχος τετρά | ποδας, πλάτος δίποδας, πάχος | τριἠμιποδίους. |

I μασχαλιαίαν μῆχος τετράποδα, | πλάτος τρίποδα, πάχος τριῶν | ¹⁵ ἡμιποδίων. |

Γ ἐπιχρανίτιδας μῆχος τετράπο | δας, πλάτος τρίποδας, πάχος | τριῶν ἡμιποδίων. |

γωνιαίαν μῆχος ἐπτάποδα, | ²⁰ πλάτος τετράποδα, πάχος | τριῶν ἡμιποδίων. |

γογγύλος λίθος ἄθετος, ἀντίμο | ρος ταῖς ἐπιχρανίτισιν, μῆχος | δεκάπους, ὕψος τριῶν|

²⁵ ἡμιποδίων. |

II ἀντιμόρω τοῖς ἐπιστυλίοις | μῆχος τετράποδε, πλ[άτος πε]ν | τεπαλάστω. |

I χιόχρανον ἄθετον — — |

[7] Les « pierres de couronnement » sont celles de l'assise *r* (pl. 1, 1ʳᵉ fig.) : cette assise,
sur une partie de son développement, était formée de *deux* cours de pierres profilées,

30   — Chapiteau non posé... [et sa] contre-partie* [tournée] vers
l'intérieur 1

       Longueur.................. **2 pieds.**

       Largeur.................. **3/2 —**

       Épaisseur.................. **3/2 —**

    — Architraves non posées..................... 5

       Longueur.................. **8 pieds.**

35   Largeur.................. **2 pieds et 1 palme**

       Épaisseur.............. **2 pieds.**

Architraves montées : 3
Il restait à [les] ravaler sur la face supérieure.

       Longueur.................. **8 pieds.**

       Largeur.................. **2 pieds et 1 palme**

       Épaisseur.................. **2 pieds.**

40   — De tout le travail restant à faire au pourtour [de l'édi-
fice], le commencement est* [la pose de] la pierre d'Eleusis contre
laquelle sont appliquées les figures : et [de ces figures (?)] ont
été mises en place sous les préposés actuels.............. 3

45   — Des colonnes surmontant le mur qui longe le Pandroseion (mur 1-4) :

---

[30] μέτωπον τὸ ἔσω μῆ[κος δίπουν], | πλάτος τριῶν ἡμιπο[δίων, πάχ]ος | τριῶν ἡμιπο-
δίων. |

Γ' ἐπιστύλια ἄθετα μ[ῆκος ὀκτ]ώ | ποδα, πλάτος δυοῖν [ποδοῖν] | [35] καὶ παλαστῆς, πάχος
[δίποδα]. |

||| ἐπιστύλια ἄνω ὄντα [ἔδει] | ἐπεργάσασθαι μῆκος ὀκτώπο | δα, πλάτος δυοῖν ποδοῖν καὶ
πα | λαστῆς, πάχος δίποδα. |

[40] Τοῦ δὲ λοιποῦ ἔργου ἅπαντος | ἐγκύκλωι ἄρχει ὁ Ἐλευσινιακὸς | λίθος, πρὸς ὧι τὰ ζῶια·
καὶ ἐτέθη ||| | ἐπὶ τῶν ἐπιστατῶν τούτων. |

Τῶν κιόνων τῶν ἐπὶ τοῦ τοίχου | [45] τοῦ πρὸς τοῦ Πανδροσείου· |

---

r' et r", adossées les unes aux autres : les unes formaient le parement extérieur, les autres le
contre-parement intérieur.

    * Voir, à l'appui du sens que nous attribuons à ce passage, la note de Bœckh dans le
C. I. G, 160.

    * Cette interprétation a pour elle l'autorité de Bœckh (C. I. G, 160).

De [ces] colonnes [encore] couchées.................. **4**

[nous avons reconnu] non taillés, trois demi-pieds de fleurons
de chaque colonne, [comptés] à partir de l'intérieur [10].

50   — D'une architrave de 8 pieds sur le mur du Sud, il restait
à ajouter la cymaise [11] [tournée] vers l'intérieur.

55   — [Nous avons reconnu] les [parties] suivantes non ravalées et
non cannelées :

Le mur [tourné] vers le vent du Sud (mur 1-2) : non ravalé,
excepté dans le portique près du Cecropion (région 1).

60   — Les soubassements [12] : non ravalés extérieurement sur tout le
pourtour [de l'édifice], excepté dans le portique près du Cecropion ;

65   — Les bases : toutes non cannelées dans leur partie supérieure [13] ;

— Les colonnes : toutes non cannelées, excepté celles qui surmontent le mur (1-4) ;

— Le socle, sur le pourtour de l'édifice : tout [ce socle], non
ravalé.

||||| κειμένων κιόνω[ν] | ἄτμητα ἐκ τοῦ ἐντὸς ἀνθε | μίου ἑκάστου τοῦ κίονος τρία | ἡμιπόδια. |
[50] Ἐπιστυλίου ὀκτώποδος | ἐπὶ τοῦ τοίχου τοῦ πρὸς νότον | κυμάτιον ἐς τὸ ἴσω ἔδει | ἐπι-
θεῖναι. |

Τάδε ἀκατάξεστα καὶ | [55] ἀράβδωτα· |

τὸν τοῖχον τὸν πρὸς νότου | ἀνέμου ἀκατάξεστον | πλὴν τοῦ ἐν τῆι προστάσει | τῆι
πρὸς τῶι Κεκροπίωι. |

[60] τοὺς ὀρθοστάτας ἀκατα | ξέστους ἐκ τοῦ ἔξωθεν ἐγκύκλωι | πλὴν τῶν ἐν τῆι προστά |
σει τῆι πρὸς τῶι Κεκροπίωι. |

τὰς σπείρας ἀπάσας | [65] ἀρραβδώτους τὰ ἄνωθεν. |

τοὺς κίονας ἀραβδώτους ἅπαντας | πλὴν τῶν ἐπὶ τοῦ τοίχου. |

τὴν κρηπῖδα ἐγ | κύκλωι ἅπασαν ἀκατάξεστον. |

[10] Il s'agit probablement du gorgerin à palmettes qui termine le fût.

[11] Sur le sens du mot κυμάτιον, voir plus loin, note 26.

[12] L'Inscr. de l'*Arsenal du Pirée* ne laisse aucun doute sur le sens du mot ὀρθοστάται
(l. 19, 26, 64) : ce sont les pierres de champ qui forment la première assise du mur.

[13] Chaque base comprend deux tores : le tore supérieur n'est pas encore orné de ses

— Parties intérieures du mur non ravalées :

70   De pierre moulurée[14],

8 longueurs de quatre pieds ;

De [pierre moulurée] du chambranle de la porte (?),

. . longueurs de quatre pieds ;

Du jambage [15]. . .

. . longueurs de quatre pieds ;

75   De [pierre moulurée] du mur longeant la Statue (mur C).

6 longueurs de quatre pieds.

— Dans le portique devant la grande porte (portique M) :

80   L'autel du sacrificateur, non posé ;

Les chevrons et madriers transversaux de la toiture[16], non

posés.

— Dans le portique près du Cecropion (portique K) :

85   Les pierres-plafonds[17] au-dessus des Jeunes filles, il restait

à [les] ravaler en dessus.   3

τοῦ τοίχου τοῦ ἐντὸς ἀκατάξεστα· |

    [70] γογγύλου λίθου τετραποδίας ΓΙΙΙ,

    τοῦ ἐν τῶι προσ[τομιαίωι] | τετραποδίας — |

    τῆς παραστάδος [τῆς] — | τετραποδίας — |

    [75] τοῦ πρὸς τοῦ ἀγάλματος | τετραποδίας — |

Ἐν τῆι προστάσει τῆι πρὸς | τοῦ θυρώματος· |

    τὸμ βωμὸν τοῦ [θυ]ηχοῦ | [80] ἄθετον. |

    τῆς ἐποροφίας σφηκ[ίσ]κους | καὶ ἱμάντας ἀθέτους — |

Ἐπὶ τῆι προστάσει τῆι πρὸς τῶι | Κεκροπίωι

stries décoratives. Le texte désigne fort justement ces stries par le mot même qui signifie les cannelures des colonnes.

[14] Cf. note 7.

[15] Le sens du παραστάς est fixé par l'Inscr. de l'*Arsenal du Pirée*, l. 32.

[16] Ce portique présentait un plafond ou ὀροφή de marbre, dont les débris subsistent encore ; et c'est à la toiture en charpente recouvrant ce plafond qu'était réservé le nom d'ἐποροφία.

[17] Il s'agit des dalles qui forment le plafond du portique K, où les colonnes sont remplacées par des figures « de jeunes filles ». — Cf. Inscr. de l'*Arsenal du Pirée*, l. 60.

	Longueur..................	13 pieds.
	Largeur...................	5 —
90	Les conques sur les architraves[18], il restait à [les] achever.	
	— Ouvrages de pierre entièrement achevés, qui [sont] à terre :	
95	Pierres de taille :	
	Longueur..................	4 pieds.
	Largeur..................	2 —
	Épaisseur..................	3/2 —
	Nombre..	11
	— Pierres d'angle :	1
	Longueur..................	4 pieds.
	Largeur.................	3 —
100	Épaisseur..................	3/2 —

——— ———

2ᵉ fragment, 1ʳᵉ col.

Ouvrages ébauchés qui [sont] à terre :

||| ἔδει | **85** τοὺς λίθους τοὺς ὀροφιαίους τοὺς | ἐπὶ τῶν χορῶν ἐπεργάσα | σθαι ἄνωθεν, μῆκος τριῶν | καὶ δέκα ποδῶν, πλάτος πέντε | ποδῶν. |

90 τὰς χάλχας τὰς ἐπὶ τοῖς ἐπι | στυλίοις ἐξεργάσασθαι | ἔδει. |

Λίθινα παντελῶς ἐξειργασμένα, | ἃ χαμαί· |

ΔΙ **95** πλίνθοι τετράποδες μῆκος, | πλάτος δίποδες, πάχος | τριῶν ἡμιποδίων, ἀριθμὸς —|

| μασχαλιαία μῆκος τετρά | πους, πλάτος τρίπους, πάχος | **100** τριῶν ἡμιποδίων. |

——— ———

2ᵉ fragment, 1ʳᵉ col.

— — [Ἡμίεργα,] ἃ χαμαί· |

[18] Le mot χάλχη, que nous traduisons par *conque*, se retrouvera dans la suite (Inscr. VI, fr. 3, 2ᵉ col., l. 70 et suiv.) avec le sens de *rosaces* décoratives des soffites : ici il s'agit de rosaces décorant l'*architrave* de la tribune des caryatides.

Or si l'on jette les yeux sur un dessin de cette architrave, on remarquera qu'elle présente *une série de disques* qui se prêteraient fort bien à un ravalement en forme de rosace : très probablement ces disques ne sont que l'ébauche de rosaces décoratives qui n'ont jamais été sculptées. — Si l'on admet cette hypothèse, la décoration de l'architrave des caryatides prendra une analogie frappante avec celle du linteau à rosaces de la porte septentrionale.

On a vu dans les χάλχαι *les rais-de-cœur* de l'architrave. Or l'inscription nous apprend qu'au portique oriental, les χάλχαι ont été payées à raison de 14 dr. chacune (Inscr. VI,

... Pierres de taille de couronnement (assise *r*) : 3

5   Longueur................. 4 pieds.

         Largeur.................. 3 —

         Épaisseur................ 3/2 —

— Astragales (?) [19]

Autres [astragales (?)] .... 4 pieds 1/2.

... Couronnements....

—— ——

1er fragment, 2e col.

De ces [pierres [20]] n'a pas été achevé l'un des deux joints [laté-

10   raux] ni les joints de derrière [21].

      — (Autres [22]) : 12

       Longueur................. 6 pieds.

        Largeur.................. 2 —

        Épaisseur................ 1 —

[— — πλί]νθοι ἐπιχρανίτ[ιδες | [5] μῆ]χος τετράποδε[ς, πλάτος | τρ]ίποδες, πάχος τ[ριῶν] |
ἡμιποδίω[ν] μ — | πόδες ΙΙΙ . Ἀσ — — | Ἑτέρας ἀστ — — τέτ] | [10] ταρες πόδε[ς καὶ] |
ἡμιτό[διον]. |

— ἐπιχρ[ανίτιδες — | δα — — | μ —

—— ——

1er fragment, 2e col.

[5] τούτων ἑχάστου οὐχ ἐξείργα | σται ὁ ἁρμὸς ὁ ἕτερος οὐδὲ | οἱ ὄπισθεν ἁρμοί. |

ΔΙΙ μῆχος ἕχποδες, πλάτος δίπο | δες, πάχος ποδιαῖοι· |

     τούτων ἑχάστου οὐχ ἐξείργα | σται ὁ ἁρμὸς ὁ ἕτερος οὐδὲ | [15] οἱ ὄπισθεν ἁρμοί. |

3e col., l. 70) : — Un simple rais-de-cœur ne saurait valoir 14 dr., alors qu'une statue entière
de 2 pieds de hauteur n'était payée que 60 dr.

[19] Voir ci-dessous note 26.

[20] La hauteur d'assise de 2 pieds indique clairement qu'il est question de pierres faisant
partie, soit de l'architrave, soit de la frise : nous pencherions pour la seconde hypothèse,
car on se rappelle que les pierres de la frise ont été désignées (1re col., l. 40) comme les
premières restant à poser.

[21] Dans le langage technique, le mot ἁρμός (comme chez nous le mot *joint*) désigne exclusivement *les joints montants*, jamais les lits horizontaux.

[22] Lorsqu'il s'agit d'énumérer une série d'ouvrages similaires, presque toujours on se
contente, *sans répéter la désignation des pièces*, d'en donner les dimensions. Il est essentiel,
pour l'intelligence de ce qui va suivre, de noter cette méthode de rédaction sommaire.

De chacune de celles-ci n'a pas été achevé l'un des deux joints
15 [latéraux] ni les joints de derrière.

    — (Autres) :   5

        Longueur. . . . .   4 pieds.

        Largeur. . . . .   2 —

        Épaisseur. . . . .   1 —

De chacune de celles-ci n'a pas été achevé l'un des deux joints
20 [latéraux] ni les joints de derrière.

    — (Autre) :   1

        Longueur. . . . .   5 pieds.

        Largeur. . . . .   2 —

        Épaisseur. . . . .   1 —

De celle-ci l'un des deux joints [latéraux] est brut ainsi que les
joints de derrière.

25   — Corniches :   7

        Longueur. . . . .   4 pieds.

        Largeur. . . . .   3 —

        Épaisseur. . . . .   5 palmes[23] :

terminées à taille lisse[24], les surfaces verticales non ravalées[25].

    — Autres [corniches] :   5

        Dimension . . . .   idem.

Γ τετράποδες μῆχος, πλάτος δίπο | δες, πάχος ποδιαῖοι· |
    τούτων ἑκάστου οὐκ ἐξείργα | σται ὁ ἁρμὸς ὁ ἕτερος οὐδὲ | ²⁰ οἱ ὄπισθεν ἁρμοί. |

Ι πεντέπους μῆχος, πλάτος δίπους, | πάχος ποδιαῖος· |
    τούτου ἀγρὸς ὁ ἁρμὸς ὁ ἕτε | ρος καὶ οἱ ὄπισθεν ἁρμοί. |

ΓΙΙ ²⁵ γεῖσα μῆχος τετράποδα, πλάτος | τρίποδα, πάχος πεντεπάλαστα, | λεῖα ἐχπεποιημένα
    ἄνευ κατα | τομῆς. |

[23] Les cotes fournies par Stuart (*Antiquités d'Athènes*, t. II) prouvent qu'il s'agit ici de
la hauteur totale de la pierre où cette corniche était taillée. D'une manière générale, les
chiffres donnés par l'inscription *sont des cotes d'épannelage*.

[24] C'est-à-dire les moulures présentant la surface ondulée, *mais lisse*, sur laquelle on
viendra tailler après coup les oves ou les rais-de-cœur qui les décorent.

[25] On sait que, pour tailler un parement vertical, les Grecs commençaient par en dresser
le pourtour au ciseau, sauf à ravaler ensuite (et ordinairement après la pose) le champ que

30   Sur quatre pieds de chacune, la cymaise et l'astragale [26] n'étaient pas taillées.

     — De deux autres 2

étaient non taillés quatre pieds de cymaise et huit pieds d'as-

35 tragale.

     — D'une autre 1

étaient non taillés trois demi-pieds de cymaise et trois pieds d'astragale.

     — Une autre 1

40 était travaillée à taille lisse [27], mais de la cymaise six pieds et demi étaient bruts, et de l'astragale huit pieds.

     — D'une autre :   1

six pieds de cymaise bruts, huit pieds d'astragale.

     — Une autre :   1

ébauchée quant à la taille lisse.

Γ ἑτέρων μέγεθος τὸ αὐτὸν | [30] κυματίου καὶ ἀστραγάλου ἑκατέρου | ἄτμητοι ἦσαν τέτταρες πόδες | ἑκάστου. |

ΙΙ ἑτέροιν | ἄτμητοι ἦσαν τοῦ κυματίου τέτταρες | [35] πόδες, τοῦ δὲ ἀστραγάλου ὀκτὼ πόδες. |

Ι ἑτέρου | τοῦ κυματίου τρία ἡμιπόδια ἄτμητα, | ἀστραγάλου τέττρες πόδες. |

Ι ἕτερον· | [40] τὴν μὲν λείαν ἐργασίαν εἴργαστο, | τοῦ δὲ κυματίου ἀγροὶ πόδες ἦσαν ἓξ | καὶ ἡμιπόδιον, ἀστραγάλου ἀγροὶ | πόδες ὀκτώ. |

[Ι] ἑτέρου | [45] κυματίου ἓξ πόδες ἀγροὶ, | ἀστραγάλου ὀκτὼ πόδες. |

Ι ἕτερον | ἡμίεργον τῆς λείας ἐργασίας. |

---

circonscrit la ciselure : c'est cette opération de ravalement des parties planes et verticales que l'inscription désigne par le mot κατατομή.

[26] Nous transportons dans la traduction les mots *cymaise* et *astragale* sans nous préoccuper des déviations que le sens de ces deux mots a subies dans le langage moderne.

L'idée qu'il faut leur attacher ressort d'ailleurs d'un simple rapprochement entre les indications du texte et le profil bien connu de la corniche de l'Érechtheion :

La *cymaise*, dont le nom implique l'*ondulation* de sa surface, est le profil à inflexion, le « talon » *c''* ;

L'*astragale* est le « quart de rond » *a'*.

Ces indications du texte concordent avec celles de Vitruve (voir les notes de Philander IV, vi) : et toutes les fois que nous emploierons dans la suite les mots *cymaise* et *astragale*, c'est en ce sens qu'il faudra les entendre.

[27] Cf. note 24.

— [Pierres] des [corniches] de la galerie (B″)........... 4

    Longueur................. 4 pieds.

    Largeur.................. 3 —

50   Épaisseur................ 5 palmes,

entièrement terminées à surfaces lisses, sans taille verticale [de parements].

— [Corniches] d'angle sur le portique oriental (N) 2

    Longueur................. 6 pieds.

55   Largeur.................. 3 — 1/2.

    Épaisseur................ 5 palmes.

De l'une de ces deux [pierres] la taille lisse était achevée, mais la cymaise entière était brute ainsi que l'astragale;

60   De l'autre [étaient] à l'état brut trois pieds et demi de cymaise, et bruts aussi cinq pieds d'astragale.

— [Corniche] sur le mur longeant le Pandroseion........ 1

    Longueur................. 7 pieds 1/2.

65   Largeur.................. 3 — 1/2 :

ébauchée quant à la taille lisse.

— (Autre).. 1

    Longueur................. 6 pieds.

|||| τῶν ἀπὸ τῆς στοᾶς μῆχος τετράπο |⁵⁰ δα, πλάτος τρίποδα, πάχος πεντε | πάλαστα, λεῖα ἐκπεποιημένα | ἄνευ κατατομῆς.

|| γωνιαῖα ἐπὶ τὴν πρόστασιν τὴν | πρὸς ἕω, μῆχος ἕκποδε, πλάτος |⁵⁵ τετάρτου ἡμιποδίου, πάχος | πεντεπάλαστα· |

    τούτων τοῦ ἑτέρου ἡ λεία μὲν ἐργα | σία ἐξείργαστο, τὸ δὲ κυμάτιον | ἀγρὸν ὅλον καὶ ὁ ἀστράγαλος, |⁶⁰ τοῦ δὲ ἑτέρου ἀγρὸν κυματίου τρεῖς | πόδες καὶ ἡμιπό- διον, τοῦ δὲ ἀστρα | γάλου ἀγροὶ πόδες πέντε. |

[|] ἐπὶ τὸν τοῖχον τὸν πρὸς τοῦ Πανδροσε[ίου] | μῆχος ἑπτὰ ποδῶν καὶ ἡμιποδίου, |⁵⁵ πλά- τος τριῶν ποδῶν καὶ ἡμιποδίου, | ἡμίεργον τῆς λείας ἐργασίας. |

----

²⁸ Le mot στοά désigne une partie de l'édifice dont la façade était surmontée d'un fronton (2ᵉ col., l. 73). Le passage qui mentionne ce fronton se place au milieu d'indications relatives à Pandrose ; la Stoa ne saurait être autre chose que le portique B lui-même qui formait le compartiment du temple dédié à Pandrose.

Largeur................. 3 pieds et 1 palme

Épaisseur................ 5 palmes.

70 [aussi] sur le mur longeant le Pandroseion :

De celle-ci, cinq pieds d'astragale étaient non taillés.

— Corniches de frontons de la galerie (B")............ 6

Longueur................ 7 pieds.

75   Largeur................. 3 — 1/2.

Épaisseur................ 1 — :

ceux-ci, ébauchés.

— Deux autres.............................. 2

Longueur................ 5 pieds.

Largeur................. 3 — 1/2.

Épaisseur................ 1 pied :

ébauchés.

80   — Corniches sur les frontons[30] :

Longueur................ 5 demi-pieds.

Largeur................. 4 pieds 1/2.

Épaisseur................ 1 pied :

une [pierre] terminée quant à la taille lisse.............. 1

I μῆκος ἓξ ποδῶν, πλάτος τριῶν | ποδῶν καὶ παλαστῆς, πάχος πεντε | πάλαστον, [ἐπ]ὶ
τὸν τοῖχον τὸν πρὸς | [70] τοῦ Πανδροσείου |
τούτου ἀστραγάλου ἄτμητοι πόδες | πέντε. |

ΓΙ αἰετιαῖοι τῶν ἀπὸ τῆς στοᾶς μῆκος | ἑπτάποδες, πλάτος τριῶν ποδῶν | [75] καὶ ἡμιπο-
δίου, πάχος ποδιαῖοι· |
οὗτοι ἡμίεργοι. |

II ἑτέρω μῆκος πεντέποδε, πλάτος | τριῶν ποδῶν καὶ ἡμιποδίου, πάχος | ποδιαῖοι·
ἡμίεργοι. |

[80] Γεῖσα ἐπὶ τοὺς αἰετοὺς πλάτος | πέντε ἡμιποδίων, μῆκος τεττά | ρων ποδῶν καὶ
ἡμιποδίου, πάχος | ποδιαῖα·
| τὴν λείαν ἐργασίαν | ἐκπεποιημένον |

[29] Ce sont les corniches horizontales qui se développent à la base du fronton: les
corniches rampantes seront désignées plus loin (l. 80) sous le nom de γεῖσα ἐπὶ τοὺς αἰετούς.
    [30] Cf. note 29.

85 une autre ébauchée quant à la taille lisse.................... 1

— Portes de pierre................................. 4

   Longueur.................. 8 pieds et 1 palme

   Largeur.................. 5 demi-pieds :

90 de ces [portes] les autres [travaux] étaient terminés, mais il restait à incruster dans les linteaux les pierres noires.

  — Console pour le linteau de la porte de l'Est :

ébauchée.

  — A l'autel du sacrificateur :

Pierres du Pentélique........................... 3

   Longueur.................. 4 pieds.

   Hauteur.................. 2 pieds et 1 palme

   Épaisseur.................. 1 —

Une autre [pierre] de 3 pieds........

---

⁸⁵ [Ι] ἕτερον ἡμίεργον τῆς | λείας ἐργασίας. |

ΙΙΙΙ Θύραι λίθιναι μῆχος ὀχτὼ ποδῶν | χαὶ παλαστῆς, πλάτος πέντε | ἡμιποδίων· |

⁹⁰ τούτων τὰ μὲν ἄλλα ἐξεποί | ητο, ἐς τὰ ζυγὰ δὲ ἔδει τοὺς λίθους | τοὺς μέλανας ἐνθεῖναι. |

| οὓς τῶι ὑπερθύρωι τῶι πρὸς ἔω, | ἡμίεργον. |

⁹⁵ Τῶι βωμῶι τῶι του θυηχοῦ λίθοι Πεν | τελειχοί· |

ΙΙΙ μῆχος τετράποδες, | ὕφος δυοῖν ποδοῖν χαὶ παλαστῆς, | πάχος ποδιαῖοι. |

| ἕτερος τρίπ[ους μῆχος — .]

Comptes de prytanies.

Inscription III[31].

ANALYSE

Le compte que nous transcrivons ici a trait à la pose de pierres de taille dont il importe de préciser la situation dans l'ensemble de l'édifice.

— La dimension de ces pierres est significative. *Toutes* présentent une hauteur de 2 pieds : comme l'architrave et la frise sont *les seules* assises de 2 pieds, on peut dès à présent affirmer que les pierres dont il s'agit ici appartiennent soit à l'architrave *s,* soit à la frise *u v.*

Ces pierres sont de deux sortes :

1° Des pierres sans désignation spéciale ;

2° Des ἀντιθήματα.

Ni les unes ni les autres n'ont assez de *queue* pour franchir l'intervalle de 2 pieds qui sépare entre eux les deux parements du mur : ce sont évidemment deux cours de pierres adossés l'un à l'autre.

Or les ruines nous montrent que l'assise de la frise est précisément constituée par deux cours de pierres, *u* et *v,* dont un fait parement à l'extérieur et l'autre contre-parement à l'intérieur : les pierres sans désignation spéciale sont les carreaux de parement *u,* et ce sont les contre-parements *v* que le texte désigne sous le nom d'ἀντιθήματα.

---

[31] C. I. A. I, 321. — Cf. *Hermes*, vol. IV, p. 37-55.

TRADUCTION

(*Pierres de parements.*)

[Sur le mur sud] :

1   Longueur.................. 4 pieds.

          Hauteur .... —

[Prix] : 15 drachmes pour chaque longueur de quatre pieds :

A Simon, demeurant à Agrylée : [3 pierres]... 45 drachmes.

(Autres ³³) :

5   Longueur.................. 2 pieds.

          Hauteur .... 2 —

          Épaisseur .... 1 —

A celui qui les a posées :

A Simon demeurant à Agrylée....... 17 drachmes 2 oboles.

— (Autres) :

          Hauteur .... 2 pieds.

          Longueur................. ......

          .... drachmes 3 oboles.

— [Pierres faisant] contre-parements..... de la Galerie (B) :

[pierres] du Pentélique.

          Longueur........... 4 pieds moins 1 palme.

---

¹ [— — μῆ] χος[τετράποδα, ὕ]ψος | [—, Δ] Γ τὴν τετρ[απ]οδίαν ἐκ | [άστην·

Σίμ]ωνι Ἀγρυλ. οἰ. ||| .... ΔΔΔΔ[Γ]

[δίπο]δα[ς | μῆ]χος, ὕψος δίπ[οδ]ας, πάχος ποδια[ί | ⁵ ους θ]έντι·

Σίμω[νι] Ἀγρυ[λ.] οἰ .... —ΔΓ⊢⊢ΙΙ·

ὕ[ψ | ο]ς δί[πο]δος, μῆχος — — ρυ..................... —⊢⊢ΙΙΙ

[Ἀ]ντιθήματα.. οστ — — ο [τῆς] στο | [ᾱ]ς Πεντελεικὰ μῆ[χος παλασ]τῆς δεό | [ν]των

---

³³ Nous retrouverons ici la façon de formuler signalée note 22 ; l'inscription, lorsqu'elle mentionne une série de pièces similaires, *ne répète pas* la désignation de ces pièces : elle se borne à en donner les dimensions,

10   Hauteur. . . . .   2 pieds.
                     Épaisseur. . . . .   3 palmes.

A celui qui les a posées,

chacune 3 [drachmes] moins 2 oboles :

A Simon demeurant à Agrylée : 2 [pierres].   5 drachmes 2 oboles.

— Autres contre-parements. . . .   des [pièces de] bois[32]. . . . . en

pierre d'Egine. . . . .

de la Galerie :

15   Longueur. . . . .   4 pieds.
                     Hauteur   2   —
                     Épaisseur . . . .   3/2 —

A celui qui [les] a posés :

Chaque [pierre]. . . . .   3 drachmes moins 1 obole.

A Simon demeurant à Agrylée : 8 [pierres].   22 drachmes 4 oboles.

— A celui qui a ravalé ces [matériaux] en dessus[34] :

14 longueurs de 4 pieds, à 3 drachmes 1/2 chaque longueur de

quatre pieds :

20   A . . . . . demeurant à Collyte. . . . .   49 drachmes.

τεττάρωμ ποδ[ῶν ὕψο]ς δίποδ | [10] [x], πάχος τριπάλαστα θέντ[ι, δυο]ῖ'ν] ὁβο | [λ]ο̣ῖ̣]ν δεουσῶν
[τρ]:ῶν ἕκασ[το]ν·

        Σίμωνι | ['Α]γρυλ. οἰ. ΙΙ. . . . . ΓΙΙ

"Ετερα ἀντ[ιθή]ματα — —Ι — τῶν ξύλων — [Λ]ἰγιναίου [λί]θου τοῦ — — | [τῆ]ς στ[οᾶ]ς
μ[ῆκ]ος τετράποδα, ῦ[ψος | [15] δί]ποδ[α, π]ά[χο]ς τριημιπόδια θέντι, ὀ[β | ολ]οῦ δεουσῶν [τρι]ῶν
ἕκαστ[ον]·

        Σίμωνι 'Α[γ | ρυ]λ. οἰ. ΓΙΙΙ. . . . . ΔΔ[ΓΓ]ΙΙΙΙ

'Επεργασμένωι τ[α | ῦ]τα· τετραποδίας Δ[ΙΙ]ΙΙ, τετάρτου ἡμ[ιδ | ρ]άχμου τὴν [τε]τραποδίαν
ἑκάστην· — [20] — ρωι ἐγ [Κ]ολ. οἰ. . . . . ΔΔΔΔΓΓ[ΓΓ]

[33] La pierre d'Égine est assez grossière : très probablement elle se trouvait dissimulée derrière les pièces de bois P' des plafonds. Tel est, croyons-nous, le lien qui rapproche dans cette phrase tronquée les deux idées de bois de charpente et de contre-parements en pierre d'Égine.

[34] C'est-à-dire à celui qui a régularisé le plan du lit supérieur qui, avant de servir à l'assiette d'une nouvelle assise, exigeait un ravalement sur tas.

— Sur le mur vers le levant, devant l'autel :

(Pierres d'Eleusis[35]) :

    Longueur.................. 2 pieds.

    Hauteur.................. 2 —

    Épaisseur.................. 1 —

A celui qui les a posées : à Simias demeurant à Alopecée......................... .. drachmes 2 oboles.

25   — Contre-parements :

    Longueur.................. 4 pieds.

    Largeur.................. 2 —

    Épaisseur.................. 3 palmes.

A celui qui les a posés : à Simias demeurant à Alopecée...................

A celui qui a ravalé ces [matériaux] en dessus :

... longueurs de quatre pieds...... [oboles] 1/2 : à Simias demeurant à Alopecée...................

    — Sur le mur vers le Nord :

(Pierres d'Eleusis) :

30   Longueur.................. 8 pieds.

    Hauteur.................. 2 —

    Épaisseur.................. 1 —

Ἐπὶ τῶι [πρ | ὸ]ς ἕω τοίχωι τῶι πρὸς τοῦ βωμοῦ·

Μῆκος [δ]ί[π|οδ]α, ὕψος δίπο[δα, πά]χος ποδιαῖα θέν | τι·

    Σιμίαι Ἀλω[πε. οἰ........................... —] ⊦ΙΙ

Ἀν[τιθήματα | — μ[ῆκος τε | ²⁵ τράπ]οδα, [π]λάτ[ος] δίποδα, πάχος [τριπ | άλασ]τα θέντι·

    Σιμίαι Ἀλωπε. οἰ ΙΙ. — —

[Ἐπε | ργ]α[σαμ]ένωι ταῦτα, [τετραπ]οδ[ίας — | —]Ι καὶ ἥμισυ·

    Σιμίαι Ἀλωπε. οἰ. — —

[Ἐπὶ | τῶι] πρὸς βορέου τοί[χωι·

Μῆ]κος ὀκτώπο[δα | ³⁰ ς,] ὕψος δίποδς, πάχ[ος] ποδιαίου]ς θέν | τ]ι·

    Φαλάκρωι [Πα]ιανεῖ   — —

[35] Ici s'applique la remarque de la note 22.

A celui qui les a posées : à Phalakros de Peanée :   2 ....

— Contre-parements..... [... de la Galerie (B)[36]] : [pierre] du Pentélique.....

            Longueur,................   4 pieds.

            Hauteur ....   2 —

            Épaisseur ....   3 palmes.

35   A celui qui les a posés .... [drachmes] chacun :

A Phalakros de Peanée...................

— Autres contre-parements..... de pierre [d'Egine].....

A celui qui a fait.......... chaque pied.....

Chacun trois drachmes moins [une] obole :

A Phalakros de Peanée...................... .. oboles.

A celui qui a ravalé ces matériaux en dessus :

14 longueurs de quatre pieds.

A Phalakros de Peanée et à son compagnon ...   49 drachmes.

— Sᴜʀ ʟᴇ ᴍᴜʀ ʟᴏɴɢᴇᴀɴᴛ ʟᴇ Pᴀɴᴅʀᴏsᴇɪᴏɴ (mur 1-4) :   ...

[Ἀντιθή | μ]ατα — — ς Πεντε[λεικά — — μῆκο]ς τετρά[ποδα, ὕψος δί | ποδα,] πάχος τρι-
πά[λαστα θέντι, — [35] ἕκασ]τον·

     Φαλάκρωι Πα[ιανεῖ — —

Ἕτερα | ἀντι]θήματ[α — | — Αἰγιναίου] λίθου το... ποιε — —, -- [π]οδα — | — [δεου]-
σῶν τρ[ιῶν δραχ | [40] μ]ῶ[ν ἕ]κασ[τον·

     Φαλάκρ]ωι Παια[νεῖ — | — .

Ἐπεργα[σα]μ] ένωι ταῦτα· τ[ετραπο | δίας ΔΙΙΙ·

     Φαλάκρωι [Παια]νεῖ κα[ὶ συνερ | γῶι................ Δ]ΔΔΔΓΗΗΗ

Ἐπὶ τῶι τοίχω[ι τῶι πρὸς τοῦ Πανδροσείου·

---

[36] Ce passage n'est évidemment qu'une reproduction de la formule l. 7 et suiv., on peut sans hésitation compléter par l'un de ces passages les lacunes de l'autre. — De même les lignes 12 et 36 se complètent l'une l'autre.

INSCRIPTION IV[37]

ANALYSE

Les inscriptions IV et V se rapportent au sanctuaire qui renferme la Statue sacrée de Minerve (IV, 44); elles contiennent la description complète de deux ouvrages bien distincts qui sont :

l'ὀροφή, c'est-à-dire *le plafond;*

et l'ἐποροφία, c'est-à-dire le *comble.*

— Les pièces de charpente qui s'y trouvent mentionnées sont les suivantes :

1° Des σελίδες :

Le mot σελίς, dans le langage de la charpenterie navale[38], désigne un *bau,* c'est-à-dire une poutre du pont : ici, les σελίδες sont les *poutres* (P) du plafond.

Ces poutres sont ornées d'ἀστράγαλοι *a* : moulures *posées sur* elles, et fixées par des chevilles (IV, 24).

2° Sur ces σελίδες, *assis* et *chevillés sur* elles (V, 3), des πλαίσια, c'est-à-dire des châssis ou cadres : des caissons.

Il y a d'ailleurs des πλαίσια de deux sortes :

a) Les πλαίσια proprement dits, T, qui reposent directement sur les σελίδες (VI, 3) et qui sont désignés (V, 40) sous le nom de *caissons carrés;* et

b) Des πλαίσια μικρά (petits caissons : V, 45) :

caissons dont la matière est indiquée (l. 23) par la désignation de πλαίσια μικρὰ πυξίνα (petits caissons *de buis*),

et dont la dimension est donnée (IV, 2° fragm., l. 6) : πλαίσια τὸμ

---

[37] Ἀθήναιον, VII, p. 482.

[38] Les textes réunis par M. Cartaud (*La Trière athénienne,* p. 41, note 4) paraissent autoriser cette interprétation.

πόδα ἕκαστον (caissons de *un pied*). Ces caissons sont indiqués par la lettre V.

En fait d'ornements de caissons, le texte mentionne (V, 43) des κυμάτια μικρά (cymaises *petites*) : — il existait donc aussi de *grandes* cymaises? Et cela concorde fort bien avec la distinction de *grands* et de *petits* caissons : les grandes cymaises *c* servent d'ornements aux grands caissons T, les petites aux petits caissons V.

Enfin les panneaux de remplissage du plafond sont *en poterie* (V, 2ᵉ fr., l. 26) : Évidemment ces remplissages consistent en des plaques en terre cuite de 1 pied de côté, comblant les vides des petits caissons de buis. — Ces indications générales étant posées, le texte se lit sans difficulté grave, et nous en abordons la traduction.

TRADUCTION

1er fragment.

...suivant la règle de pierre [39] : chacun..   3 drachmes.

— A celui qui, par dessus [la poutre], a chevillé l'astragale (a)
20 et qui l'a..., l'ayant reçue profilée :

A Evœnete d'Alopecée...

— ...la poutre-échelon [40] (suivante)... les petits châssis (V)
[au nombre de] deux...................... 30 drachmes.

A celui qui, par dessus cette [poutre]-échelon, a chevillé
25 l'astragale (a) l'ayant reçue profilée...........

...a fait... de la poutre, et... et Evœnete

Total de la monnaie...............   89 drachmes.

30 ... demeurant à Mélite, a fait le...

A celui qui a ajusté et collé les châssis de buis (V), qui sont
[au nombre de] deux : 6 drachmes chacun....... 12 drachmes.

1er fragment.

— — | [17] [— πρ]ὸς τ[ὸ]γ κανόν[α τὸλ λίθιν | ον, ἑκα —] ον τριῶν [δρ]αχμῶ[ν — |

Τὸν ἀστράγ]αλ[ον] ἐπ[ιγ]ομφώσαντ[ι καὶ | [20] —] σαν[τι, π]αραλαβόντι τετορ | [νευμέ-

νον· —

E]ὐαινέτωι Ἀλωπεχῆθεν — —

— — τ]ὴν σελίδα κλιμακίδα ε | — — αι πλαισίω μικρὼ δύο το | — — Δ[Δ]Δ.

Τὸν ἀστράγαλον | [25] [ἐπιγομφ]ώσαντι, παραλαβόντι τετορν | [ευμένον, ἐ]πὶ τ[α]ύτην τὴν
κλιμακίδα | — — εἰ[ρ]γάζετο σελίδος καὶ φ | — — ς [κ]αὶ Εὐκίνετος.

Ἀργυρίου | κεφάλαιον]......................... ⋕ΔΔΔΓ⊦⊦⊦⊦

[30] [— — ἐμ Με]λί. οἰκ. εἰργάζετο τε. ες | [— — τα]ύτης τὼ πυξίνω π[λ]αισί[ω δύο ὄντε
ἀ]ναξέσαντι καὶ κολλήσ|α[ντι, ἑκάτερον ἓξ δραχμῶν.............. Δ⊦⊦

[39] Ce mot trouvera son explication dans le commentaire technique du texte (2° partie,
chap. III, 1).

[40] Le mot σελὶς κλιμάκις (poutre-échelon) a été employé tout à l'heure (Inscr. V, l. 12)
pour désigner les *pannes* ou poutres d'un comble: l'image est empruntée soit à l'échelon-
nement de ces pannes le long des rampants de la toiture, soit à leur disposition à travers le

— A celui qui, par-dessus la (poutre suivante), a chevillé
35 l'astragale (*a*), l'ayant reçue profilée. . . . .   37 drachmes.

A celui qui a encastré les crampons de deux poutres-échelons
et aplani suivant la règle de pierre : 10 drachmes par chacune
[des poutres]. . . . .   20 drachmes.

A celui qui a encastré les crampons de châssis carrés (T) étant
40 [au nombre de] quatre, et aplani suivant la règle de pierre :
3 drachmes chaque [châssis]. . . . .   12 drachmes,

A celui qui a collé les petites cymaise$ (*c'*) étant [au
45 nombre de] dix, et ravalé suivant la règle de pierre : chacune
3 drachmes. . . . .   30 drachmes.

— A celui qui, par-dessus (la poutre suivante), a chevillé
l'astragale l'ayant reçue profilée. . . . .

2ᵉ fragment.

. . .deux châssis (V) de 1 pied chacun. .   drachmes.
A Theodote d'Acharne, 1 châssis. . . . . .   [20] drachmes.

Τὸ | [ν ἀστράγαλ]ον ἐπιγομφώσαντι, παρα | ³⁵ [λαβόντι τετ]ορνευ-
μένον. . . . .   ΔΔΔΓⱵⱵ

Κλ | [ιμακίδο]ιν δυοῖν τοὺς ὄνυχας ἐγχολ | λήσαν[τι] καὶ ἐξομαλίσαντι πρὸς τὸγ | χανό[να τὸλ]
λίθινον, ἑκατέρας δέκα | [δρ]αχμ[ῶν. . . . .   Δ]Δ

Τῶν πλαισίων τῶν τετρα | ⁴⁰ [γώ]νων [τετ]τάρων ὄντων τοὺς ὄνυχας ἐ | [γκ]ολλ[ήσαν]τι καὶ
ἐξομαλίσαντι πρ | ὸς τὸγ [κανό]να τὸλ λίθινον, ἕκαστον | [τ]ριῶν [δραχ]-
μῶν. . . . .   ΔⱵⱵ

Τὰ κυμάτια τὰ | [μι]κρὰ [δέκ]α ὄντα κολλήσαντι καὶ ἀν | ⁴⁵ [αχ]σέ[σαν]τι πρὸς τὸν κανόνα
τὸλ λίθι | [νο]ν.[έκασ]τον τριῶν δραχμῶν . . . .   ΔΔΔ

Τὸν ἀσ[τράγ]αλον ἐπιγομφώσαντι παρ | [αλα]β[όντι τ]ετορνευμένο[ν — —

— — — —

vide, qui rappelle l'aspect des bâtons d'une échelle. — Ici, ce sont les *poutres* d'un plafond
qui portent le nom de σελίδες κλιμακίδες.

Cette symétrie dans la nomenclature des pièces qui constituent les différentes ὀροφαί
d'un même édifice, nous l'avons observée déjà à propos de l'Arsenal du Pirée (pag. 21,
note 1).

.... fils de Philoclee, 1 — ..... [20] drachmes.

.... fils d'Heracleides, 1 — ..... 20 drachmes.

..........demeurant à...., 1 — ..... 20 drachmes.

10 Nombre [de châssis]...................

Total de la taille [des faces] verticales des petits

châssis......................... drachmes.

15 [*Total*] de la taille [des faces] verticales des (grands)

châssis......................... drachmes.

— *Aux charpentiers* ayant retaillé pour le comble les madriers

horizontaux (S)[11] :

        Longueur.......... 7 palmes.

        Largeur.......... 10 doigts.

3 demi-oboles chaque madrier :

A Comon de Melite........ 180 [madriers] 45 drachmes.

20 A Timomachos d'Acharne... 68 [madriers] 17 —

3e fragment:

—|[6] — πλαισίωι, τὸμ πόδα ἔκαστ[ον — δραχ]μων·

   Θεοδότωι Ἀχαρνεῖ ἐ|[νός —]

   — σος Φιλοκλέους ἑνός —

   - Ἡρακλείδου ἑνός......................... ΔΔ

   Αἱ|[10] — α. οἰκ. ἑνός......................... ΔΔ

Ἀριθμὸς | — —

Κατατομῆς τῶμ μικρῶ[ν | — πλ]αισίων· ἀργυρίου κεφάλαιον | — —

Κατατομῆς τῶμ πλαισ|ίων — —]. χν ἀργυρίου κεφάλαιον..... .. ΧΗ|[15] — —

Ξυλουργοῖς ἐς τὴν | [ἐπωροφία]ν ἱμάντας ἀποξέσασιν | [μῆχο]ς ἑπταπαλάστους, πλάτος δεχ|

[χδα]χτύλους, τρ[ιῶ]ν ἡμιωβελίων ἕκα[στ]ον·

   ΔΔΔΔΓ Κόμωνι ἐχ Με. οἰ..................... ΗℙΔΔΔ|

   [20] ΔΓΗⱶ Τιμομάχωι Ἀχαρν[εῖ]......... .... ℙΔΓΙΙΙ

[11] La distinction de l'ὀροφή (plafond) et de l'ἐπ-οροφία (comble) a déjà été établie note 16: c'est *au comble* qu'appartiennent les ἱμάντες; et nous savons par l'Inscr. de l'Arsenal du Pirée (l. 55) qu'il faut entendre par ce mot les madriers qui croisent les chevrons (σφηκίσκους) et portent le voligeage.

A Tlesias de Cetta......... 47 [madriers] 11 dr. 4 oboles 1/2.
A Micion demeurant à Melite. 84 [madriers] 21 drachmes.
A Euthydomos de Melite..... 9 [madriers] 2 dr. 1 obole 1/2.

25 *Total* de l'argent du travail des madriers
horizontaux du comble.................. 97 drachmes.

Salaires et journées aux ouvriers :

A celui qui a posé les poteries par-dessus le plafond[42]
sur le temple :

A Cteson de Lacia.................... 24 drachmes.

30 — A ceux qui ont posé les chevrons (R)[43] et les madriers
horizontaux :

[Paiement] par journée :

A Gerys...... 6 journées............ 6 drachmes.
A Micion...... 3 — .... 3 —
A Crœsos...... 5 — .... 5 —

ΔΗΙΙ|ΙΙϹ Τλησίαι Κηττίωι..................... ΔΔΔΓΙΙ
ΔΔⱵ Μικ|ίωνι ἐμ Με. οἰκ..................... ⟓ΔΔΔΙΙΙΙ
Ⱶ[Ⱶ]Ϲ Εὐθυδόμω|ι Μελιτ.................... ΓⱵΙΙΙ
Ἐς τὴν ἐπωροφίαν ἱμάντ|ων ἐργασίας ἀργυρίου κεφάλαιον...... ⟓ΔΔΙ[25] ΔΔΓⱵⱵ.
Τέκτοσι μισθώματα καὶ καθ|ημερίσια·
Κεραμώσαντι ὑπὲρ τῆς ὀ|ροφῆς ἐπὶ τοῦ νεώ·
Κτήσωνι Λακιάδηι|.................... ΔΔⱵⱵⱵ.
Τοὺς σφηκίσκους θεῖσι καὶ τοὺς ἱ|μάντας καθ'ἡμέραν·
Γέρυι ἡμερ|[30]ῶν ΓΙ..................... ΓⱵ
Μικίωνι ἡμερῶν ΙΙΙ..................... ⱵⱵⱵ
Κροίσωι ἡμερῶν Γ..................... Γ.

[42] D'après la distinction établie entre l'ὀροφή et l' ἐπωροφία, il *ne peut* être question ici des
tuiles de la toiture : il s'agit de poteries appartenant *au plafond* ; et ces poteries ne
sauraient être autre chose que des plaques de terre cuite fermant les petits caissons.

[43] L'Inscr. de l'Arsenal du Pirée (l. 57) ne laisse aucun doute sur la signification du mot
σφηκίσκος non plus que sur celle du mot ἱμάς. Les ἱμάντες dont *la pose* est ici relatée sont
ceux mêmes dont *la taille* a été mentionnée l. 16.

— A celui qui a clos les entre-colonnements [44], au nombre de quatre, le long du Pandroseion :

A Comon demeurant à Melite............ 40 drachmes.

35 — A celui qui a tourné les clous à tête ronde pour les voliges [45] :

A Micion demeurant à Collyte............ 3 dr. 1 obole.

Au scieur qui a refendu un chevron pour [en faire] les voliges :

A Rhædius demeurant à Collyte........... 5 drachmes.

A celui qui a construit la clôture du chantier depuis que les poutres ont été enlevées :

40 A Micion demeurant à Melite.............. 5 dr. 3 oboles.

Total de l'argent des salaires aux ouvriers.. 91 dr. 4 oboles.

— Au peintre qui a peint les panneaux [46] [au nombre de] 14 sur

Διαφράξαν | τι τὰ μεταχιόνια τέτταρα ὄντα τὰ | πρὸς τοῦ Πανδροσείου·

Κόμωνι ἐμ Με. οἰ. |.......................... ΔΔΔΔ.

Πομφόλυγας τορνεύσαντι ἐς | [35] τὰ καλύμματα·

Μιχίωνι ἐγ Κολλυ. οἰ.....................·........ ⊦⊦⊦Ι.|

Πρίστηι ἐς τὰ καλύμματα διαπρίσα | ντι σφηκίσκον·

Ῥαιδίωι ἐγ Κολλυ. οἰ.......................... Γ·|

Τὸ τειχίον ἐνοιχοδομήσαντι τοῦ ἐργ | αστηρίου επειδὴ αἱ σελίδες ἐξήχ | [40] θησαν·

Μιχίωνι ἐμ Μελίτηι. οἰ.......·.............. ΓΙΙΙ·

Τέ | χτοσι μισθωμάτων· ἀργυρίου χεφάλαι | ον............ ·· ⱶⱵΔΔΔΔΙΙΙΙ·

Γραφεῖ χαλ | ύμματα γράψαντι ΔΙΙΙΙ ἐπὶ τὴν ὀρ | οφὴν ἐπὶ τὰς σελίδας τὰς ὑπὲρ [τοῦ] [45] ἀγάλματος ⊦⊦⊦· δραχ[μῆς] ἑ[χάσ] | [45] τ[ην] — —

— —

[44] A proprement parler, il n'existe sur la façade occidentale que *trois entre-colonnements*: mais on peut fort bien étendre ce mot d'entre-colonnement à l'intervalle compris entre l'arête d'angle de la façade et sa première colonne. On trouve ainsi cinq entre-colonnements, dont quatre ont été clos par Comon de Melite. — Le mot employé pour désigner le travail est *διαφράζειν*. Dans l'Inscr. de l'Arsenal du Pirée, le même mot se rapporte aux murs d'appui qui règnent entre les piliers (l. 63).

[45] Ce sont apparemment les clous servant à suspendre au milieu des panneaux du voligeage les rosaces décoratives qui seront mentionnées plus loin. Cf. note. 62.

[46] Par une continuation de cette symétrie de mots et de rôles que nous avons déjà observée, il existe des καλύμματα ou garnitures courantes, et dans l'ὀροφή, et dans l'ἐπορορία: ceux de l'ἐπορορία sont les voliges; ceux de l'ὀροφή sont (l. 26) les plaques de poterie qui

le plafond [situé] sur les poutres au-dessus de la Statue[47] : 4 drachmes, 45 [à raison de] 1 drachme par chaque....

ferment les caissons. — Cette symétrie d'expressions pouvait ici causer une équivoque, et c'est pour l'éviter que le texte dit en termes formels : « les *καλύμματα qui surmontent l'ὀροφή située sur les poutres au-dessus de la Statue.* » On eût pu être plus concis, mais il était difficile d'être plus clair.

[47] Par la Statue, il faut entendre la Minerve tombée du ciel, que l'on conservait dans l'Erechtheion.

INSCRIPTION V[48].

OBSERVATION

Ce fragment paraît faire suite au précédent : il en reproduit de point en point les formules, mais sans spécifier nulle part ni un nom d'ouvrier ni un chiffre de dépense.

Cette différence paraît indiquer que le fragment actuel se plaçait *à la fin* du précédent, et n'était autre chose qu'une énumération *des travaux restant à faire*. Les dernières lignes, qui ont trait à l'achèvement des charpentes, concordent bien avec cette hypothèse.

TRADUCTION

1 ......cheviller, par-dessus (la poutre suivante), l'astragale (*a*). l'ayant reçue profilée.

    — Après avoir assis les caissons (T) sur les [poutres]-échelons,
5 les retailler et les coller, et aplanir suivant la règle de pierre.

    — Cheviller sur les [poutres]-échelons (suivantes) l'astragale (*a*), l'ayant reçue profilée.

    .....la [pièce de] bois moulurée[49], et l'accoler [au mur].

---

[1] Τὸν ἀ[στράγα]λον ἐπιγ[ο]μφ[ῶ]σαι πα[ραλαβόν] | τα τετορνε[υμ]ένον.

Τὰ πλαισία τὰ ἐπ[ὶ τὰς] | κλιμακίδας ἱδ[ρύσ]αντα αναξέσα[ι καὶ] | κολλῆσαι καὶ ὁμαλ[ῦν]αι πρὸς τὸν κανόν[α | 5 τ]ὸν λίθινον.

Τὸν ἀ[στ]ράγαλον ἐπιγομφῶ | σαι παραλαβόντα τετορνευμένον ἐπὶ τ[ὰς | κ]λιμακίδας.

Τὸ ξύλον τὸ γογγύλον — | — ρᾶναι καὶ προσκολλῆσαι.

Τὸ — | — μα τὸ ὑπὸ γαστέρα ἐπὶ τὸ ε — |

---

[48] C. I. A., 282. — Cf O. Iahn, *Puus. descr. arcis Athen.*, 2e éd., p. 44.
[49] Ce *γογγύλον ξυλόν* paraît être *la lambourde* P' accolée au mur 1 — 2. Cette pièce, avec

10 . . . . . le . . . . sous le comble (?) : l'ayant assemblé · à l'aide d'un crampon, le coller et . . . . , et aplanir le surplus.

. . . . terminer la panne-[faîtière] (Q') et les [pannes]-échelons et . . . . . et achever.

10 — [— ἐπὶ] τὸν ὄνυχα ἁρμόσαντα κολλ | [ῆσαι καὶ λειᾶναι τὰ λοιπά. |
— [καμπύλην] σελίδα καὶ τὰς κλιμακ[ίδας | —] ατα ἐκποιῆσαι καὶ τὰ λ — | — καὶ ξυντελέσαι.

la moulure qui la décore, forme au sommet du mur une frise fort analogue d'aspect à celles que constituent les γογγύλοι λίθοι dont nous avons précédemment fixé le sens (Inscr. II, 1re col., l. 22-28).

INSCRIPTION VI [50].   ·

ANALYSE DU TEXTE ET DISCUSSION DU VOCABULAIRE TECHNIQUE

Une partie importante de cette inscription a trait à la charpente d'un comble dont les bois sont peints à l'encaustique (fr. 1, 1ʳᵉ col., l. 22) et décorés de moulures (fr. 1, 2ᵉ col., l. 11) : c'est une charpente entièrement apparente, et qui couvre une portion de l'édifice bien distincte de celle à laquelle s'applique (V et VI) la description du plafond.

Ainsi, des deux sanctuaires de l'Erechtheion l'un possédait à la fois un plafond et un comble, l'autre n'avait qu'un comble. Le plafond, on le sait (IV, 44), abritait la Statue sacrée : il couvrait donc la cella A consacrée à Minerve ; le comble apparent correspondait à la cella E.

— Entrons dans quelques détails sur le vocabulaire technique que nous avons admis ; et, en premier lieu, arrêtons-nous à l'expression même qui désigne le comble unique et apparent de la cella E : ce comble porte le nom d'ὀροφή.

Dans la description de la cella de Minerve, lorsqu'il fallait distinguer l'un de l'autre le plafond horizontal et le comble qui le surmonte, le texte marquait la distinction par un choix évidemment systématique entre les mots ὀροφή et ἐποροφία. Ici la distinction n'a nulle raison de subsister, la *toiture* est unique et garde simplement le nom d'ὀροφή.

[50] C. I. A. I, 324 ; Rangabé, *Ant. hell.*, 56, 57; C. I. G., 160. Cette inscription se compose de trois fragments principaux dont chacun comprend deux colonnes. Nous avons rangé les débris de la 1ʳᵉ col. d'après l'ordre logique des idées; le rangement des débris de la 2ᵉ n'avait dès lors plus rien d'indéterminé.

Passons à la nomenclature des pièces de l'ὀροφή.

Nous trouvons :

1° Des maîtresses-pièces désignées sous le nom de σελίδες (fr. 1, 1ᵐ col., l. 4 ; fr. 2, 2° col.) et dont une est spécialement qualifiée de σελὶς καμπύλη.

2° Viennent ensuite des καλύμματα en bois de sciage (fr. 1, 1ᵐ col., l. 35 ; fr. 2, 2° col.), formant des compartiments ou *œils*, ὀπαῖα, bordés de moulures décoratives (fr. 1., 2° col.) et ornés de fleurons (fr. 3, 2° col., l. 1).

On sait, en outre (fr. 2, 2° col.), que la σελὶς καμπύλη est ajustée, emboîtée *dans* les καλύμματα.

Que peuvent être ces différentes pièces ?

— Le mot σελίς nous est déjà connu :

Les σελίδες sont les *poutres du comble,* les « *pannes* » Q.

— Quant à la σελὶς καμπύλη, il faut se garder de voir en elle une pièce *courbe :* le radical κάμπτειν, ainsi que le prouve le devis de l'Arsenal du Pirée, désigne aussi bien une *brisure* brusque qu'une courbure lente et continue : la καμπύλη σελίς n'est autre chose que la panne de faîtage Q, aussi appelée panne *de brisis :* la panne située à l'endroit où le profil de la toiture se brise pour suivre les deux contre-pentes nécessaires à l'écoulement des eaux.

Ces pannes supportent les pièces secondaires dont la préparation a été précédemment portée en compte, et dont la pose était sans doute mentionnée dans les passages effacés du texte :

Ce sont :

1° Les σφηκίσκοι ou *chevrons* R (I, 81) ;

2° Les ἱμάντες, ou entretoises S, longues de sept palmes (IV, fr. 3, l. 17).

Ces chevrons et entretoises forment par leur croisement des compartiments à peu près carrés, des *œils* (ὀπαῖα) dont le panneau de rem-

plissage est constitué par la volige elle-même et bordé (VI, fr. 2,
l. 12) d'une moulure.

— Telle est l'économie générale de la toiture ; les détails ressortiront de l'inscription même.

TRADUCTION

1er fragment, 1re col.

1   Deux hommes recevant le . . . .

A Sosias demeurant à Alopecée. . . . .   1 drachme.

A Sindron   1   —

— A CEUX QUI ONT POSÉ LA TOITURE :

5   A ceux qui ont amené la panne de brisis (Q') dans son siège, et
les autres pannes⁵¹ (Q) chacune dans son siège⁵² :

A Manis demeurant à Melite. . . . .   1 drachme.

A Crœsos demeurant aux Scambonides.   1   —

10   A André demeurant à Melite.   1   —

A Prepon demeurant à Agrylée.   1   —

1er fragment, 1re col.

¹ . . ι . . ο . . . . ος λαβόντοι | [ν] δυοῖν ἀνδροῖν

Σωσίαι Ἀλωπ | εκῆσι οἰκοῦν . . . .   Ͱ

Σίνδρωνι. . . . .   Ͱ

Τὴν | ὀροφὴν κατιστᾶσιν·

τὴν καμπ | ⁵ ύλην σελίδα εἰς ἕδραν καὶ τὰ | ς ἄλλας ἐπαγαγοῦσιν εἰς ἕδρα | ν ἑκάστην·

Μάνιδι ἐν Κολλυτ | ῶι οἰκοῦντι. . . . .   Ͱ

Κροίσωι ἐν Σκαμ | βωνιδῶν οἰκοῦντι. . . . .   Ͱ

Ανδρέαι | ¹⁰ ἐμ Μελίτηι οἰκοῦντι . . . .   Ͱ

Πρέπο | ντι Ἀγρυλῆσι οἰκοῦντι. . . . .   Ͱ

⁵¹ Ces *autres* pannes sont distinguées (Inscr. V, l. 12) de la σελὶς καμπύλη par la désignation de σελίδες κλιμακίδες.

⁵² Ces *sièges* sont les enclaves pratiquées dans les murs-pignons pour loger les abouts des pannes.

A Medos demeurant à Melite................   1 drachme.

A Apollodore demeurant à Melite............   1   —

15   A CEUX QUI ONT ENLEVÉ LES ÉCHAFAUDAGES d'auprès des colonnes qui
sont dans le portique : six hommes,

Teukros demeurant à Cydathenée..............   1 drachme.

Cerdon fils d'Axiopeithos....................   1   —

Crœsos demeurant aux Scambonides...........   1   —

20   Prepon demeurant à Agrylée................   1   —

Cephisodore................................   1   —

Spodias   1   —

— A CEUX QUI ONT ÉCHAFAUDÉ pour les peintres à l'encaustique, à
l'intérieur, sous la toiture :

A Manis, demeurant à Collyte........   1 drachme 3 oboles.

25   — A CEUX QUI ONT ENLEVÉ LES [ÉCHAFAUDAGES] :

A Prepon, demeurant à Agrylée.   1 drachme.

A Medos demeurant à Melite....   1   —

Total pour le [salaire des] manœu-
vres..   84 drachmes 3 oboles 1/2.

Μήδω|ι ἐμ Μελίτηι οἰκοῦντι.....................   Ⱶ

'Απολ|λοδώρωι ἐμ Μελίτηι οἰκοῦντ|ι..............   Ⱶ

'Ικριώματα καθελοῦσιν τὰ | ¹⁵ ἀπὸ τῶν κιόνων τῶν ἐν τῆι πρ|οστάσει ἓξ ἀνδράσιν·

Τεῦξ|ρος ἐν Κυδαθηναίωι οἰκῶν...................   Ⱶ

Κέρδων 'Αξιοπείθους...........................   Ⱶ

Κροῖσ|ος ἐν Σκαμβωνιδῶν οἰκῶν................   Ⱶ

Π|²⁰ρέπων 'Αγρυλῆσι οἰκῶν ....   Ⱶ

Κηφ|ισόδωρος...............................   Ⱶ

Σποδίας....................................   Ⱶ

'Ικριώ|σασι τοῖς ἐνχαυταῖς ἐκ τοῦ|[ἐ]ντὸς ὑπὸ τὴν ὀροφήν·

Μάνι[δι ἐν Κ]ολλυτῶι οἰκοῦντι...................   ⱵΙΙΙ

Λ|²⁵......ἀναφορήσασιν·

Πρέπο|[ντι 'Α]γρυλῆσι οἰκοῦντι.................   Ⱶ

Μήδ|[ω]ι ἐμ Μελίτηι οἰκοῦντι ....   Ⱶ

Κεφ|[ά]λαιον ὑπουργοῖς ....   ⱣΔΔΔⱵⱵ·|ΙΙΙC

30   — Aux scieurs travaillant à la journée,

      2 hommes, 11 jours,

   1 drachme par jour pour chacun :

      A Rhœdios, demeurant à Collyte, et à son com-

pagnon.......................................   **32 drachmes.**

35   — Aux scieurs travaillant à la journée dans la

      troisième douzaine de jours (de la prytanie) : voli-

      ges pour la couverture,

      7 jours : 1 drachme par jour ; 2 hommes :

40   · A Rhœdios, demeurant à Collyte, et à son com-

      pagnoń.....................................   **14 drachmes.**

      Total pour les scieurs....................   **46 drachmes.**

Aux peintres a l'encaustique :

45   A celui qui a peint à l'encaustique la cymaise qui est sur l'archi-

      trave de l'intérieur,

      5 oboles pour chaque pied ;

      Entrepreneur : Dionysodore, demeurant à Melite ;

caution : Heracleides, d'Oa....................   **30 drachmes.**

50   *Total* pour les peintres à l'encaustique........   **30 drachmes.**

Πρίσταις καθ᾽ ἡμέραν ἐρ | ³⁰ γαζομένοις, δυοῖν ἀνδροῖν | ἐκκαίδεκα ἡμερῶν, δραχμῆς | τῆς ἡμέρας ἑκάστης ἑκατ | [έ]ρωι·

      ῾Ραιδίωι ἐν Κολλυτῶι οἰ| κοῦντι καὶ συνεργῶι........   ΔΔΔⵂⵂ

Π | ²⁵ρίσταις καθ᾽ ἡμέραν ἐργαζο | μένοις, τρίτης δωδεκημέρου, x | αλύμματα εἰς τὴν ὀροφήν, ἐ| πτὰ ἡμερῶν δραχμὴν τῆς ἡμ | έρας ἑκάστης δυοῖν ἀνδροῖ | ⁴⁰ ν·

      ῾Ραιδίωι ἐν Κολλυτῶι οἰκοῦ | ντι καὶ συνεργῶι........   Δⵂⵂⵂ

      Κεφά | λαιον πρίσταις ....   ꞱΔΔΔΓⵂ

῎Ενκ | αυταῖς·

      τὸ κυμάτιον ἐνκέα[ν] | τι τὸ ἐπὶ τῶι ἐπιστυλίω[ι τ] | ⁴⁵ ῶι ἐντός, πεντώβολον τὸ[ν πό] | δα ἕκαστον·

      μισθωτὴς Δι[ονυ] | σόδωρος ἐμ Μελίτηι οἰκ[ῶν.] | ἐγγυητὴς

      ῾Ηρακλείδης [῾Οῆθε]] ν........................   ΔΔΔ

      Κεφάλαιον ἐνκαυτ[αῖς] | ⁵⁰ ....   ΔΔΔ

— Aux orfèvres :

A celui qui a doré les conques [53], nous avons soldé le dû de la précédente prytanie, [celle de la tribu] Œneide :

A Sisyphos demeurant à Melite.............. .. drachmes.

55   *Total* pour les orfèvres................... .. drachmes.

Traitements :

A l'architecte :

A Archilochos d'Agrylée............ 37 drachmes.

— Au sous-secrétaire :

A Pyrgion...................... 30 drachmes 5 oboles.

Total du traitement.............. 67 drachmes 5 oboles.

60   *Total général* de la dépense... 1,790 drachmes 3 oboles 1/2.

Sous la septième prytanie, [celle] de la [tribu] leontide.

65   *Recette* de la main des intendants de la Déesse : D'Aresæchme d'Agrylée et de ses collègues...... 4,302 drachmes 2 oboles.

Dépense :

Achats : .....

Χρυσοχόοις·

χάλκας χ[ρυσ] | ώσαντι προσαπέδομεν τὸ [ὀφ] | ειλόμενον τῆς προτέρας [πρυ] | τανείας τῆς Οἰνηίδος·

Σ[ισύ] | φωι ἐμ Μελίτηι οἰκοῦντ[ι — ; |

Κεφάλαιον χρυσοχόοις] —

Μ | ισθοί·

    ἀρχιτέκτονι Ἀρχ[ιλόχ] | ωι Ἀγρυλῆθεν ....   ΔΔΔΓͰͰ

    ὑ[πογρ] | αμματεῖ Πυργίωνι.......................   ΔΔΔΙΙΙ[ΙΙ

Κεφ] | άλαιον μισθοῦ. ....   ΡΔΓͰͰΙΙΙΙ

Σύ[μπα] | [60] ντος ἀναλώματος κεφάλα[ιον] | |...................   ΧΡͰΗΗΡΔΔΔΙΙΙC

Ἐπὶ τῆς Λεοντίδος ἑβ[δόμης] | | [63] πρυτανευούσης.

  Λῆμμα [παρὰ τ] | αμιῶν τῆς θεοῦ. π[α]ρὰ Ἀρ[εσαίχμ | [65] ου] Ἀγρυλῆθεν [καὶ συναρχόν-

των.................. ....   ΧΧΧΧΗΗΗ[ͰͰΙ

Ἀνάλωμα.

Ὠνήμ | ατα· κε — — —

_____

[53] Rosaces décoratives : Cf. notes 62 et 66.

2ᵉ fragment, 1ʳᵉ col.

1   [A celui qui a sculpté] le jeune homme écrivant et celui qui est
en face de lui...........................   120 drachmes.

       ....demeurant à Collyte............   —

5   ....et le char, excepté les deux mulets..   90   —
Agathanor, demeurant à Alopecée [a sculpté]
la femme près du char, ainsi que les deux mulets.   180   —

3ᵉ fragment, 1ʳᵉ col.

1   .....[a sculpté] celui qui tient la lance.....   60 drachmes.
Phyromachos de Cephisia : le jeune homme
auprès de la cuirasse........................   60   —

5   Praxias, demeurant à Melite : le cheval et
l'homme vu par derrière, qui le frappe........   120   —
Antiphanes du Ceramique : le char et le jeune
homme et les deux chevaux attelés...........   240   —

10   Phyromachos de Cephisia : celui qui conduit le
char.................................   60   —

2ᵉ fragment, 1ʳᵉ col.

² [— τὸν γρ]άφοντα νεα[νίσ]χον | [καὶ τὸν πρ]ο[σεστ]ῶτα αὐ[τ]ῶι ..   H |'ΔΔ
—] ἐν Κολλυτῶι οἰχ[ῶν |⁵ — χ]αὶ τὴν ἅμαξαν πλ[ὴν | τοῖν ἡμιόν]οιν.   ₽ΔΔΔΔ
Ἀγαθίν | [ωρ Ἀλωπεχῆσι] οἰχῶν τὸ γύνα | ιον τὸ πρὸς τῆι ἁμ]άξηι
χαὶ τ | ὼ ἡμιόνω...............................   H₽ΔΔΔ

—   —   —

3ᵉ fragment, 1ʳᵉ col.

¹ [— τὸν τὸ δ]όρυ ἔχοντα...........................   ₽Δ
Φυρόμα | χος Κηφισιεὺς τὸν νεανίσχο | ν τὸν παρὰ τὸν θώραχα....   ₽Δ
Πραχ | σίας ἐμ Μελίτηι οἰχῶν τὸν |⁵ [ἵππο]ν ταὶ τὸν ὀπισθοφανῆ
τ | [ὸν πα]ραχρούοντα ....   HΔΔ
Ἀντιφάν | [ης ἐχ] Κεραμέων τὸ ἅρμα χαὶ τ | ὸν νε]ανίσχον χαὶ τὼ
ἵππω τὼ | [ζευγ]νυμένω ....   HHΔΔΔΔ
Φυρόμαχ | ¹⁰ [ος Κη]φισιεὺς τὸν ἄγοντα τὸ | [ν ἵ]ππον..........   ₽Δ

Mynnion demeurant à Agrylée [a fait] le cheval et l'homme qui le frappe, et a depuis ajouté la stèle....................................... 127 drachmes.

15   Soclos demeurant à Alopecée: celui qui tient la bride............................... 60   —

Phyromachos de Cephisia : l'homme se tenant 20 [appuyé] sur un bâton, près de l'autel........ 60   —

Hiasos de Collyte : la femme devant laquelle l'enfant est prosternée..................... 80   —

Total de la statuaire....................... 3,315 drachmes.

Recette.... 4,302 drachmes 1 obole.

25   *Dépense*...   Id.

— Sous la 8ᵉ prytanie, [celle] de la [tribu] Pandionide :

Recettes de la main des intendants de la Déesse : d'Aresæchme 30 d'Agrylée et de ses collègues........ 1,239 drachmes 1 obole.

Dépenses :

Achats :

Deux planches,

Μυννίων Ἀγρυλῆ | [σι] οἰκῶν τὸν ἵππον καὶ τὸν | ἄνδρα τὸν ἐπι-
χρούοντα, καὶ | [τὴ]ν στήλην ὕστερον προσέθ | ¹⁵ [ηκε]........   ΗΔΔΓΗ

Σῶκλος Ἀλωπεκῆ | σι οἰκῶν τὸν τὸν χαλινὸν ἔ | [χο]ντα........   ΡΔ

Φυρόμαχος Κηφισιε | [ὺς] τὸν ἄνδρα τὸν ἐπὶ τῆς βα | [κτ]ηρίας εἰσ-
τηκότα, τὸν παρὰ | ²⁰ [τὸ]ν βωμόν.....................   ΡΔ

Ἴασος Κολλυτε | ὺς τὴν γυναῖκα ἧι ἡ παῖς προσ | [πέ]πτωκε ....   ΡΔΔΔ

Κεφάλαιον ἀ | [γα]λματοποϊκοῦ.....................   ΧΧΧΗΗΗΔΓ

Λῆμμα...   ΧΧΧ[Χ]ΗΗΗΗ

Ἀνάλωμα....................... τὸ α | ²⁵ [ὑτ]όν.

Ἐπὶ τῆς Πανδι | [ονί]δος ὀγδόης πρυτανευούσ | ης.

Λῆμμα παρὰ ταμιῶν τῆς | [θε]οῦ, Ἀρεσαίχμου Ἀγρυλῆθεν κ | αὶ
συναρχόντων............... ... .   ΧΗΗΔΔΔΓΗΗ | ³⁰[Η

Ἀναλώματα·

Ὀνήματα·

[planches] sur lesquelles nous inscrivons le compte :

    1 drachme chacune.................... 2 drachmes.

Total des achats....................... 2 drachmes.

35   [DÉPENSE] DE TAILLE DE PIERRE :

De la cannelure des colonnes de l'Est, près de l'autel :

La troisième [colonne] à partir de l'autel de Dione [54].

Ameiniades demeurant à Cœle............. 18 drachmes.

Æschine........................... 18 —

Lysanias .... 18 —

40   Somenes fils d'Ameiniades............... 18 —

Timocrates........................ 18 —

— La [colonne] venant ensuite [55] :

Simias demeurant à Alopecée....... 13 drachmes.

Cerdon .... 12 — 5 oboles.

Sindron fils de Simias............. 12. — 5 —

σα[νί]δες δύο, ἐς ἃς τὸν λόγον ἀ | ναγράφο[μ]εν, δραχμῆς ἑκατέ |

[ρα]ν·.. ⊢⊢

Κεφάλαιον ὠνημάτων|........................... [⊢⊢]

Λιθουργικοῦ·

Ῥαβδώσεως τῶν | [35] [χι]όνων τῶν πρὸς ἔω, τῶν κατὰ τ|ὸν βωμόν·

τὸν τρίτον ἀπὸ τοῦ β | [ωμ]οῦ τῆς Διώνης·

      Ἀμεινιάδης | [ἐν Κ]οίληι οἰκῶν................. ΔΓ⊢⊢⊢

      Αἰσχ | [ίνη]ς.......................... ΔΓ⊢⊢⊢

      Λυσανίας........................... ΔΓ⊢⊢⊢

      Σ | [40] [ωμέ]νης Ἀμεινιάδου................... ΔΓ⊢⊢⊢.

      Τι | [μοχ]ράτης .... ΔΓ⊢⊢⊢

τὸν ἐχόμεν | [ον ἐξ]ῆς·

      Σιμίας Ἀλωπεχῆσι | [οἰκῶν].................. Δ]⊢⊢⊢

      Κέρδων............................... Δ⊢⊢IIIII

      Σίν | δρων Σιμίου .... Δ⊢⊢IIIII

[54] L'autel de Dione, par rapport auquel sont repérées les six colonnes de la façade orientale, se trouvait très probablement à l'une des extrémités de la rangée.

[55] C'est-à-dire la 2ᵉ colonne à partir de l'autel de Dione. — Et ainsi pour les colonnes qui vont suivre.

45	Socles fils d'Axiopeithes............	12 drachmes	5 oboles.
	Sannion fils de Simias..............	12 —	5 —
	Hepieikes [56] fils de Simias..........	12 —	5 —
	Sosandros fils de Simias............	12 —	5 —
	— La [colonne] venant ensuite :		
	Onesimos fils de Nicostrate........	16 drachmes	4 oboles.
50	Eudoxos demeurant à Alopecée......	16 —	.4 —
	Cleon	16 —	4 —
	Simon demeurant à Agrylée........	16 —	4 —
	Antidotos fils de Glaukos...........	16 —	4 —
	Eunikos	16 —	4 —
	— La [colonne] venant ensuite :		
55	Theugenes du Pirée...................	15 drachmes.	
	Cephisogene du Pirée...................	15 —	
	Teukros demeurant à Cydathenée..........	15 —	
	Cephisodore demeurant aux Scambonides.....	15 —	

Σωκλῆς Ἀχ	[45] [σιοπει(θ)]ους....................	ΔⱵⱵΙΙΙΙΙ
Σαννίων Σι	[μίου........	ΔⱵ[ⱵΙ]ΙΙΙ
Ἐπιείκης Σιμίου.	Δ |[ⱵⱵΙ]ΙΙΙΙ
Σώσανδρος Σιμίου..	ΔⱵⱵΙΙΙΙΙ
τὸν ἐχόμενον ἐξῆς·	
Ὀνήσι	[μος] Νικοστράτου	ΔΓⱵ[ΙΙΙ]Ι
Εὔδο	[50] [ξος] Ἀλωπεκῆσι οἰκῶν....	ΔΓⱵΙΙ|ΙΙ
Κλ]έων...........	ΔΓⱵΙΙΙΙ
Σίμ[ων Ἀγ]ρυλῆ|σι οἰκῶν	ΔΓⱵΙΙΙΙ
[Ἀν]τίδοτος	[Γλαύ]χου....	ΔΓⱵΙΙΙΙ
Ἐ[ύ.ι]χος	ΔΓⱵΙ|[ΙΙΙ
τὸν] ἐχόμενον [ἐχ]σῆς·	
Θευγ	[55] [ένης] Πειρχιεύ|ς....................	ΔΓ
Κηφισογέ|νης Πειραιεύς....................	[ΔΓ
Τ]εῦχρος ἐν	[Κυδα]θηναίωι οἰκῶν..............	ΔΓ
Κηφι|]σόδω]ρος ἐ[ν Σχαμβ]ωνιδῶν οἰκῶν........	ΔΓ

[56] Sur le signe d'aspiration admis dans l'orthographe du mot Ἐπιείκης, voir Franz, *Elem. epigr. gr.*, p. 11. Le mot οἰκῶν est fréquemment écrit οἰκῶν; etc.

Nicostrate . . . .   15 drachmes.

60 Theugeiton du Pirée . . . .   15 —

— A celui qui a ravalé les [pierres de] soubassement [57] [au nombre de] deux, près de l'autel du sacrificateur :

Polycles fils de Lacias . . . .   35 drachmes.

— [Dépense] de la cannelure des colonnes de l'Est, près de

65 l'autel :

Celle près de l'autel de Dione :

Laossos d'Alopecée . . . .   20 drachmes.

Philon d'Erchiæ . . . .   20 —

Parmenon fils de Laossos . . . .   20 —

Carion fils de Laossos . . . .   20 —

Icare . . . .   20 —

— La [colonne] venant ensuite :

70 Phalakros de Peanée . . . .   20 drachmes.

Philostrate de Peanée . . . .   20 —

Thargelios fils de Phalakros . . . .   20 —

Νικό[στρα]τος. . . . .   ΔΓ

Θευγε | [60] [ίτων] Πειραι[εύ]ς . . . .   ΔΓ

Τοὺς ὀρθοσ | [τάτ]ας καταχ[σοῦ]ντι τῶ παρὰ τὸ | ν θυηχοῦ βωμόν·

Πολυκλῆς Λακι | [άδη]ς . . . .   ΔΔΔΓ

῾Ραβδώσεως τῶν κίο | [νων τ]ῶν πρὸς ἔω, τῶν κατὰ τὸν β | [65]]ωμόν·]

τὸν πρὸς τοῦ βωμοῦ τῆς Διώ | [νης·

Λ]άοσσος ᾽Αλωπεκῆθεν . . . .   ΔΔ

Φ | [ίλω]ν ῾Ερχι[ε]ύς.   ΔΔ

Παρμένων Λ | [αός]σου . . . .   ΔΔ

Καρίων Λαόσσου. . . . .   ΔΔ

῎Ι | καρος. . . . .   ΔΔ

τὸν ἐχόμενον [ἑ]ξῆ | [70] [ς·

Φάλ]ακρος Παιανεύς. . . . .   ΔΔ

Φιλ | όστρ]ατος Παιανε . . . .   ΔΔ

Θ[α]ργήλ | [ιος Φ]αλάκρου . . . .   [Δ]Δ

[57] Cf. note 12.

6

Philourgos fils de Phalakros...............	20 drachmes.	
Gerys fils de Phalakros..................	20	—
— La [colonne] venant ensuite :		
75　Ameiniades demeurant à Cœle.............	20 drachmes.	
Æschine........................	20	—
Lysanias.............................	20	—
Somenes fils d'Ameiniades................	20	—
Timocrates	20	—
— La [colonne] venant ensuite :		
Simias demeurant à Alopecée........	14 drachmes 2 oboles.	
Cerdon....................	14 — 2 —	
80　Sindron fils de Simias.............	14 — 1 —	
Socles fils d'Axiopeithes.............	14 — 2 —	
Sannion fils de Simias.............	14 — 2 —	
Hepieikes fils de Simias............	14 — 2 —	
Sosandros....................	14 — 1 —	
— La [colonne] qui vient ensuite :		

Φιλοῦρ[γο]ς Φαλ|[ἀχρ]ου....................	ΔΔ
Γῆρυς Φαλάχρου....................	ΔΔ
τὸν|ἐχόμενον ἐξῆς·	
Ἀμεινίαδη|⁷⁵[ς ἐ]ν Κοίλη[ι οἱ]χῶν.............	ΔΔ
[Λ]ἰσχίνη|[ς......	Δ]Δ
Λυσα[νίας..................	Δ]Δ
Σωμένης Ἀμ|[ει]νιάδ[ου..................	ΔΔ
Τ]ιμοχράτης....................	ΔΔ
τὸ|ν ἐχό[μεν]ον ἐξῆς·	
Σιμίας Ἀλ|ωπεχῆσι οἰχῶν..................	ΔΗΗΗΙΙ
Κέρδ|⁸⁰[ων]....................	ΔΗΗΗΙΙ
Σίνδρων Σιμίου....................	ΔΗ[Η|ΗΗ]Ι
Σωχλῆς Ἀξ[ιοπ]είθους....................	[ΔΗ|ΗΗΗ]ΙΙ
Σαννίων Σι[μίου]....................	ΔΗΗ[ΗΙΙ|
Ἐπιε]ίχης Σιμίου....................	[ΔΗΗ]ΗΗ[ΙΙ
Σώσα|νδρος....................	ΔΗΗΗΗΙ
τ[ὸν ἐ]χό[μενον|⁸⁵ ἐξῆς·	

85   Onesimos fils de Nicostratos......   14 drachmes 4 oboles 1/2.
      Eudoxos demeurant à Alopecée...

4ᵉ fragment, 1ʳᵉ col.

1	— La [colonne] venant ensuite :				
	Simias demeurant à Alopecée.........	7 drachmes		1 obole.	
	Cerdon......................	7	—	1	—
	Sindron fils de Simias...............	7	—	1	—
	Socles fils d'Axiopeithes.............	7	—	1	—
5	Sannion fils de Simias...............	7	—	1	—
	Epigenes fils de Simias.............	7	—	1	—
	Sosandros'.......................	7	—		
	— La sixième colonne à partir de l'autel de Dione :				
	Theugenes du Pirée..............	8 drachmes		2 oboles.	
	Cephisogenes du Pirée.............	8	—	2	—
10	Teukros demeurant à Cydathenée.....	8	—	2	—
	Cephisodore demeurant aux Scambonides	8	—	2	—

'Ονήσιμ[ος Νικοστράτ|ου..................... ΔΗΗΗ]ΗΙΙΙΙC
['E]ύ[δοξος 'Αλωπεκησι οἰκ]ῶν............... Δ   —   —

—   —   —

4ᶜ fragment, 1ʳᵉ col.

¹ |τὸν ἐχό]μενον ἐ[ξης·
     Σιμ|ίας 'Αλωπεχ]ῆσι οἰκῶν................... [ΓΗΗΙ
     Κ|έρδων............................. ΓΗΗΙ
     Σίνδρων Σιμί[ου. .... ΓΗ|ΗΙ
     Σωκλῆς] 'Αξιοπείθους .... ΓΗ[ΗΙΙ
     ⁵ Σαννίων Σι]μίου...................... ΓΗΗΙ
     'Επιγένη|[ς Σιμίου .... ΓΗ]ΗΙ
     Σώσανδρὸς .... ΓΗΗ
τ|[ὸν ἕκτον] κίονα ἀπὸ τοῦ βωμοῦ τ[ῆς Διώνη]ς·
     Θευγένης Πειραιε|[ύς .... ΓΗΗΗΙ
     Κηφισογένης Πειρα|¹⁰[ιεύς................. ΓΗ]ΗΗΙΙ
     Τεῦχρος ἐν Κυδαθ|[ηναίωι] οἰκῶν.............. ΓΗΗΗ
     Κηφισόδ|[ωρος ἐν Σ]χαμβωνιδῶν οἰκῶν.......... [ΓΗΗΗΙΙ

Nicostratos . . . .   8 drachmes 2 oboles.

Theugeiton du Pirée   8   —   2   —

1er fragment, 2e col. [58].

1   A l'ouvrier travaillant à la journée... de la troisième douzaine
de jours [de la prytanie]... oboles chaque jour; sept jours :

5   A... demeurant à Alopecée.

— A celui qui, au [pourtour des] voliges, [a collé la cymaise]
selon le prix fait d'avance :

10   2 drachmes chaque œil : 4 œils [59] :

A Manis demeurant à Collyte . . . .   8 drachmes.

— A celui qui a collé au pourtour la cymaise,. selon le prix fait
d'avance :

Νιχ]όστρατος . . . .   ΓΗΗΙΙ
Θε||υγείτων Πειραιεύς . . . .   ΓΗΗΙΙ

— — _ _ —

1er fragment, 2e col.

¹ Τέχτ[ονι καθ' ἡμέραν ἐργα]|ζομένωι μ [— τ]|ρίτη[ς] δωδε[χημέρου — ὀδο]|λοὺς τ[ῆς]
ἡμ[έρας ἐκάστης, ἑ]||⁵πτα ἡμερῶ[ν·

— — Ἀλωπ]|εκῆσι οἰκ[οῦντι —

[Τὸ κυμάτιον τοῖς χαλ]|ύμμασι πε[ριχολλήσαντι ἃ π]ροσεμισθ[ώσαμεν, δυοῖν δραχ]|μαῖν
ἔχαστον τὸ ὀπαῖον, τε|¹⁰ττάρων ὀ[παίων·

Μάνιδι ἐν Κ]|ολλυτῶι [οἰκοῦντι . . . .   ΓΗΗΗ

Τὸ χυ]|μάτιον περ[ιχολλήσαντι ἃ π]|ροσεμισθώσ[αμεν, δυοῖν δραχ]|μαῖν ἔχαστ[ον τὸ ὀπαῖον
ὁ]||¹⁵παῖα ἕξ·

---

[58] Ici commence le détail de la décoration du comble apparent que nous avons som-
mairement indiquée (p. 116) dans le préambule explicatif du texte.

— Toujours même procédé de rédaction, consistant à marquer le retour des mêmes
opérations par le retour des mêmes formules : la reprise a lieu successivement ligne 6,
ligne 12 et ligne 16 ; et cette remarque nous a permis de combler dans le texte les principales lacunes.

[59] Nous avons dit dans le préambule analytique du texte (p. 116) que par ces ὀπαῖα
l'on doit entendre les caissons formés par le croisement des chevrons et des ἱμάντες; les
ὀπαῖα font, dans un comble à double pente, l'équivalent des πλαίσια dans un plafond horizontal : dans un cas, on les appelle œils et, dans l'autre, moules ou châssis. Les fonds de ces
caissons sont, dans un cas, des carreaux de poterie, dans l'autre cas ce sont les voliges mêmes
de la toiture : voliges ornées de moulures et de rosaces (1er fr., 2e col.; 3e fr., 2e col.).

15   2 drachmes chaque œil; 6 œils:

A Manis demeurant à Collyte............ 12   drachmes.

— A celui qui a collé au pourtour la cymaise, selon le prix fait

d'avance :

2 drachmes chaque œil; 6 œils :

20   A Crœsos..................... 12 drachmes.

Total du travail................ 52 drachmes 4 oboles.

— AUX MANŒUVRES travaillant à la journée :

25   ... [A celui qui a]... le treuil... du Cecropion...

... A ceux qui ... les ... de bois ... dans la galerie (B) :

A sept hommes ; 1 drachme par jour :

A Colonos...................... 1 drachme.

A Apollodore................. 1   —

30   A Prepon................... 1   —

A Medos 1   —

A 1   —

A Mammanos................. 1   —

A 1   —

Μάν[ιδι ἐν Κολλυτῶι] | οἰκοῦντι................. ΔⱵ[Ⱶ

Τὸ κυμάτιον πε | ριχολλήσαν[τι ἃ προσεμισθ] | ώσαμεν, δυοῖ[ν δραχμαῖν ἕκα] | στον τὸ
ὀπα[ῖον, ὀπαῖα ἕξ·

Κ] | [20 ροίσωι............................. Δ[Ⱶ]Ⱶ

Κ[εφάλαιον τεκτο] | νικοῦ................ .... ⲢⱵⱵΙΙΙΙ

[Ὑπουργοῖς καθ᾽ ἡ] | μέραν ἐργ[αζομένοις τὴν τ] | ροχιλείαν [— — Κ] | εχροπίου [—
Κ] | [25 εχροπιχὰ — — — |ξυλ] | ίνας συνθε — — | σασιν ἐν᾽ τῆι [στοᾶι? ἑπτὰ ἀνδ] | ράσιν δραχ-
μ[ὴν τῆς ἡμέρας·

Κό] | λωνωι............ Ⱶ

᾽Απολλ[οδώρωι......... Ⱶ

Πρέπον] | [30 τι.......... Ⱶ

Μήδωι................ Ⱶ

[— .... Ⱶ]|

Μαμμάνωι............. Ⱶ

[— .... Ⱶ

— A ceux qui ont abattu les échafaudages ... du mur Nord,
[échafaudages] d'où les figures [de la frise]...

35   A... hommes :

A Prepon...................................... 3 oboles.

A Medos.................................. .... 3 —

A Apollodore.... .... 3 —

A .... 3 —

A .... 3 —

2° fragment. 2° col. [60].

1   A celui qui a terminé les voliges [et a ajusté dans ces voliges
la panne [de brisis][61] :

5   2 drachmes chaque volige ; [ces voliges] étant [au nombre
de] six :

A Manis, demeurant à Collyte............. 12 drachmes.

Ἰχ]|ρία καθελοῦ[σι --- —'|σι ἀπὸ τοῦ το[ί/ου τοῦ πρὸς βορέ]|ου, ἀφ ὧν τὰ ζ[ῶια —,—]
³⁵ ἀνδράσι·

Πρέποντι............. III

Μήδωι............... III

Ἀ|πολλοδώ]ρωι........ III

            — - . -   —

2ᶜ fragment, 2ᶜ col.

¹ [Καλύμματα ἐξεργασ]|αμέ[νωι καὶ ἐναρμοσάντι τὴν]|σελίδα τὴν [καμπύλην, δυοῖν
δ]ραχμαῖν [ἕκαστον τὸ κάλυμμ|⁵ α, ἓξ ὄντα·

Μάν[ιδι ἐν Κολλυτ]|ῶι οἰκοῦντι............... Δ[ΗΗ

---

⁶⁰ Encore le même procédé d'exposition : on décrit les voliges d'une travée ; puis, avec
la même formule *et sans autre indication*, les voliges de la travée suivante, etc. Nous avons,
ici encore, profité des reprises successives de la formule pour en rétablir les termes.

⁶¹ Il s'agit du *délardement* qu'il a fallu opérer sur la panne-faîtière pour lui faire suivre
exactement les deux contre-pentes de la toiture et pour l'ajuster, l'emboîter *dans* les voliges
qui la recouvrent. Cette opération de délardement donne à la panne-faîtière le profil brisé
en arête qui lui vaut le nom de καμπύλη σελίς.

A celui qui a terminé les voliges [et ajusté] dans ces [voliges] la panne [de brisis] :

10   2 drachmes chaque volige.

3ᵉ fragment, 2ᵉ col.

1   AUX MODELEURS EN CIRE :

A ceux qui façonnent le modèle des conques pour les voliges [62] :

A Nises, demeurant à Melite................ 8 drachmes,

5   — A celui qui a façonné un autre modèle [d'ornement] pour les voliges, l'acanthe :

Agathanor, demeurant à Alopecée.......... 8   —

Total aux modeleurs en cire.............. 16 drachmes.

   — TRAITEMENTS :

   A l'architecte :

A Archilocos, d'Agrylée................ 36 drachmes.

10   Au sous-secrétaire :

A Pyrgion d'Hotrynée [63]................ 30   —

Total du traitement.................... 66 drachmes.

Τὰ καλύμματ] | α ἐξεργασαμ[ένωι καὶ καμπύλη]|ν σελίδα ἐν αὐ[τοῖς ἁρμοσάντι] | δυοῖν
[δρ]α[χμαῖν ἕκαστον τὸ] | ¹⁰ κάλυ[μμα. —

————   ——   ——

3ᵉ fragment, 2ᵉ col.

Κηροπλάσταις τὰ παρα] | ¹ δείγματα πλάττουσι·
   τῶν χαλκ | ῶν [ε]ἰς τὰ καλύμματα·
     Νῆσ | ει ἐμ Μελίτηι οἰκοῦντι................ . ΓΗΗΗ|
   ἕτερον παράδιεγμα πλάσαν | ⁵ τι, τὴν ἄκανθαν ἐς τὰ καλύμ | ματα· ·
     Ἀγαθάνωρ Ἀλωπεχῆσι ο | ἰκων................ ΓΗΗ
   Κεφάλαιον χηροπλ | άσταις................ ΔΓΗ
   Μισθοί·
     ἀρχιτέχτ | ονι Ἀρχιλόχωι Ἀγρυλῆθεν............ ΔΔ | ¹⁰ ΔΓΗ
     ὑπογραμματεῖ Πυργίων | ι Ὀτρυνεῖ.............. ΔΔΔ
   Κεφάλαιον μι | σθοῦ........................ .... ΡΔΓΗ

[62] Ces *conques* sont les rosaces qui décoraient les soffltes rampants du comble : des modèles *de cire* paraissent indiquer des rosaces en métal suspendues aux voliges.

[63] Cf. note 56.

— Au peintre a l'encaustique qui a peint à l'encaustique la cymaise qui est sur l'architrave de l'intérieur[64],

15   5 oboles pour chaque pied ; 113 pieds :

Au tâcheron, nous avons complété l'acompte qu'il avait précédemment reçu :

A Dionysodore, demeurant à Melite ; caution,

20   Heracleides d'Oa..................... 44 drachmes 1 obole.

Total au peintre à l'encaustique...... 44 drachmes 1 obole.

Recette..............   1.239 drachmes 1 obole.

Dépense..............   id.

— Sous la [tribu] Œgeide :

25   *Recettes* de la main des intendants de la Déesse :

D'Aresæchme d'Agrylée et de ses collègues.

Pour les sacrifices à Minerve avec les

ouvriers au renouvellement de la lune.. 4 drachmes 3 oboles.

30   — *Dépenses* :

Achats :

Papier :

Ἐνκαυτῆι τὸ κυμάτι|ον ἐνκέαντι τὸ ἐπὶ τῶι ἐπι|στυλίωι τῶι
ἐντὸς, πεντώβο|[15]λον τὸν πόδα ἕκαστον, πόδς | ἑκατὸν δεκατρεῖς·
μισθωτῆι |προσαπέδομεν πρὸς ὧι πρό|τερον εἶχε, Διονυσοδώρωι ἐμ|
Μελίτηι οἰκοῦντι, ἐγγυητὴ |[20]ς Ἡρακλείδης Ὀῆθεν............ ΔΔΔΔ⊢⊢|⊢⊢|

Κεφάλαιον ἐνκαυτῆι........................... ΔΔ|ΔΔ⊢⊢⊢⊢|

Λῆμμα............................... ΧΗΗΔΔΔΓ⊢⊢⊢⊢|Ι

Ἀνάλωμα...............   τὸ αὐτὸ.

Ἐπὶ τῆ|ς Αἰγηῖδος.

Λήμματα παρὰ τα|[25]μιῶν τῆς θεοῦ, παρὰ Ἀρεσαίχμου Ἀγρυ-
λῆθεν καὶ συναρχόντων|............... Χ·ΗΗΗ — —

Εἰς ἱερὰ με|[τ]ὰ τῶν δημι[ουρ]γῶν· ἔνηι καὶ ν|[έ]αι εἰς θυσίαν
τῆι Ἀθηναια|[30][ι]............................... ⊢⊢⊢⊢|||

Ἀναλώματα.

Ὠνημάτ|α·

[64] Cf. VI, 1er fragm., l. 43.

Deux [feuilles] ont été achetées, sur lesquelles nous avons inscrit
les copies des comptes.............   2 drachmes 4 oboles.

    Planches : 4.................   4   —

35   *De l'or* a été acheté pour les conques :
166 feuilles, 1 drachme chaque feuille,
chez Adonis, demeurant à Melite.......   166   —

40   *Du plomb* a été acheté : 2 talents,
pour l'application des figures (de la frise),
chez Sostratos, demeurant à Melite....   10   —

    De l'or, 2 feuilles : a été acheté pour
dorer les œils [de volutes] de la colonne,
chez Adonis, demeurant à Melite.......   2   —

45   *Total* des achats.............   189 drachmes 1 obole.

(Dépense) DE LA TAILLE DE PIERRE :
(Dépense) de la cannelure des colonnes de l'Est, près de l'autel :
La [colonne] près de l'autel de Dione :

50   Laossos d'Alopecée , Philon d'Erchiæ , Parmenon fils de
Laossos ; Carion fils de Laossos, Icaros........   110 drachmes.

χάρται ἐωνήθησαν δύο, ἐς | ἃς τὰ ἀντίγραφα ἐνεγράψαμεν... ΗΗΙΙΙΙ

σανίδες τέτταρες........................ ΗΗΙΗ

χρυσίον ἐωνήθη εἰς τὰς | [35] χάλκας, πέταλα ΗΡΔΓΙ, δραχμῆ|ς
ἕκαστον τὸ πέταλον, παρ' Ἀδ|ώνιδος ἐμ Μελίτηι οἰκοῦντο|ς...... ΗΡΔΓΗ

μόλυβδος ἐωνήθη, [δύ]ο ταλάντω, εἰς πρόσθεσι[ν τῶ] | [40] ν ζωι-
δίων, παρὰ Σωστράτ[ου ἐμ Μ] | ελίτηι οἰκοῦντος................ Δ

χρυσ[ός, π]|ετάλω δύο, ἐωνήθη χρυσῶ[σαι] | τὼ ὀφθαλμὼ τοῦ
χίονος, παρ'[Ἀδ]|ώνιδος ἐμ Μελίτηι οἰκοῦ[ντο]| [45] ς......... ΗΗ

Κεφάλαιον ὠνημάτων..................... ΗΙΡΔΔΔΓΗΗΗΗ

Λιθουργικοῦ·
Ῥαβδώ|σεως τῶν χιόνων τῶν πρὸς ἕω, τ|ῶν παρὰ τὸν βωμὸν·
τὸν πρὸς τοῦ | βωμοῦ τῆς Διώνης·
    Λαό[σσος] Ἀλω| [50] πε., Φίλων Ἐριχιεύς, Π[αρμ]έν[ων]| Λαόσσου, Καρίων Λαό[σσου,
Ἴκαρ]|ος................................ ΗΔ

— La [colonne] venant ensuite la deuxième " :

55   Phalakros de Pæanée, Philostratos de Pæanée
Thargelios fils de Phalakros, Gerys fils de Pha-
lakros   110   —

60   — La [colonne] venant ensuite :
Ameiniades, demeurant à Cœle, Lysanias,
Somenes, fils d'Ameiniades, Æschine, Timokrates.   110   —

— La [colonne] venant ensuite :
Simias, demeurant à Alopecée, Cerdon, Sin-
dron, Sokles, Sannion, Hepieikes, Sosandros. . .   60   —

— La [sixième] colonne à partir de l'autel de
Dione :

65   Theugenes du Pirée, Cephisogene du Pirée,
Teukros, demeurant à Cydathenée, Cephisodore,
Nikostratos, Theugeiton du Pirée.   110   —

Total de la taille de pierre. . . . .   500 drachmes.

70   — A CEUX QUI ONT FAIT LES CONQUES [66] :

τὸν ἐχόμενο[ν ἐξῆς, τ]ὸν δεύτερον·
Φάλα[χρος Παιαν]|ιεύς, Φιλόστρ[ατος Παιανιεύ]|[55 ς, Θαρ-
γήλιος [Φαλάχρου, Γῆρυς Φ]|αλάχρου.   H[Δ
τὸν ἐχόμενον ἐξ[ῆ]ς·
Ἀμεινιάδ[ης ἐν Κοίλῃ οἰχῶ·]|ν, Λυσα[ν]ίας, Σωμέν[ης
Ἀμειά]|δου, Αἰσχίνης, Τιμο[χράτης. . . . .   HΔ
τ]|[60 ὸν ἐ[χόμ]ενον ἐξ[ῆ]ς·
Σιμίας Ἀ]|λωπ[ε.] οἰχῶν, Κέρ[δων, Σίνδρων,]|| Σω[χλῆ]ς,
Σαννίω[ν, Ἐπιείχης, Σ]|ωσανδρος . . . .   ΡΔ
τ[ὸν ἕχτον χίον]|α [ἀπ]ὸ τοῦ βωμοῦ τ[ῆς Διώνης·
Θευγ]|[65 ένης Πειραι., Κ[ηφισογένης Πε]|ι[ρα]ι., Τεῦχρος
[ἐν Κυδαθη. οἰχ.,]|Κηφισόδωρος, [Νιχόστρατος, Θ]|ευγείτων Πειρ..   HΔ
Κεφάλαιον|λ]ιθουργιχοῦ. . . . .   ΡΡ
Χάλχα[ς ἐργασαμ]|[70 ένοις·

". C'est-à-dire *la 3ᵉ colonne à partir* de l'autel de Dione.

[66] Ces *conques*, dont le détail vient à la suite de la cannelure des colonnes de l'Est,
paraissent être les rosaces décoratives du plafond en marbre que portaient ces colonnes.

A Neses, demeurant à Melite : une..........	14	drachmes.
Soteles de.............'...: une :........	14	—
Eumelides, demeurant aux Scambonides.....	14	—
Philios, demeurant aux Scambonides.......	14	—
75 Agorandros, demeurant à Collyte : une......	14	—
— A celui qui a fait 6 conques :		
A Manis, demeurant à Collyte.............	84	—
80 — À celui qui a fait 11 conques :		
— A..... demeurant à Collyte............	154	—
— A celui qui a fait 1 conque :		
A.................................	14	—
— A celui qui a fait 3 conques...........	42	—

Νήσει ἐμ Μελι. [οἰκοῦν., μ]ίαν.................. ΔΗΗΗ

Σωτέλης 'Λ — | μίαν....................... .. ΔΗΗΗ

Εὐμηλί[δης] ἐν Σχ | αμ. οἰχ.................... ΔΗΗΗ

Φιλι[ος] ἐν Σχαμ | 6ω. οἰχ.................... ΔΗΗΗ

'Αγόρανδρος ἐν |⁷⁵ Κολλυ. οἰχ. μίαν............. ΔΗΗΗ

χάλχα | ς ἐργασαμένωι ἕξ· Μάνιδι ἐν | [Κολλυτῶι] οἱ........ ΡΔΔΔΗΗΗ

χάλχ | [ας ἐργασαμ]ένωι ἕνδεχα· Στ | [— ἐν Κολ]λυ. οἰχοῦντ |⁸⁰[ι. ΗΡΗΗΗ

χάλχην] ἐργασαμέ | [νωι μίαν·—] τίωι.................. ΔΗΗΗ | [Η

χάλχας ἐργασαμ]ένωι τρεῖ | [ς....................... ΔΔ]ΔΔΗΗ

το | — ένωι —

INSCRIPTION VII [67].

Document relatif à la restauration du temple incendié.

1   ....sous l'archontat de [Diophante]....

    ....la 3ᵉ [douzaine de jours] de la prytanie....

    ....les [parties] incendiées du temple....

5   ....le conseil ayant voté....

    ....à.... demeurant à Collyte....

    ....de la prytanie. L'atelier....

    ....à... de la [tribu] Cecropide, demeurant à Melite....

    ....les paiements de la prytanie....

10   ....à Thrasonis de Cicynnée..... sur les murs.... le long du

    Pandroseion..... payés (?)... drach-

    mes chacun...................... 63 drachmes 4 oboles.

15   Le 7ᵉ [jour] de la prytanie... achever les... neufs... de 20 pieds...

¹ [— ἐπὶ | Δ]ι[οφάντου] ἄρχο[ντος — — τ | ρ]ί[τηι τ]ῆς πρυτα[νείας — — |
τ]οῦ [..ν]εὼ τὰ κεκα[υμένα —
— ψ | ⁵ η]φισαμένης τῆς β[ουλῆς — — |
—] ἐγ Κολλ. οἰκῶ. ΔΔ — — τῆς πρυτ | ανείας τὸ ἐργαστή[ριον —
— Κ] | ρωπίδης ἐμ Μελί. οἰ[κῶ. — — τῆ]ς πρυτανείας μισθώμ[ατα
— Θρ] | ¹⁰ ασωνίδηι Κικυννεῖ — — | νείους τοὺς ἐπὶ τῶν τοί[χων —] | ς
κατὰ τὸ Πανδρόσειον — — δρα | χμῶν ἕκαστον μισθω.ο. — |[P]ΔΙ⊢⊢IIII
ἑβδόμηι τῆ[ς πρυτανείας —| ¹⁵ —] ους τοὺς καινοὺς ἐξεργ[α]ζ —| ¹⁶ — ν
τὴν εἰκοσίπο[δα — — —

⁶⁷ *Hermes*, II, p. 21.

DATE DES INSCRIPTIONS

HISTORIQUE SOMMAIRE DES TRAVAUX

L'Erechtheion, on le sait, fut détruit par les Perses[1] et les inscriptions que nous venons de traduire ont trait à sa reconstruction.

A quelle époque cette reconstruction fut-elle commencée? nous l'ignorons. Plutarque, énumérant les monuments dus à Pericles, ne nomme point l'Erechtheion. Doit-on faire remonter le commencement des travaux jusqu'à l'administration de Cimon? faut-il au contraire descendre jusqu'à la période qui suivit Pericles? peut-on enfin admettre une lacune dans l'énumération de Plutarque? nous ne prétendons point trancher ici ces questions délicates. Du moins est-il assuré que les travaux furent interrompus et repris : l'état de situation (inscr. n° II), marque le degré d'avancement des ouvrages au moment de la suspension des chantiers; et c'est seulement à partir de la reprise que nous pouvons saisir dans les textes des repères chronologiques pour l'histoire du temple.

Le nom de l'archonte Diocles, contenu au préambule de l'état de situation des travaux (inscr. II) prouve que la reprise eut lieu la 4ᵉ année de la 92ᵉ olympiade, soit l'an 409 avant notre ère.

Les derniers comptes (inscr. VI, 3ᵉ fr.), datés par le nom de l'intendant Aresaechme d'Agrylée[2], doivent être rapportés à Ol. 93, 2,

[1] Hérodote, VIII, 55.
[2] Rangabé, *Ant. hell.*, t. I, p. 60.

c'est-à-dire à l'an 407 ; et, comme ils mentionnent la pose des toitures, on peut considérer cette année 407 comme marquant l'époque de l'achèvement du temple.

— A peine le temple était-il achevé, un incendie survint, dont Xénophon précise la date : « L'année, dit-il, où la lune s'éclipsa le soir et où le vieux temple de Minerve à Athènes fut incendié, Pythios étant éphore et Callias archonte ... [1] »

« Le vieux temple », c'est évidemment l'édifice élevé à la place de l'antique sanctuaire de Minerve ; et le nom de l'archonte fixe la date de l'incendie à l'Ol. 93, 3, soit à l'an 406 avant notre ère : à peine un an après l'achèvement des travaux.

Le désastre ne fut que tardivement réparé. Dans la dernière inscription (inscr. VII), nous lisons la mention formelle de l'incendie et des restaurations : l'incendie est indiqué par les mots τὰ κεκαυμένα, et la réparation par le passage τοὺς καινοὺς ἐξεργασ....

En tête de l'inscription, on arrive à rétablir le nom de l'archonte Diophante ; c'est dire que l'inscription appartient à l'Ol. 99, 2, soit à l'an 395 avant notre ère : le temple est resté onze ans à l'état de ruine, et les époques nettement marquées dans l'histoire de l'Erechtheion se résument ainsi qu'il suit :

Reprise des travaux.....................	409
Pose des combles et achèvement de l'édifice.	407 -
Incendie partiel......................	406
Réparation des parties incendiées..........	395

— Ces dates relient étroitement l'histoire du temple à l'histoire générale d'Athènes pendant les guerres du Péloponèse :

---

[1] *Hell.* I, 6, 1. — Voir pour la discussion de la valeur de ce document, les observations développées par Bœckh dans le C. I. G., 160.

La période de suspension des chantiers est évidemment celle des désastres qui signalent les débuts de la lutte.

Pour un instant les succès d'Alcibiade relèvent la fortune d'Athènes : Alcibiade gagne en 410 la bataille de Cyzique ; en 409 les travaux reprennent, et le temple s'achève.

L'incendie survient en 406 : nous sommes à la veille des grands revers d'Athènes. Dès 405, Athènes subit la défaite d'Ægos-Potamos ; puis vient le gouvernement des Trente, le démantèlement de la ville : la réparation est ajournée.

Athènes ne commence à se relever qu'à l'époque de son alliance avec Thèbes, l'an 395 : cette année même, la restauration du temple est commencée, et bientôt après, celle des murs.

La restauration de l'an 395 rend à l'édifice ses anciennes dispositions : elle est exécutée avec un respect absolu de l'ancien plan, mais par des mains moins habiles.

L'art, dès le IV° siècle, entrait dans une voie de décadence ; et, pour un observateur attentif, les inégalités d'exécution qui se manifestent dans les diverses parties du temple trahissent deux époques bien distinctes : à la belle époque appartiennent le portique Nord et la tribune des caryatides ; à l'autre, les portiques de l'Est et de l'Ouest[1]. Ces portiques terminaient la grande toiture sur laquelle l'incendie dut exercer ses ravages : auraient-ils souffert davantage et exigé une restauration plus complète ? Ce n'est là qu'une hypothèse ; mais cette hypothèse nous paraît concilier assez heureusement le double témoignage des ruines et de l'histoire.

---

[1] Un détail entre autres montre bien que les colonnes de l'Est ne sont pas de même date que celles du Nord : des unes aux autres l'appareil diffère absolument. Au portique Est, le chapiteau est sculpté à même dans un bloc unique de marbre : — au portique Nord, au contraire, par une recherche qui témoigne d'une meilleure époque, *le tailloir est séparé de l'échine par un plan de lit ;* c'est là l'appareil logique, l'appareil primitif, celui de la plus ancienne colonne ionique qui nous soit parvenue, la colonne de Samos.

SECONDE PARTIE

—

ÉTUDE DES DISPOSITIONS TECHNIQUES

CHAPITRE PREMIER

LE PLAN DU TEMPLE

Si l'on se reporte aux indications du texte qui contient l'état des chantiers au moment de la reprise des travaux (inscr. II), on trouve pour les diverses parties du temple la nomenclature suivante :

Angle 1 : *Angle près du Cecropium* (l. 7).
Portique K : *Prostasis près du Cecropium* (l. 63, 83).
Façade 1-2 : *Mur Sud* (l. 51).
Colonnade N : *Prostasis orientale* (col. 2, l. 54).
Mur 3-4 : *Mur Nord* (col. 1, l. 51).
Portique M : *Prostasis devant la grande porte* (l. 77).
Mur 4-1 : *Mur longeant le Pandroseion* (l. 44; col. 2, l. 63, 69).
Galerie B : *Stoa* (col. 2, l. 49, 73).

— On sait d'ailleurs par Pausanias (*Att.* xxvi et xxvii) :
1° Que le sanctuaire de Pandrose était *attenant* à celui de Minerve Poliade[1] ;

---

[1] Τῷ ναῷ δὲ τῆς Ἀθηνᾶς Πανδρόσου ναὸς συνεχής ἐστι.

2° Que le sanctuaire qu'il rencontra au début de sa visite avait comme principal autel un autel de Neptune, était en relation avec l'empreinte du Trident, et contenait les portraits des Butades, prêtres de Neptune.

— Or, Pausanias visite l'Erechtheion dans son trajet de retour vers les Propylées : le premier sanctuaire qui s'offre à lui *est celui de l'Est*. Tout dans ce sanctuaire rappelle le culte de Neptune : le principal autel, les portraits des Butades, l'autel de Dione, divinité marine : ce sanctuaire de l'Est (E) était assurément celui de Neptune-Erechthée[1].

Ce point de départ admis, il reste dans le plan du temple deux compartiments A et B pour les deux sanctuaires contigus l'un à l'autre, de Minerve et de Pandrose : le plus grand doit être attribué à Minerve ; de sorte que la distribution se complète comme il suit :

En A se place le sanctuaire de Minerve Poliade : la Statue, par raison d'orientation traditionnelle, ne peut être ailleurs qu'en C. Le sanctuaire de Pandrose n'est autre chose que la galerie B (στοά) ; et le Cecropion, situé vers un angle de l'édifice et près de la tribune des caryatides (Inscr. II, fr. 1, 1ʳᵉ col., l. 57 et 85), paraît être une enceinte dédiée à Cecrops dans la région Z.

— Quant à l'olivier sacré, on sait qu'il était dans le Pandroseion, c'est-à-dire (inscr. II, 1ʳᵉ col. l. 44 ; 2ᵉ col. l. 63, 69) dans un espace longeant le mur 4-1 : mais aucun texte ne dit qu'il fût dans le ναός de Pandrose : le ναός est le sanctuaire B ; le *Pandroseion* est l'*enceinte* D.

— Et ce qui vient à l'appui de cette conjecture, c'est que l'autel de Jupiter *hercéen* (l'autel de Jupiter *protecteur de l'enclos*) s'élevait *dans* le Pandroseion, tout près de l'olivier sacré : L'olivier était donc dans un enclos ?

---

[1] Hesych. Ἐρεχθεύς· Πσσειδῶν ἐν Ἀθήναις.

D'ailleurs, en dehors de cette hypothèse, on ne sait où lui trouver sa place. Au fond d'un sanctuaire étroit, derrière des murs de dix mètres, le sanctuaire fût-il même hypæthre, l'olivier n'aurait pu vivre : il lui fallait l'air, l'espace, la lumière ; et l'emplacement D répondait à merveille à toutes ces exigences.

— Nous avons nommé l'autel de Jupiter Hercéen : citons en entier le texte de Philochorus qui s'y rapporte [1].

« Un présage, dit-il, se produisit à l'Acropole : Une chienne, étant entrée dans le temple de Minerve Poliade et ayant pénétré *dans le Pandroseion,* étant montée sur l'autel de Jupiter Hercéen qui est sous l'olivier, s'y coucha... »

Ce trajet si minutieusement décrit, on peut le suivre sur notre plan. La chienne entre par le temple E de Neptune-Erechthée, suit le couloir Sud H, pénètre dans le temple A de Minerve Poliade, traverse le ναός de Pandrose B, et descend par la porte X dans l'enceinte D ou Pandroseion.

Ajoutons que le chant des vainqueurs des Panathénées consacrant à Minerve le rameau d'olivier cueilli « chez Pandrose (παρὰ Πανδρόσου) [2] », ne suppose nullement que l'olivier fût dans le *naos* même de Pandrose.

— Ainsi nous regardons comme établi que l'olivier était hors du temple ; et dès lors le plan se lit avec la plus parfaite clarté :

En E nous avons le temple de Neptune-Erechthée, indépendant de celui de Minerve et relié par une communication souterraine au caveau G du trident.

Le centre et l'Ouest du temple forment le domaine de Minerve et de Pandrose :

[1] Fragm. 146 (éd. Didot, t. I, p. 408).
[2] Scol. ap. Athenæum, 15, 50.

Le centre, comme il convenait, est réservé à la Déesse ; à Pandrose est consacrée une simple στά (B), en communication avec le jardin D qui contient l'olivier sacré. L'édifice, dans son ensemble, forme un double temple placé sous l'invocation des deux grandes divinités de l'Attique, Minerve et Neptune, et qui groupe autour de chacune d'elles les divinités secondaires que la légende rattachait à leur culte[1].

ÉTAT DES CHANTIERS LORS DE LA REPRISE DES TRAVAUX.

Les inscriptions nous rendent un compte assez exact de l'état des travaux à l'instant où la guerre du Péloponèse absorba les ressources qui leur étaient destinées, et força de les laisser suspendus (inscr. II) :

La façade occidentale 1-4 s'élève seulement au niveau de la base des colonnes : c'est la partie la moins avancée de l'œuvre.

À la tribune des caryatides K, le plafond seul est inachevé.

La colonnade orientale N est debout et surmontée de son architrave.

La colonnade Nord M est entièrement dressée, avec son entablement et son fronton.

Enfin, sauf quelques lacunes, les assises des murs s'arasent au niveau de l'architrave s (pl. I, fig. 2).

— Pour tout résumer, si l'on imagine le plan horizontal qui correspond au niveau de cette assise s, on peut formuler la situation comme il suit :

Au-dessus du plan s, aucune pierre n'est encore en place ; au-dessous, presque toutes sont posées, mais la plupart à l'état d'épannelage. Toutes les charpentes (plafonds et combles) restent à faire.

[1] Les principales hypothèses qui diffèrent de la nôtre sont développées dans les ouvrages suivants : O. Müller, *Min. Pol.;* Bœckh, C. I. G.; Beulé, *l'Acrop. d'Athènes.*

CHAPITRE II

CONSTRUCTIONS EN PIERRE

L'état de situation (inscr. n° II) fixe l'épaisseur des murs à 2 pieds, et règle ainsi qu'il suit les dimensions des pierres d'appareil courant :

Hauteur...... 1 pied 1/2.
Longueur ..... 4 —

— Pour les pierres d'angle, la hauteur d'assise étant de 1 pied 1/2, les dimensions horizontales sont cotées respectivement :

L'une........... 4 pieds.
L'autre.......... 3 —

Ces deux cotes étant l'une et l'autre plus grandes que l'épaisseur du mur, il s'ensuit que les pierres d'angle sont *des pierres coudées :* forme qui du reste est rendue d'une façon fort expressive par leur nom même, μασχαλιαίαι. Nous retrouvons la même disposition à l'Arsenal du Pirée : à tort ou à raison, les Grecs du IV° siècle emploient habituellement des pierres coudées aux angles de leurs édifices.

Les pierres d'appareil courant subissent après la pose une double opération de ravalement : sur la face de lit (ἐπ-εργασία, inscr. III), et sur la face de parement (inscr. II, l. 54).
— Les pierres profilées des corniches se présentent à deux états successifs :

PREMIER ÉTAT

Ébauche à taille lisse, *sans ravalement* des parties verticales.

Voici comment il faut concevoir la pierre à ce premier état d'é-bauche :

Les surfaces planes et verticales du parement sont simplement « amorcées » par une bordure ciselée : il reste à ravaler le champ cir-conscrit par cette ciselure.

— Quant aux moulures, elles sont profilées, mais à parement lisse, c'est-à-dire qu'elles attendent encore les ornements (oves ou rais-de-cœur) qui doivent les décorer et seront sculptés sur tas.

DEUXIÈME ÉTAT

Ébauche à taille lisse.

A ce nouvel état, moulures et champs verticaux, tout est taillé à parements lisses : les moulures sont profilées et les champs dressés ; la sculpture seule reste à faire, ainsi que le ravalement définitif. — C'est à cet état que la pierre est mise au levage. Chaque assise est *arasée* sur tas (inscr. III, l. 17, 27, 41).

Les fûts des colonnes, lorsqu'ils sont construits par tambours, sont cannelés *après* la pose (inscr. VI) : les cannelures ne peuvent se rac-corder exactement qu'à ce prix. — Le texte indique les colonnes enga-gées de l'Ouest comme cannelées *avant* la pose (I, l. 58) : mais il dit en même temps que ces fûts étaient « couchés à terre » (l. 45), ce qui semble indiquer qu'ils étaient monolithes.

CHAPITRE III

LES CHARPENTES
PLAFONDS ET COMBLES

I. LES PLAFONDS.

Une partie seulement de l'Erechtheion possédait à la fois un plafond et un comble : c'était le sanctuaire de Minerve Poliade A et son vestibule B.

Si l'on en juge par l'ordre dans lequel les comptes se succèdent, le plafond fut posé *avant* l'établissement du comble général de l'édifice; et si l'on se place au point de vue des combinaisons de la charpente, ce plafond nous offre, sous sa forme originelle, le type de construction dont les soffites de marbre du temple de Thésée ou du temple Sunium sont des copies :

C'est un plafond à caissons. La structure en est représentée pl. II, fig. 1 ; et le système de charpente auquel il se rapporte, est le mode de construction *par empilage :* le système le plus primitif de tous, celui où le vide à couvrir est franchi par des pièces de bois dirigées alternativement en long et en travers, de manière à former des caissons dont l'ouverture se resserre progressivement.

— Sur les murs de refend et sur le mur occidental, repose une série de poutres. Ces poutres sont *au moins* au nombre de quatre, car on distingue nettement (inscr. IV) la mention de quatre poutres dans les quatre reprises successives de la même formule.

Le vide compris entre deux poutres est partagé en compartiments carrés par de grands châssis (πλαίσια τετράγωνα) formant l'ossature générale du plafond.

A leur tour, ces grands châssis servent de supports à des châssis secondaires qui forment sur tout l'espace à couvrir comme un second réseau de charpente dont les mailles sont larges de 1 pied (2ᵉ fr., l. 6), et sont remplies (même fr., l. 26) par des dalles de poterie : solution excellente, car des plaques de terre cuite ont sur des panneaux en menuiserie l'avantage de ne jamais gauchir.

On ignore de quel bois étaient faits les grands châssis T. Les châssis secondaires étaient en buis (l. 31) : le buis, indépendamment de ses belles nuances, a l'avantage de jouer très peu ; les anciens lui attribuaient une durée illimitée[1].

— Comme éléments de décoration, le texte mentionne :

1° Sur les maîtresses-poutres, des « *astragales* » ;

2° Sur les *petits* caissons, de « PETITES *cymaises* », ce qui implique sur les grands caissons de grandes cymaises.

Le sens qu'il faut ici attacher à ces mots, *astragale* et *cymaise,* ne saurait donner lieu à aucune indécision.

L'état de situation (Inscr. II) nous apprend en effet (fr. 2, l. 25 et suiv.) que, des deux moulures a' et c''' de la corniche, l'une porte le nom d'*astragale*, l'autre celui de *cymaise :*

La *cymaise,* comme son nom l'implique, est une moulure *ondulée* : c'est donc le « talon » c'''.

Reste pour l'*astragale* le profil a' : un « quart de rond ».

— L'inscription nous fait connaître la manière dont ces moulures sont fixées :

L'idée de moulures rapportées éveille celle de moulures appliquées, collées contre les membres de la construction qu'elles décorent.

---

[1] Plin. *Hist. nat.,* XVI, 78.

— Ici, rien de tel : les moulures sont *posées* sur les pièces auxquelles elles adhèrent ; l'astragale *a* repose à plat sur la poutre P, comme une assise de maçonnerie sur l'assise qui la porte ; les chevilles qui la fixent sont plantées verticalement et tout à fait invisibles.

— Au point de vue de la solidité, on ne saurait imaginer un mode d'assemblage plus irréprochable. Et, au point de vue du bon aspect de l'ouvrage, ce mode a le mérite de dissimuler les bâillements qui peuvent se produire par le retrait ou la déformation des bois. Qu'une moulure en applique vienne à jouer, elle se détache ou laisse voir un vide entre elle et la pièce qu'elle décore, les chevilles paraissent ; ici, rien de tel. La moulure, quelque déformation qu'elle éprouve, reste fixée *sur* la poutre qui la porte, les chevilles demeurent invisibles, et les bâillements de joints, vus d'en bas, échappent à l'œil, si prononcés qu'ils puissent être.

. Des crampons (IV, 1. 36) fixent en place les maîtresses poutres du plafond, et d'autres crampons (1. 39) consolident les assemblages des grands caissons T.

— Un dernier détail :

Le texte mentionne pour les bois du plafond le dressage au κανών λίθινος (IV, 1. 17, 42 ; V, 4) : Qu'est-ce que cette « règle de pierre » ?

— Une inscription découverte en 1875 à Livadie[1] nous l'apprend :

Les Grecs, pour vérifier les surfaces planes de leurs constructions, se servaient de règles que leur substance rendait insensibles aux influences atmosphériques : c'étaient des pierres très soigneusement aplanies que l'on frottait d'un mélange d'huile et de sanguine, et que l'on appliquait sur la surface dont on voulait vérifier le dressage : la sanguine tachait en rouge la surface là où il y avait eu con-

---

[1] Ἀθήναιον, vol. IV, p. 369. — Fabricius, *de Archit. gr.* (1881).

tact. C'est le procédé même que les ajusteurs appellent de nos jours
« le dressage au rouge ».

Dans les constructions en pierre, nous avons vu (p. 102) qu'on
arasait, après la pose, le lit supérieur de chaque assise, afin de
donner une surface d'appui bien régulière à l'assise suivante : — Telle
est évidemment l'idée qui préside ici au dressage sur place des pièces
du plafond. Chaque poutre posée est « dressée au rouge » sur sa surface supérieure, pour offrir aux grands caissons une assiette régulière
(l. 37); chaque grand caisson est dressé à son tour pour recevoir les
petits caissons de buis (l. 41) : le dressage des caissons et l'ἐπεργασία
des assises de pierre sont des opérations équivalentes.

II. — LE COMBLE.

Deux cloisons subdivisent transversalement l'espace compris entre
les murs-pignons de l'Est et de l'Ouest : ces cloisons et les deux murs-
pignons forment pour les pannes du comble des appuis naturels qui
dispensent de recourir à des *fermes* pour porter la toiture : les
pannes Q reposent directement sur la maçonnerie.

Ces pannes et les chevrons R constituent toute l'ossature du
comble.

Des madriers S croisent transversalement les chevrons; ces madriers, coupés par tronçons de 7 palmes de longueur (IV, fr. 2, l. 16,
s'assemblent nécessairement par les deux bouts *dans* les chevrons :
leur longueur de 7 palmes implique ce mode d'assemblage et fixe
très approximativement l'intervalle d'un chevron à l'autre. Les
voliges, ici comme à l'Arsenal du Pirée, sont dirigées suivant la ligne
de pente du comble.

— De point en point, nous retrouvons à l'Erechtheion les dispositions et le vocabulaire technique que nous avons essayé de mettre

en lumière à propos de l'Arsenal du Pirée ; une seule série de pièces se rencontre ici qui n'a pas sa place à l'Arsenal du Pirée, c'est la série des *pannes* (σελίδες), savoir :

  a Les pannes courantes — σελίδες κλιμακίδες (V, l. 12) ou simplement σελίδες (VI, l. 4) ;

  b La panne de faîtage ou de brisis — σελὶς καμπύλη (V, l. 4).

Les chevrons portent le même nom qu'à l'arsenal du Pirée : σφηκίσκοι (II, l. 80 ; IV, fr. 2, l. 30. — Cf. *Arsenal du Pirée*. l. 57, 71).

Les madriers horizontaux qui les croisent s'appellent, ici encore, ἱμάντες (II, l. 80 ; IV, fr. 2, l. 30. — Cf. *Ars.*, l. 55).

Et enfin, les voliges portent, de part et d'autre, le nom de καλύμματα (VI, 7. — Cf. *Ars.*, l. 57) : identité de rôles, identité de vocabulaire ; la concordance des deux documents est absolue.

III. — Détails spéciaux a la partie apparente du comble.

Au-dessus du plafond de la cella de Minerve le comble porte, avons-nous dit, le nom d'ἐποροφία, et le nom d'ὀροφή est réservé au plafond. Dans la description de la cella de Neptune (inscr. VI, p. 115), les deux noms, comme les deux rôles, se confondent : on n'a plus qu'une ὀροφή, qui est le comble même, mais le comble devenu apparent et revêtu d'ornements rapportés (pl. II, fig. 2[1]).

La structure est toute semblable à celle du reste du comble : pannes, chevrons, entretoises et voliges.

  — Les chevrons R et les entretoises S donnent par leur croisement une série de compartiments à peu près carrés dont le fond est

---

[1] L'usage des combles apparents n'est pas sans exemples dans l'art grec : Hittorff l'a prouvé par l'étude d'une tuile d'Ægium dont la face inférieure était enrichie d'ornements émaillés et s'apercevait de l'intérieur de l'édifice, entre les chevrons de la toiture (*Monum. de Ségeste et de Sélinonte*, p. 270).

constitué par le voligeage même, et que le texte désigne sous le nom expressif d'*œils* (ὀπαῖα). Ces caissons, l'architecte se contente d'en accentuer les formes par les ornements qu'il leur applique : il dispose au fond de chaque caisson une baguette moulurée *c″* faisant bordure VI, fr. 1, 2ᵉ col., l. 12) ; au milieu, une rosace de métal (VI, fr. 3, 2ᵉ col., l. 1 ; IV, fr. 2, l. 34). Cette rosace et la bordure, voilà toute la décoration d'un ὀπαῖον.

Comme détail d'exécution, on notera que la baguette moulurée, la « cymaise[1] », n'est pas *chevillée sur* le bâti du caisson : les comptes nous montrent le comble dressé au moment où ils mentionnent l'application des moulures ; il était alors impossible de poser ces moulures autrement qu'en les *collant contre* les surfaces qu'il s'agissait d'orner : et en effet, c'est le verbe περικολλᾷν que les comptes emploient pour caractériser le mode d'application. La comparaison des figures 1 et 2 de la planche II, fera saisir la différence des deux modes d'assemblage.

ÉCLAIRAGE DU TEMPLE.

Quelques-uns des ὀπαῖα étaient-ils combinés en vue de permettre l'introduction de la lumière à l'intérieur du temple ? — Rien, croyons-nous, ne le prouve. Sous le ciel lumineux d'Athènes, la porte pouvait à la rigueur suffire pour répandre du jour dans une cella dont la profondeur n'excède guère sept mètres.

Et d'ailleurs l'éclairage hypæthre fût-il même admis pour la cella de l'Est, on ne conçoit guère comment il se serait concilié, dans le temple central, avec la présence d'un plafond. Il est probable que les combinaisons d'éclairage hypæthre, qui ont dans ces derniers temps donné lieu à de si curieuses recherches[2], étaient spéciales aux grands

[1] Sur le sens qu'il faut ici attacher à ce mot, se reporter aux observations présentées p. 148.
[2] Chipiez, *Revue archéol.* 1878. — Cf. Fergusson, *The Parthenon* (1883).

temples, et qu'à l'Erechtheion les divers sanctuaires se présentaient comme il suit :

Le sanctuaire de l'Est (temple de Neptune-Erechthée) recevait la lumière par la porte orientale ;

La galerie B, dédiée à Pandrose, prenait le jour par les trois baies de la façade Ouest.

Quant à la cella centrale A qui contenait la statue de Minerve, elle était éclairée par une lampe d'or, œuvre de Callimaque.

IV. — LES COMBLES D'APRÈS LES GRECS ET D'APRÈS VITRUVE.

Les combles de l'Erechtheion représentent, dans une application authentique, un des types courants de la charpente grecque. Vitruve, de son côté, résume les dispositions traditionnelles des combles antiques ; et il les décrit en ces termes[1] :

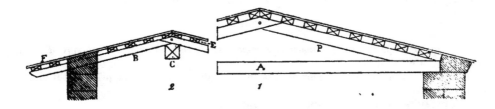

« Sous les toits se posent :

a) *Si les portées sont fort grandes* (fig. 1) :

Et des entraits (*transtra*: A),

Et des arbalétriers (*capreoli*: P) ;

b) *Si les portées sont modérées* (fig. 2) :

Un faîtage (*columen*: C),

Et des chevrons (*cantherii*: B) faisant saillie jusqu'à l'extrémité de la gouttière.

c) Sur les chevrons, des madriers transversaux (*templa*: E) ;

----

[1] *Vitr.*, IV, II. — Dans la plupart des éditions on lit :

Ensuite, sous les tuiles, des voliges (*asseres* : F) assez proéminentes pour que les murs soient protégés par leurs saillies [1]. »

Ainsi Vitruve distingue, suivant la plus ou moins grande largeur de la salle à couvrir, deux sortes de combles :

Le comble *avec* fermes (fig. 1),

Et le comble *sans* fermes (fig. 2).

Et, pour emprunter à Vitruve même des exemples, nous citerons : comme application du comble à fermes, celui de la Basilique de Fano ; comme exemple du comble sans fermes, la charpente du temple toscan [2].

C'est à ce type simple du comble dépourvu de fermes, qu'il faut rattacher la charpente de l'Erechtheion. L'Erechtheion possède, indépendamment de la panne-faîtière, des pannes ordinaires : là est la seule différence. Sous cette réserve, le texte latin de Vitruve et les textes grecs de l'Erechtheion énumèrent les mêmes pièces ; de sorte que la synonymie s'établit, d'une langue à l'autre, ainsi qu'il suit :

« Si majora spatia sunt, *columen in summo fastigio culminis, unde et columnæ dicuntur*, et transtra et capreoli. »

En fait, tout le membre de phrase imprimé en italique doit être supprimé, et il faut lire simplement :

« Si majora spatia sunt, et transtra et capreoli. »

Telle est la leçon des mss. les plus autorisés (Cod. Gudianus, Cod. Harleianus) : le membre de phrase parasite résulte d'une glose interlinéaire qui s'est glissée dans des copies de date plus récente. (Voir Rose et Müller-Strübing, *éd. de Vitruve*, p. 88. Leipz., 1867.)

— *Transtrum* est assurément le nom d'une pièce transversale : ce mot, d'après Festus, signifie les poutres ou entretoises d'un pont de navire. Cf. Plin., *Hist. nat.*, XXXIV, 32.

Capreoli : Cf. Cæs., B. G., II, 10.

[1] Le chevron B joue, dans le comble à faible portée, un rôle tout semblable à celui de l'arbalétrier P dans le comble à grande ouverture. Évidemment ce que Vitruve dit au paragraphe c au sujet des pièces de superstructure qui surmontent les *chevrons* B dans le cas de la figure 2, convient aux pièces de superstructure qui surmontent les *arbalétriers* P dans le cas de la figure 1. La superstructure, la toiture proprement dite, est commune aux deux sortes de combles : Vitruve se borne à l'expliquer une fois.

[2] Temple toscan (Vitr., IV, vii) : « Fastigium... supraque id fastigium columen, cantherii, templa... ». — Basilique de Fano (Vitr., V, 1) : « Transtra cum capreolis. » Il est clair d'ailleurs que, pour ce dernier comble dont la portée est de 60 pieds, Vitruve s'est contenté de nommer les maîtresses-pièces de la charpente.

Panne de faîtage.............	σελὶς καμπύλη	*columen.*
Chevrons....................	σφηκίσκοι	*cantherii.*
Madriers horizontaux de la toiture.	ἱμάντες	*templa.*
Voliges....................	καλύμματα	*asseres.*

— Si maintenant on envisage dans les charpentes antiques les forces mêmes qui concourent à l'équilibre, on verra qu'à l'Erechtheion, de même que dans le type simple de charpente de Vitruve, de même enfin qu'à l'arsenal du Pirée, les pièces sont soumises exclusivement à des efforts de flexion ou d'écrasement, jamais à des efforts d'extension.

Tout autre est le caractère de la ferme à grande portée de Vitruve : ce type de ferme marque dans l'histoire de la charpente l'introduction d'un procédé nouveau, qui consiste à convertir le poids de la toiture en efforts horizontaux de tension dont un tirant amortit l'effet. Le principe de cette combinaison apparaît, à notre connaissance, pour la première fois dans la Poliorcétique d'Athénée[1] ; et Vitruve, en la mentionnant dans un chapitre sur les origines des ordres grecs, semble moins indiquer une innovation de récente date, qu'une pratique depuis longtemps admise dans les usages de l'architecture.

CHAPITRE IV

LA DÉCORATION ET LES PROPORTIONS

I. — DÉCORATION.

Nous avons décrit les ornements du comble et des plafonds : ces détails de décoration ne sont pas les seuls que mentionnent les comptes de l'Erechtheion.

---

[1] *Poliorc. des Grecs*, Ed. Wescher, p. 17 : texte traduit par Vitruve (X, xvi). Il s'agit d'une de ces charpentes mobiles qui servaient à l'attaque des places.

Les ruines indiqueraient, à défaut des textes, le parti de poly-chromie qui consiste à combiner les tons noirs de la pierre d'Eleusis avec la blancheur transparente des marbres du Pentelique ; mais les comptes seuls nous permettent d'apprécier l'extension qui fut attribuée à ce procédé décoratif :

Deux portes offraient sur leurs linteaux des incrustations de marbre noir (Inscr. II, fr. 1, 2ᵉ col., l. 85-92) ; l'inscription les désigne comme des portes hautes de 8 pieds, à deux battants et à vantaux de marbre : ne seraient-elles pas celles que notre plan indique à droite et à gauche de la cella E, et dont une conduisait du temple de Neptune au caveau du Trident ; l'autre, du temple de Neptune à celui de Minerve ?

Le texte nous apprend en outre :

1° Que les architraves intérieures du temple étaient ornées de peintures à l'encaustique (VI, fr. 1, 1ᵉ col., l. 43 ; 3ᵉ fr. , 2ᵉ col., l. 13) ;

2° Que les panneaux en terre cuite du plafond étaient, eux aussi, recouverts de peinture (IV, fr. 2, l. 42) ;

3° Que des dorures rehaussaient les œils des volutes des chapiteaux ainsi que les rosaces des soffites (VI, fr. 3, l. 34 et 42).

4° Enfin, l'état de situation (II, 1° col., l. 90) paraît indiquer la pensée de *sculpter les disques* qui décorent l'architrave de la tribune des caryatides, et de transformer ces disques en rosaces plus ou moins semblables à celles des jambages et du linteau de la porte Nord. — Sans doute l'architecte abandonna l'idée de ce surcroît d'ornement, qui ne pouvait rien ajouter à l'élégante perfection de son œuvre.

II. — Proportions

Le texte, ayant trait à l'achèvement des parties hautes de l'édifice, ne fournit guère de cotes d'ensemble ; il serait donc téméraire de rétablir sur ses indications le système général de mise en proportion qui présida aux tracés : il ne donne que des cotes de détail et, comme nous l'avons fait observer (pag. 95, note 23), *des cotes d'épannelage*.

Mais la simplicité de ces cotes est frappante : toutes les dimensions importantes s'expriment en pieds ou demi-pieds ; de sorte que le demi-pied forme entre les diverses parties une commune mesure qui les relie entre elles et rend l'impression de leurs rapports plus saisissable en la rendant plus simple.

Envisageons les pierres d'appareil courant.
Leurs dimensions en parement sont (II, l. 10) :

Hauteur. . . . .   1 pied 1/2
Largeur. . . . .   4 pieds.

D'où il suit que les angles des pierres dont se compose le mur jalonnent sur son parement un réseau de lignes inclinées à 4 de base sur 3 de hauteur.

— Passons aux assises de couronnement. — Leurs hauteurs sont :

Bandeau à palmettes *r* (II, l. 16). . . . .   1 pied 1/2
Architrave *s*. . . . . (II, l. 33). . . . .   2 pieds.
Frise *u*, *v* (III, l. 5, 22, 30). . . . .   2 pieds.

Ainsi la hauteur de la frise est égale à celle de l'architrave, et correspond aux 4/3 de la hauteur du bandeau [1].

---

[1] Il n'est pas sans intérêt de comparer les cotes données par les inscriptions avec les cotes prises sur les ruines mêmes de l'édifice.
Stuart et Revett ont relevé les cotes suivantes :

Bandeau *r*. . . . .   1' 7",35
Architrave *s*.   2' 1",05
Frise *u*. . . . .   1' 11",75.

Le pied employé par Stuart est de 0^m,305 ; d'ailleurs, suivant une remarque due

CHAPITRE V

RENSEIGNEMENTS ÉCONOMIQUES

I. — Régime administratif des travaux.

Les comptes de l'Erechtheion portent exclusivement sur des dépenses de main-d'œuvre, les fournitures paraissent faites directement par l'Etat : tel était d'ailleurs l'usage général chez les Grecs.

— De tous les travaux du temple, les seuls ouvrages de peinture sont adjugés à un entrepreneur traitant avec l'Etat sous la garantie d'une caution (VI, fr. 1, 1ʳᵉ col., l. 43 ; fr. 3, 2ᵉ col., l. 12) : à part ce cas d'exception, le choix des ouvriers est laissé à l'appréciation des

à M. Aurès, le pied grec adopté à l'Erechtheion paraît valoir 0ᵐ,3106 (*Nouvelle Théorie du module*, p. 42).

Si, d'après ces données, on convertit en mètres les dimensions fournies respectivement par les textes des inscriptions et par les relevés de Stuart, on arrive aux résultats que résume le tableau ci-dessous :

	DIMENSIONS		DIFFÉRENCES
	D'APRÈS STUART	D'APRÈS LES INSCRIPT.	
Bandeau..............................	0ᵐ,492	0ᵐ,466	+ 0ᵐ,026
Architrave............................	0ᵐ,637	0ᵐ,621	+ 0ᵐ,016
Frise................................	0ᵐ,604	0ᵐ,621	— 0ᵐ,017

La dernière colonne de ce tableau indique entre les mesures de Stuart et les chiffres des inscriptions de très légers écarts. Sommes-nous en face d'erreurs de mesure ou de négligences d'exécution ? Les différences tiennent-elles à ce que les chiffres du document antique sont de simples cotes d'épannelage ? ou bien doit-on reconnaître ici ces corrections que Vitruve (VI, 3) conseille d'apporter aux dimensions calculées, d'après la place que les diverses parties occupent dans l'ensemble ? Les écarts sont trop peu accentués pour voiler la loi théorique, mais ils méritent un contrôle.

préposés qui les emploient soit à la journée, soit à la tâche, et règlent les prix de gré à gré avec eux.

Ce mode d'exécution est tout différent de celui qui fut admis soit à l'Arsenal du Pirée, soit aux murs d'Athènes : l'Arsenal et les Murs étaient des *entreprises*, subdivisées par lots, mises publiquement au concours et adjugées à forfait; les travaux de l'Erechtheion constituent au contraire ce que nous appellerions *une régie*.

La différence des deux régimes s'explique :

Aux murs d'Athènes, et même à l'Arsenal du Pirée, il s'agissait d'ouvrages courants, dont l'exécution n'exigeait que des aptitudes assez vulgaires. Ici, au contraire, nous sortons des conditions usuelles : les moindres détails doivent être traités avec la perfection la plus absolue ; et la *régie*, en plaçant chaque opération sous le contrôle direct des préposés de l'État, paraît seule offrir des garanties suffisantes.

Les travaux s'exécutent sous la responsabilité de deux *épistates* ou préposés et d'un architecte (inscr. II).

Au début de chaque prytanie, l'intendant chargé des dépenses du culte de Minerve remet aux épistates les sommes à dépenser pendant les trente-cinq jours de la prytanie (VI, fr. 1, 1re col., l. 63; fr. 3, 1re col., l. 27 et 2e col., l. 25) ; les paiements sont faits aux ouvriers par les soins des épistates ; la justification des dépenses a lieu à chaque changement de prytanie, et les comptes, inscrits sur le marbre, restent comme la décharge des prytanes sortants.

— Au point de vue technique, la direction des travaux appartient à l'architecte dont le nom figure en tête des inscriptions à côté de ceux des épistates (II, l. 3) ; et ce directeur a sous ses ordres un inspecteur portant comme lui le titre d'architecte, mais dont le rôle subalterne est indiqué par la modicité même de la rétribution qu'il perçoit : sa surveillance journalière lui est payée juste au prix d'une journée de manœuvre (VI, fr. 1, 1ʳᵉ col., l. 56 ; fr. 3, 2ᵉ col., l. 8. — Cf. fr. 1, 2ᵉ col., l. 26).

— Sur la condition des ouvriers eux-mêmes, voici les indications contenues dans les comptes de l'Erechtheion :

Tous les ouvriers employés paraissent être de condition libre : nulle mention n'est faite de la présence d'esclaves publics sur les chantiers du temple.

— Entre ces ouvriers libres, la division des professions semble assez flottante : le caractère grec se plie mal à l'uniformité absolue des occupations : il cherche le changement. C'est ainsi que nous voyons un certain Comon de Melite occupé tour à tour à tailler des chevrons pour la toiture, et à murer des entre-colonnements (IV, fr. 2, l. 19 et 31).

Pourtant, d'une manière générale, les ouvriers cités aux comptes paraissent avoir sinon un métier bien défini, du moins une spécialité assez nettement établie. Un nom apparaît-il dans un compte de charpente, c'est dans les comptes ultérieurs de charpente qu'on a chance de le retrouver.

Parmi les ouvriers qui travaillent le bois, les scieurs forment une subdivision à part (VI, l. 29). Parmi les ouvriers qui sculptent le marbre, les praticiens auxquels sont confiées les figures de la frise sont distincts de ceux qui sculptent les rosaces des soffites (VI, fr. 3, 1ʳᵉ col. ; Cf. VI, fr. 3, 2ᵉ col., l. 69 et suiv.). Les tailleurs de pierre qui exécutent la cannelure des colonnes forment une nouvelle classe d'ouvriers où figurent des noms qu'on a rencontrés à propos du ravalement des pierres de la frise (III, l. 40 ; VI, fr. 3, 1ʳᵉ col., l. 70 — III, l. 28 ; VI, fr. 3, 1ʳᵉ col., l. 42). Les comptes de la cannelure des colonnes (VI, fr. 3, 1ʳᵉ et 2ᵉ col.) nous montrent ces tailleurs de pierre groupés par escouades de six hommes, soit que ce groupement fût commandé par les exigences du travail, soit qu'il résultât d'une association librement contractée entre les hommes d'une même escouade.

Ces ouvriers étaient-ils enrôlés en corporations ? Rien ne le prouve. Si l'on parcourt les listes de nos dernières inscriptions, on verra que le fils suivait assez ordinairement la profession de son père, mais rien ne fait supposer qu'il y fût astreint comme plus tard il le fut à Rome. Les dispositions indépendantes de l'esprit grec et l'imparfaite délimitation des professions porteraient bien plutôt à croire que le recrutement des ouvriers athéniens était libre ; et le seul indice que les inscriptions nous donnent de l'intervention de l'Etat dans la vie des sociétés ouvrières paraît moins indiquer une tendance oppressive qu'un bienveillant patronage : cette intervention de l'Etat ne se manifeste que par l'institution d'un sacrifice dont le trésor public subit les charges (VI, fr. 3, 2º col., l. 26), et qui rapproche dans une même solennité les ouvriers et leurs chefs.

II. — PRIX.

SALAIRES.

Lorsqu'on parcourt les comptes de l'Erechtheion, on est frappé de l'uniformité qui règne dans les chiffres des salaires [1]. Voici quelques exemples :

Le paiement des ouvriers qui posent les chevrons du comble est réglé à raison de *une drachme par jour* (VI, fr. 1, l. 29) ;

Celui des scieurs : *une drachme par jour* (VI, fr. 1, 1ʳᵉ col., l. 29) ;

Celui des simples manœuvres (ὑπουργοί) : *une drachme par jour* (VI, fr. 1, 2º col., l. 4, 22, etc.).

Ainsi les ouvriers qui montent ou démontent les treuils, ceux qui abattent les échafaudages ou débitent les voliges sont rétribués sur le même pied que les charpentiers qui posent et ajustent les bois d'un comble.

---

[1] Cette uniformité a été signalée pour la première fois par M. Egger : *Journal gén. de l'instruction publique*, t. XXVII, nº 101 (*Archéologie athénienne*).

— Nous n'essaierons pas d'établir un rapprochement entre ce salaire et ceux qui ressortent pour l'époque romaine du tarif auquel Dioclétien soumit les ouvriers de l'Orient[1] : la différence des deux civilisations rendrait la comparaison illusoire. Mais nous trouvons dans une inscription à peu près contemporaine de la nôtre un utile complément d'information : les comptes du temple de Pluton à Eleusis[2] nous apprennent que la *nourriture* d'un esclave coûtait par jour une demi-drachme. On voit donc que la journée de manœuvre représente *le double* de la dépense d'aliments qui suffit à soutenir la plus modeste existence : c'est un terme d'appréciation auquel nous pouvons comparer les prix des principaux ouvrages dont le texte nous donne l'évaluation en drachmes.

OUVRAGES A LA TACHE: ACHATS.

L'exécution en marbre, la *mise au point* des figures de deux pieds de haut qui ornaient la frise, coûtait en moyenne 60 drachmes, soit le prix de 60 journées de manœuvre (VI, fr. 3, 1ʳᵉ col.) ;

Une rosace de soffite était payée 14 drachmes (VI, fr. 3, 2ᵉ col., l. 70 et suiv. ;

— Le ravalement des plans de lit se payait à raison de 3 drachmes 1/2 pour 4 pieds courants (III, l. 18), soit un peu moins de 1 drachme par pied.

— La pose des moulures au pourtour des petits caissons de 1 pied de côté, revenait à 3/4 de drachme par pied courant (IV, f. 1, l. 43).

Ce prix se rapporte exclusivement aux moulures du plafond qui abritait la cella de Minerve : pour la cella orientale (VI, fr. 1, 2ᵉ col., l. 12), l'application des moulures au pourtour des caissons est estimée seulement 2 drachmes par caisson, soit, en supposant ces caissons de

---

[1] Tarif publié par M. Waddington dans la continuation du *Voyage archéol.* de Le Bas.

[2] *Bulletin de l'École franç. d'Athènes*, 1883, p. 387 : Inscript. rapportée par M. Foucart à l'an 329.

même dimension que ceux du plafond, 1/2 drachme par pied courant : la différence dans le mode d'ajustage explique, d'un cas à l'autre, la différence des prix.

Le talent de plomb (26 k. 18) était payé 5 drachmes (VI, fr. 3, 2° col., l. 38).

Mentionnons enfin le curieux passage qui enregistre l'achat des planches employées pour tenir les « attachements » du chantier et des feuilles de papyrus où ces attachements furent transcrits (VI, fr. 3, 2° col., l. 31 à 34). Chaque planche se vendait une drachme, chaque feuille de papier une drachme et 2 oboles : la valeur d'une feuille de papier dépassait le prix d'une journée de travail[1].

— Nous sortirions du cadre de ces études en développant les aperçus que les inscriptions de l'Erechtheion peuvent suggérer au point de vue de l'histoire économique d'Athènes : des comptes qui nous détaillent une semblable entreprise supposeraient, pour être de tout point expliqués, la connaissance exacte des moindres circonstances de la vie antique, des mœurs, des usages, des lois : car l'architecture, faisant appel à toutes les ressources d'un peuple, tient à toutes ses institutions ; et les textes qui la concernent ne sont pas seulement des documents pour l'art, mais des monuments pour l'histoire même des sociétés.

[1] Cf. Egger, *Note sur le prix du papier au temps de Périclès* (Mém. d'hist. anc. et de philol., p. 138).

LISTE

DES PRINCIPALES EXPRESSIONS TECHNIQUES DONT LES COMPTES
DE L'ERECHTHEION PRÉCISENT LE SENS

Nota. Les chiffres romains indiquent les nᵒˢ des inscriptions ; les chiffres précédés des notations *f.*, *c.* et *l* indiquent respectivement les nᵒˢ des fragments, des colonnes, des lignes.

Ἀίεταῖος .... II, c. 2, l. 73.

ἀνθέμιον .... II, l. 47.

ἀντιθήμα .... III, l. 7, 12, 23.

ἁρμός .... II, c. 2, l. 9, 10 14, 15, 19, 20, 23, 24.

ἀστράγαλος (a, a') .... II, c. 2, l. 30, 35, 38, 59, 61, 71. IV, l. 19, 34, 47. V, l. 1, 5.

Γεῖσον (z) .... II, c. 2, l. 24, 80.

γογγύλος λίθος ...... II, l. 23, 70. — γ. ξύλον: V, l. 7.

γόμφος .... IV, l. 25. V, l. 1, 5.

Ἐπικρανῖτις (r) ...... II, l. 16, 23.

ἐπιστύλιον (s) .... II, l. 26, 33, 36, 50, 90. VI, l. 43; f. 3, c. 2, l. 14.

ἐπωροφία .... II, 81. IV, f. 2, l. 16, 23, 29.

Ζυγόν .... II, c. 2, l. 91.

Θύρα .... II, c. 2, l. 87.

θύρωμα .... II, 78.

Ἴκρίον .... VI, f. 1, c. 2, l. 28.

ἰκρίωμα .... VI, l. 14, 22.

ἱμάς (S) .... II, l. 82. IV, f. 2, l 16, 23.

Καλύμμα (m, n) ..... IV, f. 2, l. 36, 43. VI, l. 37; f. 1, c. 2, l. 7; f. 2, c. 2, l. 1, 5, 6, 10; f. 3, c. 2, l. 6.

κάλχη .... II, l. 90. (Cf. χάλχη et χάλχη.)

κανὼν λίθινος .... IV, l. 17, 38, 42, 46; f. 2, l. 12. V, l. 4.

κατατομή .... II, c. 2, l. 27, 52. IV, f. 2, l. 12, 13.

κίων .... II, l. 44, 46, 66. VI, l. 15; f. 3, c. 2, l. 47; f. 3, l. 7.

κιόκρανον .... II, l. 29.

κλιμακίς (P, Q) ...... IV, l. 36. V, l. 3, 7, 12.

κρηπίς .... II, l. 67.

κυμάτιον (c, c', c", c"') . II, l. 52; c. 2, l. 30, 34, 37, 45, 58, 60. IV, l. 43; VI, l. 43; f. 1, c. 2, l. 12, 16.

Μασχαλιαία .... II, l. 13, 98.

μεταχιόνιον .... IV, f. 2, l. 32.

μέτωπον .... II, l. 30.

Ὄνυξ .... IV, l. 36, 40. V, l. 10.

ὀπαῖον .... VI, f. 1, c. 2, l. 9, 10, 14, 19.

ὀρθοστάτης .... II, l. 60.

ὀροφή .... II, l. 80. IV, f. 2, l. 27, 44. VI, l. 4, 23, 37.

Παραστάς .... II, l. 73.

πλαίσιον (T. V) .... IV, l. 31, 40; f. 2, l. 6, 13. V, l. 2.

πλίνθος .... II, l. 10, 95; f. 2, l. 5.

πεμφόλυξ............ IV, f. 2, l. 34.

προστομιαίον........ II, l. 71.

Ῥάβδωσις.......... II, l. 55, 65. VI, f. 3,
c. 1, l. 34, 65 ; f. 3,
c. 2, l. 46, 63.

Σανίς.............. VI, f. 3, c. 2, l. 33.

σελίς (P, Q, Q')...... IV, l. 27 ; f. 2, l. 39,
44. V, l. 12. — σ·
καμπύλη (Q'): VI, l. 4 ;
VI, f. 2, c. 2, l. 3, 8·
— σ. κλιμάκις : voir
κλιμάκις.

σπεῖρα .... II, l. 64.

σφηκίσκος (R)........ II, l. 81. IV, f. 2, l. 28,
37.

τειχίον............... IV, f. 2, l. 38.

τροχιλεία .... VI, f. 1, c. 2, l. 23.

Ὑπερθύρον.......... II, c. 2, l. 93.

Χάλκη .... VI, f. 3, c. 2, l. 1. —
κάλχη: VI, l. 50. —
Cf. κάλχη.

LÉGENDE EXPLICATIVE DES PLANCHES

PLANCHE I

Fig. 1. - - PLAN D'ENSEMBLE DE L'ERECHTHEION. (Échelle : 0ᵐ,005 pour 1ᵐ) :
A Temple de Minerve Poliade.
B Vestibule dédié à Pandrose.
D Pandroseion : Jardin dédié à Pandrose et contenant l'olivier sacré.
E Temple de Neptune-Erechthée communiquant par l'escalier F avec le caveau du trident G et, par l'escalier H, avec le temple de Minerve.

Fig. 2. — COUPES TRANSVERSALES INDIQUANT LES DISPOSITIONS D'ENSEMBLE DES PLAFONDS. (Échelle : 0ᵐ,015 pour 1ᵐ.)

1/2 coupe de gauche :
Sanctuaire de Minerve Poliade.

1/2 coupe de droite :
Sanctuaire de Neptune Erechthée.

PLANCHE II

VUES CAVALIÈRES DES CHARPENTES. (Échelle : 0ᵐ,01 pour 1 pied grec.)
Fig. 1. — Plafond du sanctuaire de Minerve Poliade.
Fig. 2. — Comble apparent du sanctuaire de Neptune-Erechthée.

TABLE

—

PREMIÈRE PARTIE

Les Inscriptions.

Pages.

Classement général des inscriptions relatives aux travaux de l'Erechtheion............ 85

Texte et traduction annotée des Inscriptions.

Décret ordonnant la reprise des travaux (Inscr. I)............................ 87
État des chantiers lors de la reprise des travaux (Inscr. II)................... 88
Comptes de prytanies :
I. — *Pose de la frise du temple* (Inscr. III) :
    a) Analyse de l'inscription... 100
    b) Traduction 101
II. — *Plafond du sanctuaire de Minerve Poliade.*
  1° Comptes du plafond (Inscr. IV) :
    a) Analyse du texte et discussion du vocabulaire technique............... 105
    b) Traduction.. 107
  2° Programme des travaux d'achèvement du plafond (Inscr. V) :
    a) Analyse.. 113
    b) Traduction..,.. 113
III. — *Comble apparent du sanctuaire de Neptune-Erechthée* (Inscr. VI, 1re partie) :
    a) Analyse du texte et discussion du vocabulaire technique................ 115
    b) Traduction... 117
IV. — *Travaux de peinture, sculpture et ravalement* (Inscr. VI, suite) :
    Traduction 119
Document relatif a la restauration du temple incendié (inscr. VII)............... 136

Dates des inscriptions.

HISTORIQUE SOMMAIRE DES TRAVAUX.

Fondation du temple.. 137
Interruption des travaux... 137
Reprise 137
Incendie et restauration... 138

DEUXIÈME PARTIE

Étude des dispositions techniques.

CHAPITRE PREMIER

LE PLAN DU TEMPLE.

Pages.

Attributions des divers sanctuaires :
    1° Sanctuaire de Neptune-Erechthée.. 142
    2° Sanctuaire de Minerve Poliade....................................... 142
    3° Sanctuaire de Pandrose.. 142
    4° Le Pandroseion et l'Olivier sacré................................... 143
État des chantiers lors de la reprise des travaux............................ 144

CHAPITRE II

CONSTRUCTIONS EN PIERRE.

Procédés de taille et de ravalement indiqués par les inscriptions.................... 145

CHAPITRE III

LES CHARPENTES : PLAFONDS ET COMBLES.

I. — LES PLAFONDS.
Structure des caissons du sanctuaire de Minerve Poliade 147
Mode d'application des moulures.. 148
II. — LE COMBLE GÉNÉRAL DE L'ÉDIFICE.
Pièces de la charpente. — Analogies entre la charpente de l'Erechtheion et celle de
    l'Arsenal du Pirée.. 150
III. — DÉTAILS SPÉCIAUX A LA PARTIE APPARENTE DU COMBLE (sanctuaire de Neptune-
    Erechthée).
Structure 151
Mode d'application des moulures... 152
IV. — LES COMBLES D'APRÈS LES GRECS ET D'APRÈS VITRUVE....................... 153

CHAPITRE IV.

DÉCORATION ET PROPORTIONS.

I. — DÉCORATION.
Peintures, dorures, sculptures, incrustations..................................... 155
II. — PROPORTIONS.
Rapports simples de hauteur entre les membres du couronnement.................... 156
Comparaison entre les cotes des inscriptions et les relevés de Stuart................. 157

TABLE 171

CHAPITRE V

RENSEIGNEMENTS ÉCONOMIQUES.

	Pages.
Régime administratif des travaux	158
Condition des ouvriers	160
Salaire journalier de l'ouvrier grec	161
Prix de quelques travaux de menuiserie, taille de pierre et sculpture	162

ANNEXES

I. — Liste des expressions techniques dont les comptes de l'Erechtheion précisent le sens.	165
II. — Légende explicative des planches	167

PARIS. IMP. DE LA SOC. ANON. DE PUBL. PÉRIOD. — P. MOUILLOT. — 41052.

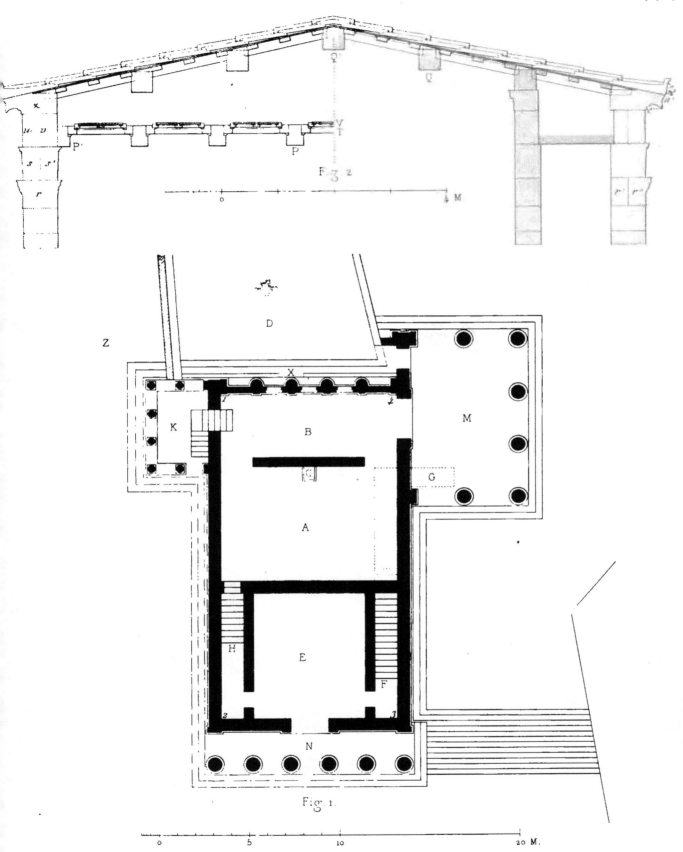

F. 3

0   4 M

Fig. 1

0   5   10   20 M.

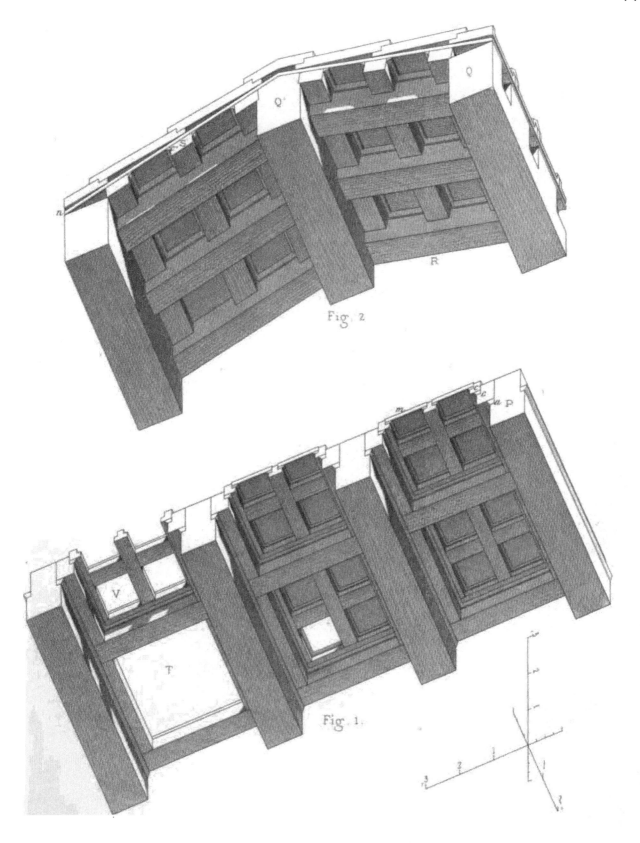

Fig. 2

Fig. 1

DEVIS DE LIVADIE

ÉTUDES

SUR L'ARCHITECTURE GRECQUE

PAR

Auguste CHOISY

INGÉNIEUR EN CHEF DES PONTS ET CHAUSSÉES

4ᵉ ÉTUDE

UN DEVIS

DE

TRAVAUX PUBLICS

A LIVADIE

PARIS

LIBRAIRIE DE LA SOCIÉTÉ ANONYME DE PUBLICATIONS PÉRIODIQUES

—

M DCCC LXXXIV

UN DEVIS DE TRAVAUX PUBLICS

A LIVADIE

L'inscription que nous essaierons ici de traduire a été publiée pour la première fois en 1876, par M. Coumanoudes, et rééditée avec d'utiles annotations, par M. E. Fabricius [1] ; c'est un devis d'entreprise en même temps qu'une série de clauses administratives et de dispositions pénales : un document technique et juridique à la fois.

Au point de vue juridique, M. R. Dareste a donné sur ce texte un savant commentaire [2] : plaçant les clauses du marché de Livadie en regard des clauses d'autres contrats antiques, M. Dareste a fait ressortir du parallèle une véritable théorie du droit grec en matière de travaux publics. Les prescriptions techniques présentent seules aujourd'hui des points obscurs : nous en ferons l'objet principal de cette étude ; puis nous jetterons un rapide coup d'œil sur certains détails d'organisation administrative ou financière dont l'influence se retrouve dans les méthodes de l'art de bâtir et qui, à ce titre, intéressent l'histoire de l'architecture autant que l'histoire même du droit.

DATE DE L'INSCRIPTION

L'inscription, rédigée en langue grecque commune et non en dialecte béotien, paraît appartenir à cette époque voisine de la con-

---

[1] Coumanoudes : Ἀθήναιον, t. IV, p. 454 (Athènes 1876). — E. Fabricius : *de Architectura græca commentationes epigraphicæ* (Berl. 1881).

[2] *Mémoire sur les entreprises de travaux publics chez les Grecs*, par M. R. Dareste (Annuaire de l'Association pour l'encouragement des études grecques en France, 1877, p. 107).

quête romaine, où la langue grecque tend à s'uniformiser. Les observations suivantes, dues à M. Fabricius, permettent de préciser davantage :

La Béotie était une contrée pauvre, et l'on sait par Pausanias[a] que le temple de Livadie était un édifice colossal ; sa grandeur, ajoute Pausanias, et les événements d'une guerre forcèrent de le laisser inachevé. Ces indications concordent avec l'hypothèse d'un temple dû à la munificence de quelque prince étranger. Or, Tite-Live rapporte[b] qu'Antiochus Épiphane combla de ses largesses la Béotie, et que la courte durée de son règne l'empêcha de terminer ses entreprises. M. Fabricius pense que les travaux du temple de Livadie doivent dater de ce règne, et l'époque de l'inscription se trouverait ainsi comprise entre l'an 174 et l'an 164 avant notre ère.

[a] *Pausan.*, IX, xxxix.
[b] *Liv.*, XLI, xx.

PREMIÈRE PARTIE

La première partie de l'inscription doit être considérée comme un *cahier des charges* dressé dans les circonstances que voici :

Un marché de travaux publics vient d'être résilié ; les travaux sont commencés ; il s'agit d'en assurer l'achèvement par une réadjudication : et cette adjudication nouvelle doit se faire, suivant l'expression moderne d'une idée qui ne date pas de nos jours, « à la folle enchère » de l'entrepreneur déchu.

TRADUCTION

1 ... qu'il paie le cinquième des ouvrages ... et la surenchère et le surplus de la somme qui, par le fait d'amendes, peut être à sa charge : le tout, les préposés au temple le recouvreront sur
5 l'entrepreneur (déchu) et ses garants, et s'ils ne peuvent (le recouvrer), ils transcriront les noms de ceux-ci sur le tableau.

1   ἔ]ργων τὸ ἐπίπεμπτον ἀποτεισά-
[τω . . . . x]αὶ τὸ ὑπερεύρεμα καὶ ἐάν τι ἄλλο
ἀργύριον ἐκ τῶν ἐπιτιμίων προσγένηται αὐτῶι, ἄπαν-
τα πρά[ξουσιν] οἱ ναοποιοὶ τὸν ἐργώνην καὶ τοὺς ἐγγύους,
5 ἐὰν δὲ μὴ δύνωνται, εἰς τὸ λεύκωμα ἐκγράψουσιν. Ἐγ-
δίδομεν δὲ τὸ ἔργον ὅλον πρὸς χαλκόν, τὰς μὲν στή-

— Nous adjugeons l'ensemble de l'ouvrage à prix fait⁵ : les
stèles et leurs chaperons, chaque pierre suivant le prix que l'adjudication pourra donner⁶.

Quant aux socles, l'entrepreneur les fera à titre de travail
supplémentaire, et il recevra comme paiement des pierres gros-
10 sières (de ces socles) cinq drachmes pour chacune des pierres qu'il
y aura lieu de fournir, et (en paiement) de la gravure et de la
peinture à l'encaustique des lettres, un statère et trois oboles par
mille lettres.

Et il travaillera⁷ d'une manière continue, (à commencer) dans
les dix jours qui suivront (le premier) acompte, occupant des
15 ouvriers habiles dans leur profession, au moins (au nombre de)
cinq.

Et si en quelque chose il ne se conforme pas à ce qui est écrit
dans la (présente) convention, ou bien s'il est en quelque chose
convaincu de malfaçon, il sera puni d'amende par les préposés

λας καὶ τοὺς θριγκοὺς πρὸς λίθον ἐφωμαλίαν ὅ τι ἂν εὕρωσιν, τοὺς δ' ὑποβατῆρας ἐν προσέργωι ποιήσει, τῶν
δὲ πώρων ὑποτίμημα λήψεται τοῦ λίθου ἑκάστου δρα-
10 χμὰς πέντε, ὅσους ἂν παρίσχηι, τῶν δὲ γραμμάτων
τῆς ἐγκολάψεως καὶ [τῆς] ἐγκαύσεως στατῆρα καὶ
τριώβολον τῶν χιλίων γραμμάτων. Ἐργᾶται δὲ συνε-
χῶς μετὰ τὸ τὴν δόσιν λαβεῖν ἐντὸς ἡμερῶν δέκα,
ἐνεργῶν τεχνίταις ἱκανοῖς κατὰ τὴν τ[έχ]νην μὴ ἔ-
15 λαττον ἢ πέντε. Ἐὰν δέ τι μὴ πείθηται τῶν κατὰ τὴν
συγγραφὴν γεγραμμένων ἢ κακονεχνῶν τι ἐξελέγχη-
ται, ζημιωθήσεται ὑπὸ τῶν ναοποιῶν καθ' ὅ τι ἂν φαίνη-

⁵ Littéralement : *Suivant (le cours de) la monnaie.* Le sens de cette locution paraît assez
nettement résulter des Papyrus du Louvre (*Notices et extraits des mss.* 1866, p. 357 et 358).
⁶ L'εὕρεσις est *le prix d'adjudication* d'un objet (Papyrus du Louvre, p. 357). Le sens,
ici, est évidemment celui-ci : On adjugera si défavorables que soient les conditions, l'entrepreneur déchu devant subir les conséquences de la folle enchère.
⁷ *ἐργᾶται* : probablement pour *ἐργάσεται.* Cf. l. 74, 102, 115.

au temple, selon qu'il paraîtra mériter pour n'avoir pas fait
(une partie) des choses écrites dans la convention.

20   Et si quelque autre parmi ceux qui travaillent avec lui est en
quelque chose convaincu de malfaçon, qu'il soit chassé du chantier
et que désormais il ne participe plus au travail. — Et s'il n'obéit
pas, il sera puni d'amende lui aussi en même temps que l'entrepreneur.

Et si par hasard en cours d'exécution il importe d'ajouter ou
de retrancher à quelqu'une des dimensions prescrites, (l'entrepreneur) fera comme nous commanderons.

25   Et que ceux qui étaient primitivement garants de l'entreprise
ainsi que l'(ancien) entrepreneur ne soient pas déliés (de leurs
obligations) tant que le nouvel adjudicataire dès (travaux)
réadjugés n'aura pas constitué des garants solvables.

Et pour les (travaux) antérieurement exécutés, que les garants
primitifs restent (garants) jusqu'à la réception définitive.

30   Et que l'entrepreneur n'endommage en rien les objets (qui sont)
dans l' (enceinte) sacrée : s'il cause quelque dommage, qu'il le

ται ἄξιος εἶναι μὴ ποιῶν τῶν κατὰ τὴν συγγραφὴν γεγραμμένων, καὶ ἐάν τις ἄλλος τῶν συνεργαζομένων ἐξε-
20 λέγ[χ]ηταί τι κακοτεχνῶν, ἐξελαυνέσθω ἐκ τοῦ ἔργου καὶ
μ]ηκέτι συνεργαζέσθω· ἐὰν δὲ μὴ πείθηται, ζημιωθήσεται καὶ οὗτος μετὰ τοῦ ἐργώνου. Ἐὰν δέ που παρὰ τὸ ἔργον συνφέρηι τινὶ μέτρωι τῶν γεγραμμένων προσλι-
πεῖν ἢ συνελεῖν, ποιήσει ὡς ἂν κελεύωμεν. Μηδὲ ἀπολε-
25 λύσθωσαν ἀπὸ τῆς ἐργωνίας οἱ ἐξ ἀρχῆς ἔγγυοι καὶ ὁ ἐργώνης, ἄχρι ἂν ὁ ἐπαναπριάμενος τὰ παλίνπωλα τοὺς
ἐγγύους ἀξιοχρέους καταστήσηι· περὶ δὲ τῶν προπε-
ποιημένον οἱ ἐξ ἀρχῆς ἔγγυοι ἔστωσαν ἕως τῆς ἐσχά-
της δοκιμασίας. Μηδὲ καταβλαπτέτω μηθὲν τῶν ὑπαρ-
30 χόντων ἔργων ἐν τῶι ἱερῶι ὁ ἐργώνης· ἐὰν δέ τι καταβλά-
ψηι, ἀκείσθω τοῖς ἰδίοις ἀνηλώμασιν δοκίμως ἐγ χρόνωι

répare à ses propres frais, exactement (et) dans le délai que les préposés au temple fixeront.

Et si l'entrepreneur de la pose gâte dans son travail quelque pierre saine, il la remplacera par une autre (pierre) recevable,
35 à ses propres dépens, sans entraver (la marche du) travail. — Quant à la pierre gâtée, il l'enlèvera de l'enceinte sacrée dans (le délai de) cinq jours : sinon, la pierre sera acquise au temple.

Et s'il ne remplace pas (la pierre gâtée) ou s'il ne répare pas le dommage (qu'il aura pu causer), cette (réparation) aussi, les préposés au temple en feront une adjudication supplémentaire ; et le montant de cette adjudication, l'entrepreneur avec ses garants le paiera et moitié en sus.

40 — Mais si, à raison (d'un défaut) de sa nature, quelqu'une des pierres est gâtée, que, pour cette (pierre), l'entrepreneur de la pose soit exempt d'amende.

Et si les entrepreneurs sont en désaccord entre eux au sujet de quelqu'une des choses écrites (ci-dessus), les préposés au temple jugeront après avoir prêté serment, (siégeant) en présence des ouvrages, (et) étant (au nombre de) plus de moitié. Et que les jugements qu'ils auront prononcés soient souverains.

ὅσωι ἂν οἱ ναοποιοὶ τάξωσιν. Καὶ ἐάν τινα ὑγιῆ λίθον διαφθείρηι κατὰ τὴν ἐργασίαν ὁ τῆς θέσεως ἐργώνης, ἕτερον ἀποκαταστήσει δόκιμον τοῖς ἰδίοις ἀνηλώμασιν, οὐ-
35 θὲν ἐπικωλύοντα τὸ ἔργον· τὸν δὲ διαφθαρέντα λίθον ἐξάξει ἐκ τοῦ ἱεροῦ ἐντὸς ἡμερῶν πέντε, εἰ δὲ μή, ἱερὸς ὁ λίθος ἔσται. Ἐὰν δὲ μὴ ἀποκαθιστῆι ἢ μὴ ἀκῆται τὸ καταβλαφθέν, καὶ τοῦτο ἐπεγδώσουσιν οἱ ναοποιοί· ὁ τι δ' ἂν εὕρηι, τοῦτο αὐτὸ καὶ ἡμιόλιον ἀποτείσει ὁ ἐργώνης καὶ οἱ ἔγ-
40 γυοι. Ἐὰν δὲ κατὰ φυὰν διαφθαρῆι τις τῶν λίθων, ἀζήμιος ἔστω κατὰ τοῦτον ὁ τῆς θέσεως ἐργώνης. Ἐὰν δὲ πρὸς αὐτοὺς ἀντιλέγωσιν οἱ ἐργῶναι περί τινος τῶν γεγραμμένων, διακρινοῦσιν οἱ ναοποιοὶ ὁμόσαντες ἐπὶ τῶν ἔργων, πλείονες ὄντες τῶν ἡμίσεων· τὰ δὲ ἐπικριθέντα κύρια ἔστω.

45   Et si les préposés au temple ont entravé (les travaux) à raison
(des retards dans la fourniture) des pierres, ils prolongeront le
délai d'autant (de temps) qu'ils en auront fait perdre.

    — Et l'entrepreneur ayant constitué des garants suivant le
règlement, recevra le premier acompte (qui sera) la somme
50 pour laquelle il aura entrepris toutes les stèles et les chaperons
qui les surmontent, sauf retenue du dixième sur la totalité (de
cette somme).

    Et lorsqu'il aura établi que toutes (les stèles) sont exécutées et
entièrement dressées et terminées selon la convention et scellées
au plomb à la satisfaction des préposés au temple et de l'architecte, il touchera le deuxième acompte (qui sera calculé d'après
55 le prix) de toutes les lettres de l'inscription, selon l'évaluation (qui
résultera) du nombre (des lettres contenues) dans la copie (du
texte à graver) : sauf aussi sur ce (chiffre) une retenue d'un
dixième.

    Et ayant achevé l'ouvrage tout entier, lors de la réception,
qu'il reçoive le dixième de retenue.

45 Ἐ[ὰ]ν δέ τι ἐπικωλύσωσιν οἱ ναοποιοὶ τὸν ἐργώνην κατὰ
τὴν παροχὴν τῶν λίθων, τὸν χρόνον ἀποδώσουσιν ὅσον ἂν
ἐπικωλύσωσιν. Ἐγγύους δὲ καταστήσας ὁ ἐργώνης κατὰ
τὸν νόμον, λήψεται τὴν πρώτην δόσιν ὁπόσου ἂν ἐργωνή-
σηι πασῶν τῶν στηλῶν καὶ τῶν θριγκῶν τῶν ἐπὶ ταύτας
50 τιθεμένων, ὑπολιπόμενος παντὸς τὸ ἐπιδέκατον· ὅταν δὲ
ἀποδείξηι πάσας εἰργασμένας καὶ ὀρθὰς πάντηι καὶ τέλος
ἐχούσας κατὰ τὴν συγγραφὴν καὶ μεμολυβδοχοημένας ἀ-
ρεστῶς τοῖς ναοποιοῖς καὶ τῶι ἀρχιτέκτονι, λήψεται τὴν
δευτέραν δόσιν πάντων τῶν γραμμάτων τῆς ἐπιγραφῆς
55 ἐκ τοῦ ὑποτιμήματος πρὸς τὸν ἀριθμὸν τὸν ἐκ τῶν ἀντι-
γράφων ἐκλογισθέντα, ὑπολιπόμενος καὶ τούτου τὸ ἐπιδέ-
κατον· καὶ συντελέσας ὅλον τὸ ἔργον, ὅταν δοκιμασθῆι, κομισάσθω τὸ ἐπιδέκατον τὸ ὑπολειφθέν. Καὶ τῶν πώρων τὸ ὑπο-

— Et le paiement des pierres grossières qu'il **aura posées,**
60 ainsi que des lettres qu'il aura gravées (sur commande survenue)
après qu'il aura touché l'acompte, que (ce paiement) il le reçoive
aussi lorsqu'il touchera le dixième (de retenue), à moins qu'il n'y
ait lieu à lui décompter quelque chose pour amendes.

Et s'il faut faire quelque travail supplémentaire se rattachant à
l'œuvre, il le fera sur le même pied et il en recouvrera (la valeur)
après avoir fait constater (que le travail est) recevable.

Et si le sol déblayé se trouve mou, il y posera par lits des
65 pierres grossières autant qu'il sera utile, et il recouvrera aussi ce
qui lui revient de ce chef en même temps que le dixième (de
retenue).

— Et il posera sur les stèles (déjà) existantes des chaperons
(au nombre de) onze, après avoir écrêté ces stèles autant que nous
le prescrirons, suivant le contour (qui lui sera) donné.

70   Et il arrachera les crampons existant dans les stèles, ceux
(du moins) qui feraient saillie et qui pourraient le gêner dans
l'écrêtement, et ayant creusé plus profondément, il rajustera (ces
crampons) et les scellera au plomb convenablement.

τίμημα ὅσους ἂν θῆι καὶ ὅσα ἂν γράμματα ἐπιγράψηι
60 μετὰ τὸ τὴν δόσιν λαβεῖν κομισάσθω καὶ τούτων, ὅταν καὶ τὸ ἐ-
πιδέκατον λαμβάνηι, ἐὰν μή τι εἰς τὰ ἐπιτίμια ὑπολογισθῆι αὐτῶι. Ἐὰν δέ τι πρόςεργον δῆι γενέσθαι συμφέρον τῶι ἔργωι,
ποιήσει ἐκ τοῦ ἴσου λόγου καὶ προςκομιεῖται τὸ γινόμενον αὐτῶι,
ἀποδείξας δόκιμον. Ἐὰν δὲ ὁ τόπος ἀνακαθαιρόμενος μα-
65 λακὸς εὑρίσκηται, προςτρώσει πώροις ὅσοις ἂν χρεία ἦι καὶ
προςκομιεῖται καὶ τούτου τὸ γινόμενον αὐτῶι μετὰ τοῦ
ἐπιδεκάτου. Ἐπιθήσει δὲ καὶ ἐπὶ τὰς στήλας τὰς ὑπαρχού-
σας θριγκοὺς ἕνδεκα, προεπικόψας τὰς στήλας, ἐπιλαβὼν
ὅσον ἂν κελεύωμεν πρὸς τὴν περιτένειαν τὴν δοθεῖσαν·
70 ἐξελεῖ δὲ καὶ τὰ δέματα τὰ ὑπάρχοντα ἐν ταῖς στήλαις ὅσα
ἂν ὑπερέ[χ]ηι καὶ κωλύηι αὐτὸν ἐν τῆι ἐπικοπῆι, καὶ τρήσας βα-
θύτερα καθαρμόσει καὶ περιμολυβδοχοήσει δόκιμος· ἐμβαλεῖ

Et aussi dans ces (chaperons) il introduira des goujons et des crampons et les scellera au plomb, et fera le tout comme il a été écrit plus haut.

75 Et nous adjugeons aussi ces chaperons[8], savoir : ceux de six pieds et de cinq pieds, au prix de l'adjudication des autres[9]. Quant à ceux de trois pieds, lesquels (sont au nombre de) quatre, nous les compterons à raison de deux pour un chaperon.

Et (l'entrepreneur) touchera l'acompte (afférent à) ces (derniers) chaperons, lorsqu'il aura établi que les stèles ont été exécutées et qu'elles sont en place et scellées au plomb[10], et que

80 les chaperons posés sur elles sont cramponnés suivant leur face supérieure. Et il touchera aussi l'acompte sur ces (chaperons) sauf retenue d'un dixième, ainsi qu'il a été écrit plus haut.

Et lorsqu'il aura assemblé les chaperons et qu'il aura établi (qu'ils sont) en place, scellés au plomb, terminés, cramponnés sur

δὲ καὶ εἰς τούτους γόμφους, δέματα, καὶ περιμολυβδοχοήσει καὶ ἐργᾶται πάντα καθὼς καὶ περὶ τῶν ἐπάνω γέγραπται. Ἐκ[δί]δομεν δὲ

75 καὶ τούτους τοὺς θριγκούς, τοὺς μὲν ἐκπέδους καὶ πενταπέδους
τοῦ ἴσου ὅσον ἂν καὶ οἱ λοιποὶ εὕρωσιν, τοὺς δὲ τριπέδους τοὺς
τέτταρας, σύνδυο εἰς τὸν θριγκὸν ἀπομετρησόμεθα. Λήψεται δὲ καὶ τούτων τῶν θριγκῶν τὴν δόσιν, ὅταν ἐπιδείξῃ
τὰς στήλας ἐργασμένας καὶ κειμένας καὶ μεμολυβδοχοη-

80 μένας καὶ τοὺς θριγκοὺς τοὺς ἐπὶ ταύτας τιθεμένους δεδεμένους κατὰ κεφαλήν· λήψεται καὶ τούτων τὴν δόσιν, ὑπολιπόμενος τὸ ἐπιδέκατον, καθὼς καὶ περὶ τῶν ἐπάνω γέγραπται.
Ὅταν δὲ συνθῇ τοὺς θριγκοὺς καὶ ἀποδείξῃ κειμένους,
μεμολυβδοχοημένους, τέλος ἔχοντας, δεδεμένους κατὰ

[8] Il a été question au début (l. 7) de chaperons réadjugés à la folle enchère de l'entrepreneur déchu. Les onze chaperons dont il est ici question *sont distincts* de ceux-là et doivent faire l'objet de conventions spéciales : de là les développements qui vont suivre.

[9] C'est-à-dire au prix de ceux dont la réadjudication a été mentionnée l. 7 et 8.

[10] Ceci est la reproduction textuelle du passage l. 51-52 : en d'autres termes, l'acompte unique relatif à l'adjudication complémentaire dont il s'agit ici sera payé à la même date que le deuxième acompte de l'adjudication principale.

2

85 leur face supérieure, se raccordant les uns avec les autres exactement. alors il passera les stèles au nitre et il livrera les lettres
propres et il lavera tant que nous l'ordonnerons.

Et les autres choses, qui ne sont pas écrites dans la (présente)
convention, qu'elles soient suivant le règlement des inspecteurs et
suivant celui des travaux du temple.

85 κεφαλήν, συμφωνοῦντας πρὸς ἀλλήλους δοκίμως, ἔπειτεν
ἐγνιτρώσει τὰς στήλας καὶ ἀποδώσει τὰ γράμματα καθαρὰ
καὶ ἐκπλυνεῖ ἕως ἂν κελεύωμεν. Τὰ δὲ ἄλλα ὅσα μὴ ἐν τῆι
συγγραφῆι γέγραπται, κατὰ τὸν κατοπτικὸν νόμον καὶ να-
οποϊκὸν ἔστω.

ESSAI D'INTERPRÉTATION

I

Les archives de marbre d'un temple d'après l'inscription de Livadie.

Dans cette première partie, l'Inscription nous retrace l'histoire même de ces archives épigraphiques où les magistrats grecs enregistraient leurs actes ; elle nous montre les stèles dressées en une longue suite aux abords du temple de Livadie : alignées, couronnées d'une corniche continue, et formant par leur ensemble comme une affiche monumentale où se développent les titres de fondation du temple, sa comptabilité, ses inventaires.

— Le texte de Livadie est, à notre connaissance, le seul document qui fixe le prix de la gravure d'une inscription à l'époque hellénique.

Mille lettres coûtaient 1 statère et 3 oboles. Le statère béotien[11] vaut en chiffre rond 3 drachmes attiques ; et, d'après les comptes de l'Erechtheion, la drachme attique représente le prix moyen de la journée d'un ouvrier d'art : on voit donc qu'il fallait dépenser environ une journée d'ouvrier pour graver 300 lettres, soit six à sept lignes d'une inscription telle que la nôtre.

Par une circonstance assez inattendue, mais qui paraît résulter de l'ordre même suivi dans l'énumération des travaux, c'est sur le mar-

[11] Hultsch, *Gr. u. Röm. Metrol.*, 2e éd., p. 544.

bre dressé et scellé en place que les inscriptions sont sculptées. — On connaissait par les traces de couleur rouge retrouvées sur plusieurs inscriptions l'usage de relever la gravure par la couleur ; le texte de Livadie précise le mode d'application de cette couleur : elle se posait à la cire (l. 11).

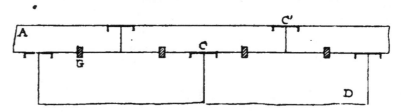

Enfin, les dalles étaient reliées ensemble par des crampons C implantés dans leur lit supérieur, et ces crampons étaient scellés au plomb. La corniche A qui les couronnait se composait de pierres que des goujons G rendaient solidaires des dalles de l'inscription, et que des crampons C' rendaient solidaires entre elles.

II

Examen de quelques clauses administratives et financières.

Pour l'histoire de la gestion des travaux publics, deux faits essentiels ressortent du contrat de Livadie : le mode de fourniture des matériaux, et le système des paiements.

1° Fourniture des matériaux.

Les fournitures de matériaux sont faites *directement par l'État :* le passage l. 30 à 47 suppose ce mode de fourniture, et la 2ᵉ partie de l'Inscription le prouvera plus clairement encore (l. 93 à 100). En principe, c'est sur la main-d'œuvre seule que porte l'adjudication ; et cette règle, qui a laissé sa trace dans presque tous les marchés des anciens Grecs, n'admet guère de dérogation que pour des travaux d'un caractère accessoire et imprévu : tels, dans l'exemple qui nous occupe, les ouvrages éventuels de substruction (l. 64). Pour ces ouvrages seuls, l'entrepreneur est chargé de l'approvisionnement.

2° MODE DE RÉTRIBUTION.

Pour l'acquittement des dépenses, le mode grec diffère tout à fait du nôtre. Nous payons le travail après son achèvement : les Grecs au contraire le soldaient *par une série d'avances* qui s'échelonnaient et permettaient à l'adjudicataire de faire face successivement aux dépenses des diverses parties de son entreprise.

— L'entrepreneur, en possession d'une avance, eût pu tenter de se soustraire à ses obligations : aussi, avant de lui rien avancer, l'État l'astreignait à fournir une caution solvable qui répondît sur sa fortune de l'accomplissement des clauses du marché.

A Livadie, l'entreprise comprend deux opérations principales :
1° La taille et la pose des stèles ;
2° La gravure de ces stèles.

D'après cela, les avances se répartissent comme il suit :

1° Au début, dès que la caution est constituée, l'entrepreneur reçoit un premier acompte qui couvrira par anticipation tous les frais afférents à la première partie de son entreprise : on lui remet à titre d'avance le prix convenu pour la taille et la pose des stèles, mais en retenant un dixième pour la garantie de la bonne exécution de ses obligations, et pour parer, s'il y a lieu, aux frais des amendes qu'il pourra encourir.

2° La pose des stèles est achevée : l'entrepreneur reçoit alors un deuxième acompte évalué d'après les frais qu'entraînera l'achèvement du travail, c'est-à-dire la gravure des inscriptions ; sur ce deuxième acompte, aussi bien que sur le premier, l'État retient le dixième de garantie.

3° Enfin, les travaux étant terminés et reçus, le dixième de garantie est soldé à l'entrepreneur. — Par une curieuse rencontre, cette pratique de la retenue de garantie, ainsi que le chiffre du dixième se retrouvent, de nos jours encore, inscrits dans les clauses générales des adjudications de l'État. Les travaux exécutés en dehors du forfait de l'adjudication ne sont pas sujets à la retenue du dixième (l. 57 à 67).

— Ce système d'avances successives a comme avantage de rendre les entreprises de travaux publics accessibles à tous : les avances suppléant à l'absence des capitaux, tout homme intelligent peut prétendre aux bénéfices d'une entreprise qu'il est capable de diriger.

Un autre avantage de ce mode de paiement, c'est qu'il simplifie les mouvements de fonds. Chez nous l'entrepreneur doit se procurer — et souvent par voie d'emprunts onéreux — l'argent qui lui permettra d'assurer la marche du chantier : grâce au mode de versements anticipés sur caution, tout emprunt devient superflu.

En somme, recrutement plus large des soumissionnaires et réduction des frais de louage d'argent, tels paraissent être les mérites du régime grec.

Ce régime fut en vigueur jusqu'à l'époque romaine ; un devis de Pouzzoles[12] en fait foi : « La moitié de l'argent, dit-il, sera donnée *dès que la caution aura été dûment constituée*: l'autre moitié sera payée une fois l'ouvrage terminé et reçu. »

Cette inscription de Pouzzoles nous offre incidemment l'exemple d'un cas assez curieux, celui d'un entrepreneur offrant une solvabilité suffisante pour répondre, par une hypothèque constituée sur ses propres biens, de l'exécution de ses engagements : l'entrepreneur de Pouzzoles est « *redemptor idemque præs* ».

---

[12] C. I. L. n° 577 ; Egger, *Lat. serm. vetust. reliquiæ*, p. 248.

III

L'inscription de Livadie et le règlement des travaux publics de Tégée.

Il existe la plus frappante ressemblance entre les clauses du contrat de Livadie et celles d'un cahier des charges retrouvé à Tégée : des articles entiers se reproduisent d'un texte à l'autre pour ainsi dire dans les mêmes termes. Cette analogie a déjà été signalée[13] : aussi nous nous contenterons de rappeler, en les mettant en regard des articles du contrat de Livadie, quelques-unes des clauses du règlement de Tégée : nous les empruntons à l'excellente traduction de M. Foucart[14].

CONTRAT DE LIVADIE

L. 20 : Et si quelqu'autre parmi ceux qui travaillent avec l'entrepreneur est en quelque chose convaincu de malfaçon, qu'il soit chassé du chantier, et que désormais il ne participe plus au travail. Et s'il n'obéit pas, il sera puni d'amende lui aussi en même temps que l'entrepreneur. (formule reproduite l. 174.)

L. 30 : Et que l'entrepreneur n'endommage en rien les objets qui sont dans l'enceinte sacrée : s'il cause quelque dommage, qu'il le répare à ses propres frais, exactement et dans le délai que les préposés au temple fixeront.

RÈGLEMENT DE TÉGÉE

L. 45 : Si quelqu'un des entrepreneurs ou des ouvriers paraît nuire aux travaux, ne pas obéir à ceux qui les inspectent ou tenir peu de compte des amendes fixées, que les adjudicateurs aient plein pouvoir de chasser l'ouvrier du travail et d'infliger à l'entrepreneur une amende...

L. 37 : Si quelqu'un ayant entrepris un travail, endommage un autre travail existant, soit religieux, soit civil, soit public, soit privé, contrairement au contrat d'adjudication, qu'il rétablisse à ses frais ce qui aura été endommagé, le remettant en aussi bon état qu'il était à l'époque de l'entreprise.

[13] Fabricius, *de archit. græca*.
[14] A la suite du *Voyage archéol.* de Le Bas. Inscr. n° 340-*e* (Béotie).

L. 42 : Et si les entrepreneurs sont en désaccord entre eux au sujet de quelqu'une des choses écrites ci-dessus, les préposés au temple jugeront, après avoir prêté serment, en présence des ouvrages, étant au nombre de plus de moitié. Et que les jugements qu'ils auront portés soient sans appel.

L. 87 : Et les autres choses qui ne sont pas écrites dans la présente convention, qu'elles soient suivant le règlement des inspecteurs et suivant celui des travaux du temple.

L. 1 : [Que les adjudicateurs jugent] les contestations relatives aux travaux, qui pourront s'élever entre les entrepreneurs d'un même travail... Et que le jugement des adjudicateurs soit sans appel.

L. 52 : Pour tout ouvrage, soit religieux, soit civil, qui serait concédé. que ce règlement soit valable, s'ajoutant au contrat conclu en outre pour cet ouvrage.

Assurément ces rencontres ne sont pas fortuites : le contrat de Livadie est un marché reproduisant par extraits les clauses essentielles de quelque formulaire-type, adapté aux convenances spéciales de l'entreprise. Et ce formulaire n'est autre chose qu'un règlement général tel que celui de Tégée : un cahier de clauses dont les prescriptions font loi à défaut de conventions contraires, et auquel le texte de Livadie se réfère d'ailleurs de la façon la plus expresse par son dernier article (l. 87).

IV

L'inscription de Livadie et un marché de Délos.

Les principales dispositions administratives et pénales du contrat de Livadie sont à leur tour reproduites dans un marché de Délos (C. I. G., n° 2266) : on y reconnaît (l. 12) la clause des paiements par avances ; plus loin (l. 23) on y retrouve la mention de fournitures faites directement par l'État. Mais il est un détail des adjudications que le marché de Délos seul nous indique, je veux parler de ce singulier procès qu'il prévoit sous le nom de δίκη ψεύδους. Voici le passage qui a trait à cette enquête :

L. 8 : « Et celui qui doit entreprendre ayant, avant l'entreprise, versé cent drachmes (comme garantie) du mensonge, qu'il entreprenne. Mais (s'il y a procès de mensonge) celui qui aura gagné le procès de mensonge (et qui, par le fait, se trouvera substitué à l'adjudicataire), qu'il constitue des garants de la vérité avant de prendre en main les travaux. Et, lorsqu'il aura constitué des garants de la vérité, que celui qui aura perdu (le procès) de mensonge paie l'amende... »

— Ce « procès de mensonge », si bizarre en apparence, rentre pleinement dans l'esprit des institutions grecques : la δίκη ψεύδους est pour l'adjudicataire l'équivalent exact de la *dokimasie* qui atteignait à leur entrée en charge tous les magistrats, et s'étendait même aux orateurs : je ne puis mieux faire pour caractériser cette curieuse institutution, que de citer le Mémoire de M. G. Perrot sur le *Droit public d'Athènes* (p. 79) :

« Il y avait deux espèces de dokimasie, que l'on a souvent confondues et qu'il importe de distinguer. La première, qui était de droit strict, se rencontrait à l'entrée de toutes les magistratures proprement dites, c'était la porte par laquelle tous, sans exception, étaient tenus de passer. La seconde, ce n'était pas sur les magistrats qu'elle portait, mais sur les hommes publics, sur les Orateurs ; ce n'était donc plus une formalité à laquelle on fût assujetti de toute nécessité, mais une épreuve à laquelle il fallait toujours se tenir préparé. C'était une action judiciaire où le demandeur, le premier citoyen venu, prétendait faire déclarer par le tribunal que tel Orateur s'était permis de donner des conseils au peuple sans remplir les conditions que d'anciennes et augustes lois imposaient à ceux qui osaient aspirer à ce rôle. »

Transportez le principe de ce contrôle au cas des travaux publics ; la δίκη ψεύδους s'explique immédiatement et prend sa place dans l'ensemble des institutions helléniques :

Tout soumissionnaire est tenu, avant l'adjudication, de verser un cautionnement (qui est, à Délos, de 100 drachmes) comme garantie

3

de la loyauté de ses engagements. Si, après l'adjudication, un tiers lui intente un procès de fraude ou « de mensonge », c'est-à-dire attaque la loyauté de ses engagements et si ce tiers gagne le procès, le premier entrepreneur se trouve déchu et puni d'amende, et le tiers lui est substitué dans l'entreprise, sauf à constituer à son tour une caution.

Est-ce à la suite d'un procès de ce genre que les travaux de Livadie furent réadjugés ? — Peut-être : toutefois le *Procès de mensonge* s'intentait aussitôt après l'adjudication prononcée, tandis qu'à Livadie les travaux étaient fort avancés au moment de la résiliation. Cette circonstance donnerait à penser que la rupture du marché fut motivée simplement pour l'inobservation de quelque convention résolutoire : quoi qu'il en soit, cet usage étrange m'a paru assez caractéristique des mœurs administratives des Grecs, pour trouver place à la suite des clauses qui figurent explicitement au contrat de Livadie.

LE DÁLLAGE

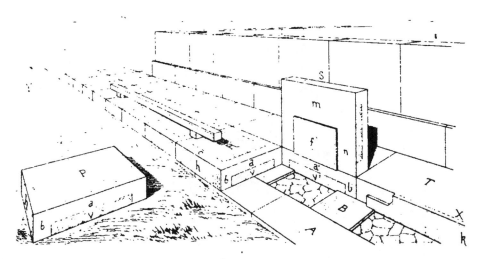

LÉGENDE

I. — **Substructions.**

A. — SUBSTRUCTION LONGITUDINALE : arasée à taille lisse ;
B. — ÉPERONS TRANSVERSAUX : simplement taillés à la laye fine.

II. — **L'ancien dallage.**

X, Y. — Limites de l'ancien dallage.
T. — PIERRES DE L'ANCIEN DALLAGE :

    k. — *Tranche verticale*, laissée à l'état d'ébauche en attendant un ravalement sur tas.
    b' a'. — *La même tranche, après ravalement :*

        a'. — Bordure supérieure, ciselée sur tas ;
        b'. — Bordures verticales : ciselées aussi sur tas, mais simplement au ciseau dentelé.
        v'. — Partie centrale : grossièrement taillée.

III. — **Le nouveau dallage.**

1° P. — UNE PIERRE PRÊTE A POSER :

    P. — *Face supérieure,* laissée à l'état d'ébauche en attendant un ravalement sur tas.
    h. — *Face latérale,*   id.
    b a v. — *Plan de joint :*

        - *a b.* — Bordure ciselée ;
        v. — Partie centrale : grossièrement taillée.

2° S. — LA MÊME PIERRE, VUE PAR DESSOUS :

    m n f. — *Lit de pose :*

        m. — Bordure antérieure : taille entièrement lisse ;
        n. — Bordures latérales : simplement taillées à la laye fine ;
        f. — Partie centrale : grossièrement taillée.

3° R. — PIERRE POSÉE :

    b a. — *Plan de joint* (déjà décrit, à propos de la pierre P).
    h. — *Face latérale,*   id.
    R. — *Face supérieure :*

        c. — Bordure d'encadrement, ciselée sur tas au ciseau dentelé ;
        R. — Partie centrale : dressée sur tas à la laye ordinaire.

(Le dessin montre la disposition des *règles* qui servent au nivellement.)

SECONDE PARTIE

La seconde des inscriptions du temple de Livadie, ou plutôt la seconde des inscriptions réunies sur la même dalle de ses archives, a trait à l'élargissement d'un carrelage au pourtour du temple. C'est un exposé des procédés à mettre en œuvre, de la marche à suivre, des outils à employer : exposé verbeux, dont nous croyons devoir faire précéder la traduction littérale d'un dessin qui la résume.

Le dessin ci-joint, que nous donnons comme la traduction graphique du texte, présente :

1° Une vue d'ensemble des dalles ;

2° Une dalle P non encore posée ;

3° Une dalle S, renversée comme si on lui eût donné quartier de manière à montrer l'aspect de sa face inférieure.

TRADUCTION [15]

90   Pour le temple de Jupiter-Roi, pour la plate-forme à l'intérieur du sanctuaire,

Façon et pose des dalles (de carrelage) destinées au long côté.

Εἰς τὸν ναὸν τοῦ

90 Διὸς τοῦ βασιλέως εἰς τὴν ἔξω περίστασιν τοῦ σηκοῦ τῶν εἰς τὴν μακρὰν πλευρὰν καταστρωτήρων ἐργα-

[15] La reconstitution des parties effacées de l'inscription est en général conforme à celle de M. Coumanoudes, modifiée et complétée par M. Fabricius.

(Remise des matériaux a l'entrepreneur.)

Celui qui aura entrepris la façon et la [pose] (ayant reçu) des préposés au temple, pour le temple de Jupiter-Roi, pour la plateforme à l'extérieur du sanctuaire, pour le long côté de l'espace

95 regardant vers le midi, les pierres des dalles [en roche] dure de Livadie, au nombre de treize, et dont les dimensions, largeur et longueur et épaisseur, seront conformes à (celle des) pierres en place et terminées suivant le long côté, auprès desquelles celles-ci se posent :

100   L'entrepreneur ayant donc pris en charge les pierres auprès du temple, (à l'endroit) où elles ont été reçues : (pierres) saines, ayant les dimensions (et) répondant quant aux grandeurs aux prescriptions :

(Taille des faces de lits.)

D'abord, de toutes ces pierres (cet entrepreneur) fera les (faces de) lits (*f*) [16] droites, non louches, sans épaufrures, dressées à la sanguine, (savoir) :

σία καὶ σύνθεσις. Ὁ ἐργωνήσας παρὰ τῶν ναοποιῶν
εἰς τὸν ναὸν τοῦ Διὸς τοῦ βασιλέως εἰς τὴν ἔξω περίστασιν τοῦ σηκοῦ τῶν εἰς τὴν μακρὰν πλευρὰν τοῦ
95 τόπου τοῦ πρὸς μεσημβρίαν βλέποντος καταστρω[τήρων πέ-
τρας τῆς σκληρᾶς τῆς Λεβαδεϊκῆς τὴν ἐργασίαν καὶ [σύνθε-
σιν, πλῆθος δεκατρεῖς, μέτρα δὲ τούτων ἔσται μῆκος [καὶ
πλάτος καὶ πάχος ἀκόλουθοι τοῖς κειμένοις καὶ τέλος [ἔ-
χουσιν ἐν τῆι μακρᾶι πλευρᾶι, πρὸς οὓς οὗτοι τίθενται· παρα-
100 λαβὼν δὲ ὁ ἐργώνης τοὺς λίθους παρὰ τὸν ναόν, οὗ καὶ [ἐδοκ-
ιμάσθησαν, ὑγιεῖς, τὰ μέτρα ἔχοντας, ἐκποιοῦντας πρὸ[ς
τὰ μεγέθη τὰ γεγραμμένα, πρῶτον μὲν ἐργᾶται τῶν λίθων
πάντων τὰς βάσεις ὀρθὰς, ἀστραβεῖς, ἀρραγεῖς, συμμίλτου[ς,

---

[16] Βάσις est le plan de lit. Ἀπιὼν ἁρμός (un joint fuyant, un joint caché, l. 112) est un joint vertical ordinaire ; προσιὼν ἁρμός (l. 106) est la face verticale *h* qui fait parement.

A l'aide du taillant dentelé (à dents) serrées, affûté :

105 Toutes les parties (n, m) qui portent sur les éperons transversaux (B) et sur la substruction longitudinale (A), sur une largeur d'au moins deux pieds à partir du joint de face (h) ; et, pour les (parties) moyennes (v) de la face de contact, à l'aide du taillant dentelé, rude ;

Faisant le tout droit conformément (aux indications d') une règle continue, (règle qui ne sera) pas moindre : (en longueur),

110 que la pierre travaillée ; en largeur, que six doigts ; en hauteur, que un demi-pied.

— Et, sous toutes les dalles, il champlèvera par rapport au (plan de) lit (f) :

(Tout) ce qui porte sur les substructions longitudinales (zone m);

(Et), à partir du joint fuyant [17], ce qui sera indiqué (tant) en largeur (qu') en profondeur (zone n) :

Faisant le champlevage ainsi qu'il a été dit à propos des lits [18];

Faisant la profondeur de ce champlevage le long de la substruction longitudinale (c'est-à-dire en m) d'au plus un petit doigt.

ἀπὸ ξοίδος χαρακτῆς, πυκνῆς, ἐπηκονημένης τὰ ἐπιβαί-
105 νοντα πάντα ἐπὶ τοὺς κρατευτὰς καὶ ἐπὶ τὴν ὑπευθυντη[ρί-
αν μὴ ἔλαττον ἢ ἐπὶ δύο πόδας ἐκ τοῦ προσιόντος ἁρμοῦ, τὰ
δὲ μέσα συνψαύοντα ἀπὸ ξοίδος χαρακτῆς, τραχείας, ποιῶν ὀρθὰ πάντα πρὸς κανόνα διηνεκῆ μὴ ἔλαττω τοῦ ἐν-
εργουμένου λίθου, πλάτος μὴ στενότερον δακτύλων ἕξ,
110 ὕψος ἡμιποδίου. Ὑποτεμεῖ δὲ τῶν καταστρωτήρων πάντων ἐγ βάσεως τὸ ἐπὶ τὴν ὑπευθυντηρίαν ἐπιβαῖνον, ἐ[κ
τοῦ ἀπιόντος ἁρμοῦ πλάτος καὶ βάθος τὸ δειχθέν, ἐρ-
γαζόμενος τὰς ὑποτομὰς καθὼς καὶ περὶ τῶν βάσεω[ν
γέγραπται, χάλασμα ποιῶν ἐν τῆι ὑποτομῆι τῆι παρὰ τὴ[ν

---

[17] C'est-à-dire à partir du *joint* proprement dit : cette indication était nécessaire, puisque nous venons de voir que la face verticale *h* de parement porte, elle aussi, le nom d'ἁρμός.

[18] Ce champlevage n'est en effet autre chose que la taille même de la zone de bordure *m, n* à laquelle se rapporte la ligne 104.

(TAILLE DES FACES DE JOINTS.)

115   Et tous les joints fuyants des dalles[19], il les fera dressés **rouge**,
       droits , non louches, sans épaufrures[20], verticaux, à angles bien
       réglés à l'équerre, pleins au pourtour sur trois côtés (*b, a, b*)
       la largeur d'au moins neuf doigts, taillés (sur cette largeur de
       neuf doigts) à l'aide du lissoir lisse affûté, en les vérifiant exacte-
120   ment à la sanguine. — Quant aux (parties) moyennes (*v*) de la
       face de contact, (il les fera) à l'aide du taillant denteté, rude.

       Et il fera l'encadrement (*b, a, b*) de tous les joints fuyants, à
       la règle de pierre : vérifiant exactement à la sanguine, (et) recti-
       fiant par frottement, chaque fois que nous l'ordonnerons, toutes
125   les règles d'après la (règle)-étalon de pierre qui est déposée dans
       le temple.

(RAVALEMENT DES JOINTS D'ATTENTE DES ANCIENNES DALLES.)

       Et il retaillera aussi les joints fuyants (*b' a' b'*) des dalles qui
       sont en place et terminées contre lesquels il devra poser (les nou-
       velles dalles) :

115   ὑπευθυντηρίαν μὴ πλέον δακτυλίσκου, Ἐργᾶται δὲ καὶ
       τοὺς ἁρμοὺς πάντας τοὺς ἀπιόντας τῶν καταστρωτή-
       ρων συμμίλτους, ὀρθοὺς. ἀστραβεῖς, ἀρραγεῖς, καθέτο[υ]ς, εὐ-
       γωνίους πρὸς τὸ προ[ς]αγωγεῖον, στερεούς. κύκλωι τὰ τρία
       μέρη μὴ ἔλαττον δακτύλων ἐννέα ἀπὸ λειστρίου λείου, ἐ-
120   πηχονημένου, μιλτολογῶν δοκίμως, τὰ δὲ μέσα συν-
       ψαύοντα ἀπὸ ξοίδος χαρακτῆς, τραχείας, καὶ ἀναθυρώ-
       σει τοὺς ἁρμοὺς πάντας τοὺς ἀπιόντας κανόν[ι λιθί-
       νωι μιλτολογῶν δοκίμως, ἀναξέων τοὺς καν[όνας
       πάντας, ὁσάκις ἂν κελεύωμεν, πρὸς τὸν κανόν[α τὸν λίθινον
125   τὸν ἐν τῶι ἱερῶι ὑπάρχοντα δοκίμως. Ἀποξέσ[ει δὲ καὶ
       τοὺς ἁρμοὺς τῶν καταστρωτήρων τοὺς ἀπιό[ντας
       τῶν] κειμένων καὶ τέλος ἐχόντων, πρὸς οὓς μ[έλλε.

[19] C'est-à-dire les joints latéraux et les joints postérieurs.

[20] Ces quatre premières conditions sont celles qui ont été prescrites pour les *lits* (l. 103) ;
celles qui vont suivre sont spéciales aux *joints*.

Ayant tendu le (cordeau de) lin horizontalement dans la direction [de l'alignement] (du joint qui va) de gauche à droite, et 130 (un autre cordeau) dans l'alignement du parvis (qui est) en avant du long côté (lignes X et Y), et, ayant (à l'aide de ces cordeaux) battu des lignes en présence de l'architecte, qu'il abatte ce qui se trouvera en saillie, à l'aide du ciseau : faisant (ainsi les pierres T à) la largeur donnée ; faisant le tout droit, à arêtes vives.

Et le rebord supérieur (a') de (la tranche de) toutes les treize pierres posées, qu'il le dresse au rouge suivant une règle longue 135 d'au moins vingt pieds, d'une épaisseur de six doigts, d'une hauteur d'un demi-pied : vérifiant à la sanguine (et aplanissant) à l'aide du lissoir lisse, affûté ; faisant (le rebord) droit, sans épaufrures, ajusté au rouge sur une profondeur d'au moins neuf doigts.

(Il dressera ce rebord a') ayant auparavant taillé sur toutes les pierres des (ciselures) directrices (b') le long des joints (verticaux) 140 en se guidant d'après l'équerre et d'après la ligne battue, le long de laquelle il exécutera la taille latérale (v')[21].

τιθέναι, ἐκτείνας τὴν λινέην κατὰ κεφαλὴ[ν διατο-
νείου ἐν ὀρθῶι. [ἀρι]στεραχόθεν καὶ τοῦ προδόμ[ου πρὸ τῆς
130 μακρᾶς πλευρᾶς, καὶ γραμμὰς καταγραψάμε[νος παρόν-
τος τοῦ ἀρχιτέκτονος ἀφελέτω τὸ πρόςεργον [τὸ ὑπάρχ-
ον ἀπὸ κολαπτῆρος, πλάτος ποιῶν τὸ δοθέν, ποι[ῶν πάντα
ὀρθά, ὀξυώρια· καὶ μιλτολογησάτω τὴν ἄκραν πάν[των τῶν
λίθων τῶν κειμένων τῶ[ν] τρεισχαίδεκα χρὸς κ[ανόνα
135 μακρὸν μὴ ἔλαττον ποδῶν εἴκοσι, πάχος ἓξ δακτ[ύλων,
ὕψος ἡμιποδίου, μιλτολογῶν ἀπὸ λειστρίου λείου, ἐ[πηκονη-
μένου, ποιῶν ὀρθά, ἀρραγῆ, σύμμιλτα, βάθος μὴ ἔλατ[τον ἐννέα
δακτύλους, πρῶτον διαξέσας σημείας παρὰ το[ῖς ἀρμοῖς
καθ᾽ ἕκαστον τῶν λίθων ἐν ὀρθῶι πρὸς τὸ προςα[γωγεῖον
140 καὶ τὴν γραμμὴν τὴν καταγραφεῖσαν, πρὸς ἣν [παραξέ-

[21] C'est-à-dire qu'on effectuera les opérations dans l'ordre suivant :
  1° Les amorces verticales b' ;
  2° Les amorces horizontales a' ;
  3° La surface intermédiaire v'.

Et il exécutera aussi la taille latérale le long de la ligne battue dans la direction du parvis (direction Y) ; il la fera de la même manière.

Ensuite il fera à la règle de pierre l'encadrement (*b' a' b'*) des joints des dalles qui sont en place, contre lesquelles il devra poser (les nouvelles dalles), suivant ce qui a été écrit au sujet des joints (des nouvelles dalles)[22].

(POSE DES NOUVELLES DALLES.)

145 Et lorsqu'il devra poser les (nouvelles) pierres, il écrêtera horizontalement les éperons ainsi que la substruction longitudinale, (savoir) :

Les éperons (B), à l'aide du taillant dentelé (à dents) serrées, affûté.

Et la substruction longitudinale (A), à l'aide du taillant mousse, conformément aux (parties) qui sont en place et terminées, et il montrera qu'elles ont été écrêtées exactement.

150   — Ensuite il posera les dalles, faisant comme il a été écrit : commençant la pose de gauche à droite, ainsi qu'il lui aura été

σει τὴν παραξοήν· παραξέσει δὲ καὶ τὴν ἐν τῶι πρ[οδόμωι γραμμὴν ὡσαύτως. Ἔπειτεν ἀναθυρώσει τοὺς ἁρμοὺς [πρὸς τὸν
κανόνα τὸν λίθινον τῶν κειμένων καταστρωτ[ήρων, πρὸς
οὓς μέλλει τιθέναι, καθὼς καὶ περὶ τῶν ἀπιόντων [ἁρμῶν
145 γέγραπται. Ὅταν δὲ μέλληι τιθέναι τοὺς λίθους, πρ[οσεπικόψει
τοὺς κρατευτὰς κατὰ κεφαλὴν καὶ τὴν ὑπευθυντ[ηρίαν, τοὺς
μὲν κρατευτὰς ἀπὸ ξοΐδος πυκνῆς, χαρακτῆς, ἐπη[κονημέ-
νης, τὴν δὲ ὑπευθυντηρίαν ἀπὸ ξοΐδος ἀρτιστόμο[υ ἀκολού-
θως τοῖς κειμένοις καὶ τέλος ἔχουσιν, καὶ ἀποδείξ[ει ἐπίκε-
150 κομμένα δοκίμως. Εἶτεν θήσει τοὺς καταστρωτῆρ[ας, ἐργα-
ζόμενος καθὼς γέγραπται, ἀρχόμενος τῆς θέσεω[ς ἀριστε-

---

[22] En d'autres termes, on appliquera au ravalement des joints d'attente *b'a'b'* toutes les prescriptions qui ont été formulés l. 115 pour les joints *bab* des dalles nouvelles.

indiqué ; plaçant une (pierre dans l'intervalle de deux joints : (pierre) coincée sur (toute) sa hauteur, et régnant à niveau avec celles qui sont en place et terminées.

(DIGRESSION SUR LE DRESSAGE AU ROUGE.)

Et il se servira pour toutes les règles d'huile épurée et de sanguine de Sinope.

155 Et s'il ne se sert pas de sanguine de Sinope ou d'huile épurée, il sera puni d'amende par les préposés au temple et par les Bœotarques, et on ne lui laissera plus sceller aucune pierre jusqu'à ce qu'il ait prouvé aux préposés au temple qu'il fait usage de sanguine de Sinope et d'huile épurée.

(RÉCEPTION [23].)

160 Et il soumettra la façon et la pose à l'architecte ; mais au sous-architecte (il soumettra) les joints et les lits de toutes les pierres : constatant avec lui l'ajustage [24], (vérifiant) les faces de lits à

ρχόθεν, ὡς ἂν αὐτῶι δειχθῆι, ἕνα ἀμφ' ἁρμόν ἐμβα[λὼν, κατὰ ὕ-
ψος ἐπίσφηνον, κατὰ κεφαλὴν δὲ στοιχοῦντα τ[οῖς κειμένοις
καὶ τέλος ἔχουσιν. Καὶ ἐλαίωι δὲ καθαρῶι πρὸς πάν[τας τοὺς κα-
155 νόνας χρήσεται καὶ μίλτωι Σινωπίδι· ἐὰν δὲ μὴ χ[ρῆται μίλτωι Σινωπίδι ἢ ἐλαίωι καθαρῶι, ζημιωθήσεται ὑπ[ὸ τῶν ναοποιῶν καὶ βοιωταρχῶν, καὶ οὐ πρότερον αὐτῶι λί[θος οὐδεὶς
κατακλεισθήσεται ἕως ἂν ἐπιδείξηι τοῖς ναοπο[ιοῖς χρησά-
μενος μίλτωι Σινωπίδι δοκίμωι καὶ ἐλαίωι καθαρῶ[ι. Ἀποδεί-
160 ξει δὲ τὴν μὲν ἐργασίαν καὶ τὴν σύνθεσιν τῶι ἀρχιτέκ[τονι, τῶι δ' ὑ-
παρχιτέκτονι τῶν λίθων πάντων τοὺς ἁρμοὺς καὶ τ[ὰς βά-

[23] Ainsi que le montreront les notes qui vont suivre, ce programme des opérations de réception répond *article par article* aux prescriptions mêmes du devis dont il est le résumé : cette remarque peut, je crois, aider à saisir le sens des formules de ce programme, qui sont parfois abrégées jusqu'à l'incorrection.

[24] Τρίμμα paraît impliquer l'idée de choses ajustées, « qui frottent » exactement l'une sur l'autre : l. 160, 164, 165.

l'aide de [l'huile] vert[e] d'[olive][25] : (s'assurant) que (les dalles)
siègent bien à la place (qui leur est) propre, qu'elles sont entières,
qu'elles ne bronchent pas, qu'elles n'ont point de défaut, qu'elles
ne sont pas calées par dessous, qu'elles s'ajustent exactement
165 les unes contre les autres ; éprouvant par le son les vides des surfaces de contact ; (vérifiant) :

Que ce qui porte sur les éperons (est fait) au taillant dentelé,
(à dents) serrées, affûté[26] ;

Que (ce qui porte) sur[27] la substruction longitudinale (est fait)
au taillant mousse[28] ;

(En ce qui concerne) les joints : (les vérifiant) à l'huile [et au
fil à] plomb ; (constatant qu'ils sont faits) au lissoir lisse, affûté[29].

(Nettoyage et scellement.)

Et lorsqu'il aura terminé, ayant passé au nitre le joint et
170 l'ayant lavé à l'eau pure, ensuite qu'il le scelle.

Mais que l'entrepreneur (fasse) l'introduction des goujons et

σεις, ἄμα τριμματολογῶν, τὰς μὲν βάσεις ἐκ χλόης ἐ[λαίας
ἐν ταῖς ἰδίαις χώραις βεβηκότας, ὅλους, ἀσχάστους, ἀνε[γκλή-
τους, ἀνυποπάστους, ὁμοτριβοῦντας, διακρούων τὰ δ[ιάκε
165 να τῶν τριμμάτων, τὰ μὲν εἰς τοὺς κρατευτὰς ἀπὸ ξοίδ[ος χαρακτῆς, πυκνῆς, ἐπηχονημένης, τὸ δὲ ὑπὸ τὴν ὑπευθυν[τηρί-
αν ἀπὸ ξοίδος ἀρτιστόμου, τοὺς δὲ ἁρμοὺς ἐξ ἐλαίου κ[αὶ μολυ-
βδίου ἀπὸ λειστρίου λείου, ἐπηχονημένου, Ὅταν δὲ συντε[λέσῃ
τὸν ἁρμὸν ἐγνιτρώσας καὶ ἐκπλύνας ὕδατι καθαρῶι, ἔπ[ειτεν
170 κατακλειέτω. Τὴν δὲ ἐμβολὴν τῶν γόμφων καὶ τῶν δ[εμάτων
καὶ τῶν π[ελε]κίνων καὶ τὸν σταθμὸν τούτων καὶ τὴν μ[ολυβδο-

---

[25] Ce « vert d'olive » répond probablement à l'*oleum viride* des Latins, qui était une qua-
lité d'huile d'un prix fort élevé (Columell., XII, 50).

[26] Cf. prescriptions, l. 104.

[27] Ὑπό pour ἐπί : Il y a évidemment ici, soit une faute du graveur, soit une erreur du
copiste.

[28] Ce détail paraît avoir été négligé dans l'énoncé des prescriptions l. 104 et suiv.

[29] Cf. prescript. l. 119.

des crampons et des queues d'aronde et la pesée de ces (ferrements) et (leur) scellement au plomb entièrement en présence des préposés au temple, présent lui-même : mais, en secret, qu'il ne scelle absolument rien.

Et s'il scelle quelque chose (en secret), il refera le tout depuis le commencement.

(CLAUSES PÉNALES.)

Et il sera puni d'amende par les préposés au temple et par les
175 Bœotarques suivant ce qu'il paraîtrait mériter s'il ne fait pas (une partie) des choses écrites dans la convention.

Et si quelque autre parmi ceux qui travaillent avec lui est en quelque chose convaincu de malfaçon, qu'il soit chassé du chantier et que désormais il ne participe plus au travail. Et s'il n'obéit pas, il sera puni d'amende lui aussi en même temps que l'entrepreneur, et (l'entrepreneur) ne scellera plus aucune pierre,
180 jusqu'à ce qu'il ait fait ce qui est écrit.

Et si par hasard en cours d'exécution il importe d'ajouter ou de retrancher à quelqu'une des dimensions prescrites, il fera comme nous commanderons.

χοίαν πᾶσαν τοῖς νκοποιοῖς παρὼν κύτὸς ὁ ἐργώνης, ἀ[νεπί-
δεικτον [δ]ὲ μηθὲν κατακλειέτω· ἐὰν δέ τι κατακλείση[ι, πάλιν
τε ἐξ ἀρχῆς ἄρας ποιήσει, καὶ ζημιωθήσεται ὑπὸ τῶν νκοπ[οιῶν
175 καὶ βοιωταρχῶν καθ' ὅ τι ἂν φαίνηται ἄξιος εἶναι μὴ ποιῶν [τῶν ἐν
τ]ῆι συγγραφῆι γεγραμμένων. Καὶ ἐάν τις ἄλλος τῶν συν[ερ-
γαζομένων ἐξελεγχηταί τι κακοτεχνῶν, ἐξελκυνέσθω ἐ[κ τοῦ
ἔργου καὶ μηκέτι συνεργαζέσθω· ἐὰν δὲ μὴ πείθηται, ζη[μιωθή-
σεται καὶ οὗτος μετὰ τοῦ ἐργώνου, καὶ οὐ πρότερον οὐδέν[α μο-
180 λυβδοχοήσει λίθον, ἕως ἂν ποιήσηι τὰ γεγραμμένα. Ἐὰν δέ που παρὰ
τὸ ἔργον συμφέρηι τινὶ μέτρωι τῶν γεγραμμένων προςλ[ιπεῖν ἢ
συνελεῖν, ποιήσει ὡς ἂν κελεύωμεν. Ὅταν δὲ συνθῆι π[άντας

(RAVALEMENT DU DESSUS DU DALLAGE NEUF.)

Et lorsqu'il aura assemblé toutes les dalles, qu'il (les) écrête horizontalement, conformément à celles qui sont en place et terminées ; et qu'il fasse le dressage au rouge à l'aide du taillant
185 dentelé, exactement, suivant la règle longue[30] : travaillant au ciseau toutes les pierres sur leur pourtour[31], nivelant (ensuite) en crête d'après le pourtour des dalles, ayant préparé des cubes de bois sec d'olivier sauvage, et ayant montré le tout droit et dressé au rouge...

τοὺς καταστρωτῆρας, ἐπικοψάτω κατὰ κεφαλὴν ἀκολούθ[ως τοῖς
κειμένοις καὶ τέλος ἔχουσιν, καὶ μιλτολογησάτω ἀπὸ ξοΐδ[ος χαρα-
185 κτῆς δοκίμως τῶι μακρῶι κανόνι, διακολαπτηρίζων τοὺ[ς λίθους
κύκλωι πάντας, διαβητιζόμενος κατὰ κεφαλὴν ἀπὸ τῆς ὑ[παρχού-
σης περιτενείας τῶν καταστρωτήρων, κύβους κατασκευ[ασάμε-
νος ξύλων ξηρῶν ἀγριελαΐνων καὶ ἀποδείξας ὀρθὰ καὶ σύμ[μιλτα.

[30] Cf. l. 135.
[31] Encadrement r.

INTERPRÉTATION TECHNIQUE

―――

I

Objet de l'entreprise. — État des chantiers lors de l'adjudication.

· L'entreprise à laquelle se rapporte ce long devis est fort simple en elle-même : un élargissement de trottoir ; l'extrême précision de travail que les Grecs s'imposaient en toutes choses explique seule la minutie des détails.

Le trottoir doit comprendre deux rangées de dalles, T et R.

De ces deux rangées, l'une (T) est entièrement posée, à l'autre il manque treize dalles destinées à couvrir l'espace compris entre les lignes X et Y.

L'administration a fait approvisionner ces treize dalles ; et c'est aux opérations de la pose qu'est exclusivement consacré le marché.

— Les dalles de la rangée T, avons-nous dit, sont en place : mais on a eu soin, en vue d'éviter les chances d'épaufrures, de laisser brutes les faces verticales d'attente X et Y, sauf à les dresser seulement lors de la pose de la nouvelle rangée R (l. 126).

Quant à cette rangée R, ses fondations sont assises : elles consistent en une substruction longitudinale A formant bordure extérieure, et une série de substructions transversales B, faisant éperons (l. 145).

Mais, par la même attention qui a déterminé à laisser brutes les faces verticales d'attente X et Y, on a laissé brute la face de lit de cet ensemble de substructions ; le ravalement de la face de lit ne doit s'exécuter *qu'au moment* de la pose des nouvelles dalles.

II

Taille préparatoire d'une dalle.

Pour la taille d'une dalle, les opérations se succèdent dans l'ordre suivant :

1° DRESSAGE DE LA FACE INFÉRIEURE.

D'abord le tailleur de pierre ébauche sur toute son étendue la face horizontale *f* qui doit former le dessous de la dalle.

Puis, comme il suffit d'obtenir un dressage exact dans les parties où la dalle doit poser sur l'assise de fondation, l'ouvrier exécute le long des arêtes *n, m, n* une ciselure très correcte, ce sera la surface de contact. La largeur de la bande ciselée *m* est de deux pieds ; celle des bandes *n* est réglée d'après celle des éperons B.

2° DRESSAGE DES FACES DE JOINTS.

— La ciselure qui règne sur la face horizontale de lit le long des trois arêtes *n, m, n,* nous la retrouvons sur toutes les faces verticales de joints : joints latéraux et joints postérieurs. Chacune de ces faces de joints est formée d'une partie centrale *v* grossièrement taillée, et encadrée d'un champ soigneusement ciselé, *b, a, b,* large de neuf doigts (en chiffre rond $0^m,17$).

3° FACE SUPÉRIEURE.

Quant à la face supérieure, elle reste provisoirement à l'état d'ébauche, telle que la carrière l'a livrée (croquis P) ; le ravalement n'aura lieu qu'après la pose (l. 183) : en effet les raccords qu'il exige ne peuvent guère s'exécuter que sur la pierre en place.

Pour la même raison, il est à croire que la face antérieure *h* ne fut taillée définitivement qu'après coup : mais sur ce point l'inscription est muette ; et, si l'on en juge par l'ordre logique des idées, c'est à cette question du ravalement de la face vue *h* que se rapportaient les premières lignes perdues.

III

Recoupe des joints d'attente des anciennes dalles.

Les faces verticales d'attente qu'il faut régler définitivement avant la pose des nouvelles dalles ont leurs directions marquées par les lignes X et Y ; et, à cet égard, les prescriptions du devis se résument comme il suit :

1re Opération :

Tracé, suivant chacune des directions X et Y, d'une ligne « battue » au cordeau (l. 128).

2e Opération :

Ravalement des faces provisoires de joints suivant les plans verticaux que définissent les lignes X et Y :

Ce ravalement doit avoir pour effet (l. 126) de rendre les tranches des anciennes dalles de tout point semblables à la tranche des nouvelles dalles qui doivent s'accoler contre elles : ciselure *a'* le long de l'arête horizontale supérieure ; ciselure *b'* le long de chacune des arêtes montantes ; la partie centrale *v'* de la face de joint demeurera à l'état de simple ébauche.

— Le devis prescrit d'ailleurs d'exécuter les ravalements dans l'ordre suivant :

En premier lieu on taillera, en se guidant sur le fil à plomb, les ciselures verticales b' ; les ciselures horizontales a' viendront ensuite ; et enfin on dressera grossièrement la partie moyenne v'.

IV

Pose des nouvelles dalles. — Réception et scellement.

Avant d'être scellée aux dalles voisines, chaque dalle est soumise à la réception des inspecteurs du chantier : on s'assure par le son qu'elle rend (l. 165) qu'elle ne présente ni fissures dans sa masse ni imperfections dans son assiette; le texte appelle spécialement l'attention des inspecteurs sur les essais de calage au sable ou au mortier que l'entrepreneur pourrait tenter pour s'affranchir de la sujétion de dresser les surfaces.

— Les vérifications terminées, la pierre est scellée au plomb en présence de l'entrepreneur et des préposés aux travaux.

Le scellement a lieu avec une certaine solennité : il fait partie de la réception même; comme d'ailleurs il s'exécute directement par les soins des préposés de l'État, on s'explique que le marché, limité aux obligations qu'il impose à l'entreprise, se taise sur les détails qui le concernent.

V

Ravalement de la face supérieure des dalles.

La dernière opération décrite au devis est le ravalement de la face supérieure (face de foulée) R :

Au pourtour de chaque dalle on taille une ciselure directrice c l. 185 ; on s'assure par un nivellement qui sera décrit plus loin, que tout l'ensemble des ciselures forme une série de cadres situés bien exactement dans un même plan horizontal. Cela fait, le ravalement des surfaces intermédiaires R n'offre plus de difficultés d'aucun genre.

VI

Détails sur les opérations et l'outillage du chantier.

a. LE DRESSAGE AU ROUGE.

Si l'on rapproche les unes des autres les indications contenues l. 108, 122 et 154, on trouve dans le devis de Livadie la trace d'un procédé de vérification journellement employé dans nos ateliers d'ajustage : ce que nos ajusteurs appellent le *dressage au rouge*. Veulent-ils savoir si une surface qui doit être plane est exactement dressée ? Ils lui appliquent une dalle de marbre couverte d'une couche de sanguine délayée dans de l'huile ; toutes les parties de la surface où la sanguine décalque, doivent être usées par retaille ou frottement, jusqu'à ce qu'enfin la sanguine décalque sur la surface entière. C'est le procédé même de dressage des lits et joints des pierres grecques ; au temple de Minerve Poliade, ce procédé fut étendu au dressage des caissons en bois du plafond.

Au lieu de dalles, les anciens employaient des prismes de pierre dure dont l'équarrissage était fixé à six doigts de largeur sur un demi-pied de hauteur (environ $0^m, 12$ sur $0^m, 15$) ; et l'entrepreneur était tenu de vérifier le dressage de ces prismes d'après un prisme-étalon déposé dans le temple.

b. LE NIVELLEMENT SUR CALES.

Les dernières lignes de l'inscription nous expliquent la manière dont on s'assura que les ciselures directrices c de la face supérieure étaient toutes en même plan :

On posa sur ces ciselures (voir la figure p. 191), des cubes de bois d'olivier ; sur ces cubes, une règle de vingt pieds qui put, grâce à ce calage, franchir les parties rugueuses du parement non ravalé. Et sur cette règle, on appliqua sans difficulté le niveau.

5

c. L'OUTILLAGE DU CHANTIER.

Entre les divers outils employés pour la taille des pierres, les travaux se répartissent de la manière suivante :

1° Travaux exécutés à l'aide de la ξοὶς χαρακτή τραχεῖα (*taillant dentelé, rude*) :

L. 107 : Taille de la partie centrale *f* de la face de lit ;

L. 121 :   id.   *v* des faces de joints.

Ces tailles pouvant être assez grossières, il est probable que l'outil qui servait à les exécuter répondait au *rustique* de nos tailleurs de pierre : un outil à tranchant muni de grosses dents, entamant la pierre par un choc oblique.

2° ξοὶς χαρακτή (*taillant dentelé*, sans désignation spéciale) :

L. 184 : Ravalement de la face supérieure R des dalles.

— Cet outil paraît répondre à la *laye* ordinaire, ou *marteau bretté* de nos chantiers.

3° ξοὶς χαρακτή πυκνή ἐπηκονημένη (*taillant dentelé, à dents serrées, affûté*) :

L. 104 et 165 : Taille des bordures *n* qui portent sur les éperons transversaux ;

L. 147 : Ravalement de la face supérieure B de ces éperons.

— Équivalent probable de l'outil grec : la *laye fine*.

4° ξοὶς ἀρτίστομος (*taillant mousse*) :

L. 148 : Ravalement de la face supérieure A de la substruction longitudinale ;

L. 168 : Taille de la partie *m* de la face de lit portant sur cette substruction longitudinale.

— L'équivalent paraît être un *marteau de tailleur de pierre*, mais un marteau présentant le profil en biseau du *bédane*.

5° χολαπτήρ (*ciseau*) :

L. 132 : Abatage sur tas de la pierre laissée en excès le long des joints d'attente (en X);

L. 185 : Ciselure directrice *c* taillée après la pose sur le pourtour des dalles R.

Cf. l. 11 : Gravure des inscriptions.

— Il s'agit probablement du *ciseau à dents*, plus ou moins étroit, parfois réduit à une simple *pointe*.

6° λείστριον λεῖον ἐπηκονημένον (*lissoir lisse affûté*) :

L. 119 et 168 : Encadrement *b a b* des joints verticaux;

L. 136 : Lissage du rebord *a'* des joints d'attente.

— Ce dernier outil ne paraît autre que le *ciseau sans dents*.

VII

Marche des travaux.

Un mot enfin sur la marche des opérations.

L'idée pratique qui paraît présider à leur succession peut je crois se résumer ainsi : Ne s'exposer jamais par un ravalement anticipé aux risques d'un épaufrure; ajourner les ravalements autant que les exigences du chantier le permettent.

C'est d'après ce principe que le ravalement des joints d'attente X et Y a été ajourné (l. 126); c'est d'après cette même considération que l'écrêtement des substructions A, B a été différé jusqu'au moment de la pose des dalles (l. 145).

Telles sont les principales indications techniques qui ressortent du texte de Livadie : texte verbeux, diffus, semé d'incidents et de digressions de tout genre, et dont la prolixe exactitude contraste avec la concision élégante des textes attiques. Mais la seule étendue de ce

devis a sa signification : elle atteste l'importance que les Grecs attachaient, même dans des contrées moins heureusement douées pour les
œuvres de l'art, à cette exécution parfaite du travail qui semble être
pour eux un besoin aussi impérieux que l'harmonie des formes ou la
justesse des proportions.

LISTE

DES PRINCIPALES EXPRESSIONS TECHNIQUES DONT LES INSCRIPTIONS DE LIVADIE PRÉCISENT LE SENS

Les mots marqués du signe * manquent au Thesaurus d'H. Estienne (Ed. Didot).

Lignes du texte.

* Ἀναθυροῦν.... 121, 142.
ἁρμός......... 138, 142, 152, 161, 167, 169.
    ἀπιών.... 112, 116, 122, 126, 144.
    — προσιών... 106.
Βάσις........ 103, 111, 113, 161, 162.
Γόμφος....... 73, 170.
Δέμα......... 70, 73, 170.
διαβήτης...... 186.
Ἐπίσφηνον ... 152.
εὕρεσις .... 7, 38, 76.
Θριγκός ...... 7, 49, 67, 75, 77...
Κανών .... 107, 123, 134, 155.
    — λίθινος.. 122, 124, 143.
*καταστρωτήρ.. 91, 95, 110, 116, 126, 143...
κολαπτήρ .... 11, 132, 185.
κρατευταί .... 105, 146, 147, 165.
*λείστριον.
    — λεῖον ἐπηκονημένον.. 119, 136, 168.

Lignes du texte.

*Μιλτολογεῖν....... 120, 133, 136, 184.
*μολυβδοχοΐα....... 32, 171.
Ξοίς.
  -- ἀρτίστομος..... 148, 167.
    — χαρακτή....... 184.
    —   πυκνὴ ἐπηκο-
            νημένη. 104, 147, 165.
    —   — τραχεῖα. 107, 121.
Ὁμορτριβεῖν .... 164, 165.
Πελεκινός......... 171.
προσαγωγεῖον...... 118, 139.
Στρωννύναι .... 65.
*σύμμιλτος....... 103, 117, 188.
*τριμματολογεῖν ... 162.
*Ὑπευθυντηρία..... 105, 111, 146, 148, 166.
ὑποτομή .... 110, 113, 114.
Χάλασμα......... 114.
χαλκόν (πρὸς)...... 6.

TABLE

—

PREMIÈRE PARTIE

Marché pour l'achèvement d'une série de stèles.

CHAPITRE PREMIER

LA 1re INSCRIPTION.

Historique sommaire des inscriptions de Livadie... 173
Leur date.. 173
Texte et traduction annotée de la 1re inscription......... 175

CHAPITRE II

COMMENTAIRE.

I. Les archives de marbre d'un temple................................... 183
II. Examen de quelques clauses administratives et financières du devis de Livadie :
    a) Fourniture des matériaux par l'État........................... 184
    b) Mode de paiement par avances échelonnées 185
III. Le devis de Livadie et le règlement des travaux publics de **Tégée**............... 187
IV. Le devis de Livadie et un marché de Délos 188

SECONDE PARTIE

Marché pour un dallage le long du temple.

CHAPITRE PREMIER

LA 2e INSCRIPTION.

I. Interprétation graphique..... 191
II. Texte et traduction annotée..... 191

CHAPITRE II

INTERPRÉTATION TECHNIQUE.

I. Objet de l'entreprise.. 201
II. Taille préparatoire d'une dalle neuve :
    a) Dressage de la face de lit... 202
    b) — des faces de joints.. 202
    c) — de la face de foulée... 202

TABLE 211

III. Recoupe des joints d'attente des anciennes dalles............................... 203

IV. Pose des nouvelles dalles. Réception et scellement........................... 204

V. Ravalement de la face de la foulée..... 204

VI. Détails sur les opérations et l'outillage du chantier :

    a) Le dressage au rouge... 205

    b) Le nivellement sur cales................................. 205

    c) L'outillage du tailleur de pierre.................................. 206

VII. Marche des travaux.... 207

Liste des principales expressions techniques dont les inscriptions de Livadie précisent

    le sens...... ....:.......... 209

PARIS. — IMP. DE LA SOC. ANON. DE PUBL. PÉRIOD. — P. MOUILLOT. — 43744.

APPENDICE

NOTICE ANALYTIQUE

DES PRINCIPALES INSCRIPTIONS RELATIVES AUX TRAVAUX DE CONSTRUCTION CHEZ LES GRECS

Indépendamment des quatre principales inscriptions commentées dans ce recueil, une assez longue série de textes épigraphiques nous offrent, soit à l'état fragmentaire, soit à titre incident, des détails de construction qui méritent d'être recueillis :

Nous donnons ici la liste de.cette nouvelle série d'inscriptions, en accompagnant la mention de chacune d'elles d'un renvoi aux éditions principales dont elle a été l'objet, et d'une analyse des renseignements qu'elle contient sur les méthodes ou l'histoire de l'architecture.

Cette revue, nous le savons, est loin d'être complète : à part les omissions involontaires, une foule de textes mutilés auraient pu y prendre place mais l'auraient allongée sans rien éclaircir, ni au point de vue de la pratique, ni au point de vue de l'histoire : il fallait nous borner ; et l'intérêt technique des textes a surtout contribué à fixer notre choix.

FRAGMENTS DE LA COMPTABILITÉ DES PROPYLÉES ET DU PARTHÉNON

Propylées : C. I. A., I, 314 et 315 ;
Parthénon : C. I, A., I, 300-313 ; IV, 297, *a.* — Cf. Rangabé, 89 ; Bœckh : *Staatshaush.*, 2ᵉ vol., XVI (2ᵉ édit., p. 336-347).

Ces comptes, fort mutilés, nous éclairent principalement sur l'histoire des magistratures qui intervenaient dans la gestion des finances d'Athènes, et sur la provenance des fonds affectés aux grands travaux de l'Acropole.

Au milieu de lambeaux de phrases indéchiffrables, on distingue la subdivision des frais d'approvisionnement des matériaux en deux articles : extraction et transport ; ce qui établit que la fourniture des marbres était faite non à l'entreprise, mais *en régie*. L'usage sur ce point est d'une constance remarquable.

Les inscriptions comprennent (C. I. A, IV, p. 37) :

1° Le salaire alloué aux carriers, λιθοτόμοις καὶ πελεκετῆσι:

2° Le chargement des blocs sur des ὑποζύγια ou des ὄνοι:

3° Le transport jusqu'aux chantiers.

— A ces inscriptions il convient de joindre un compte des conservateurs du trésor du Parthénon (C. I. A., II, 708), qui contient divers détails sur les ornements des portes, et notamment l'indication de têtes décoratives entourées de feuillage : une tête de lion, une tête de bélier, une de Gorgone ; des clous ornant la traverse inférieure, et se détachant sur un fond de dorure qui commence à s'altérer en quelques points.

FRAGMENT D'UN COMPTE DE DÉPENSES RELATIF A LA POSE DE DEUX STATUES

C. I. A., I, 319 ; Cf. Acad. des Inscr., *Savants étrangers*, tom. VI, Mém. de M. Rangabé.

— Cette inscription énumère en premier lieu une série de dépenses accessoires, telles que : achat de bronze (35 dr. le talent); achat d'étain et de saumons de plomb (κρατευταί).

Puis elle passe en revue les installations des échafaudages, parmi lesquelles on distingue une plate-forme (τράπεζα) et des κλίμακες: échelles, ou plus vraisemblablement *plans inclinés*, servant à introduire dans le temple les statues ainsi que les pierres de leur piédestal.

Le texte mentionne enfin un habillage en planches appliqué aux chambranles des portes pour prévenir les dégradations pendant le cours des travaux.

COMPTES DES PRÉPOSÉS AUX CONSTRUCTIONS D'ELEUSIS.

Inscription de l'an 329 avant notre ère. Publiée en partie par M. Foucart (*Bulletin de Correspondance hellénique*, 1883) ; éditée dans son ensemble par M. Köhler : C. I. A., 834 *b* (2ᵉ vol., 2ᵉ part.).

Cette inscription comprend :

1° Des comptes de dépenses relatifs à la restauration d'un mur dont le rôle défensif est caractérisé l. 24 (Cf. l. 20, 40 et 44), et dont l'état de ruine ressort des passages l. 45 et 24 ;

2° Les comptes de divers travaux exécutés aux édifices d'Eleusis et à l'Eleusinion d'Athènes.

1. *Indications techniques.*

COMPTES RELATIFS AU MUR D'ENCEINTE.

Substructions.

Le mur est assis sur une fondation en libages (ὑπολογή, l. 8).

— Le soubassement est exécuté (l. 17) à l'aide de matériaux d'appareil, parmi lesquels le texte distingue les pierres faisant contre-parement (ἀντι-θέμενοι, l. 21).

Les pierres de la basse fondation sont seules fournies par l'entrepreneur ; celles du soubassement sont fournies par l'État, qui les achète brutes et paie séparément le transport, la taille et la pose (l. 22).

Indépendammeñt de la pierre d'Eleusis, on voit figurer aux comptes la pierre d'Acté et celle d'Egine (l. 20 et 52 ; Cf. Arsenal du Pirée, l. 16 ; Erechtheion, inscr. III, l. 13).

Les blocs sont fixés par des *coins* en bois (l. 9 et 10): tel est précisément le mode de liaison indiqué par l'inscription des Murs d'Athènes (l. 44). Ici, les coins sont en frêne ; aux murs d'Athènes ils sont en olivier.

— L'inscription enregistre des achats de couleur noire et de sanguine (l. 12 et 14 ; Cf. l. 69). La mention de sanguine à propos d'une construction d'appareil fait songer aux procédés de « dressage au rouge » (p. 205) ; — peut-être la sanguine servait-elle simplement comme matière colorante pour des travaux de peinture.

— Il est dit enfin que tous les bois destinés aux murs (y compris les coins de scellement et les longrines de chaînage) seront protégés par une couche de poix (l. 13 ; Cf. l. 69).

Corps des murs.

Le corps des murs est bâti en briques de 1 pied 1/2 de côté et revêtu d'un enduit (l. 55 et 61).

Aux murs d'Eleusis ainsi qu'aux murs d'Athènes, les briques doivent être considérées comme des carreaux de terre crue : car les comptes, en spécifiant l'achat de l'argile (γεώνιον, l. 57) et la fabrication (l. 55, 56), ne portent rien pour la cuisson. On peut avec grande vraisemblance attribuer à la confection des briques, mortiers ou enduits, l'achat des « sacs de paille hachée » inscrits l. 73.

— Pour la restauration de ces murs de brique, on procède par repiquage : sorte de reprise qui est, ici comme dans l'inscription des Murs d'Athènes, désignée par πλινθοβολεῖν.

Charpente du chemin de ronde.

C'est je crois à la charpente de couronnement des murs que se rapportent les lignes 62-65. Moyennant cette hypothèse, il s'établit entre la charpente des murs d'Eleusis et celle des murs d'Athènes une ressemblance si complète, que notre dessin des murs d'Athènes peut servir ici comme figure explicative : c'est à ce dessin que répondent les lettres de renvoi de la traduction qui va suivre :

« 12 *poutres* (δοκοί G) ont été achetées chez Phormion :
La poutre, 17 drachmes ; total.............. .... 204 dr.
(On a acheté) 93 *solives* (στρωτῆρας L) chez Agathon fils de Philetære :
La solive 1 dr. 4 oboles ; total................ .... 155 dr.
Voliges (ἱμάντες P) : 40 ; chez Archias de Samos. Prix.......... 40 dr.
Roseaux (Cf. Murs d'Athènes, l. 68) chez Artemis du Pirée. Prix.. 70 dr.
Traverses (ἐπίβλητες K) : 200 ; chez Archias de Samos. Prix...... 40 dr. »
— La toiture (l. 72) est en tuiles de Corinthe.

TRAVAUX DIVERS.

A partir de la ligne 65, les comptes paraissent moins spécialement consacrés aux murs d'enceinte ; ils contiennent un détail d'acquisitions faites pour les combles et les portes de toute une série d'édifices : les temples et leurs dépendances, le trésor, etc.

Ouvrages en bois.

Les bois mis en œuvre consistent en pièces de cèdre, d'orme, de frène, de cyprès (2° col., l. 10, 16, 19, 32, 55).

Ces bois ont été achetés en partie en Macédoine ; pour la plupart, à Corinthe (l. 66 ; 2° col., l. 21) : l'inscription donne les prix d'acquisition, les frais du chargement et ceux du transport par mer.

— Les pièces des portes citées par l'inscription, sont les suivantes :

Seuils (ὑποτόναια, l. 66) ;

Linteaux (ὑπερτόναια, 2° col., l. 28) ;

Montants (στάθμα, l. 70 ; 2° col., l. 37 ?) ;

Moises (ζυγά et ἀντίζυγα, 2° col., l. 15, 19) ;

Les madriers, désignés sous les noms de κανόνες (2° col., l. 14, 28) ; κανονίδες (2° col., l. 19 ; Cf. l. 50) ; σανίδες (2° col., l. 16-21 ; 34).

— Certains édifices, tels que le Trésor, possèdent à la fois des portes pleines et des portes à claire-voie (2° col., l. 65, 66), dont les principales pièces sont :

Les θυροκιγκλίδες ou fuseaux de la claire-voie (2° col., l. 35 — 39 ; 66) ;

Les βάθρα ou traverses échelonnées sur la hauteur de claire-voie (2° col., l. 13 et 37 ?).

— Des articles spéciaux sont consacrés à la colle et aux clous de trois paires de portes (l. 68 ; 2° col., l. 24 et 38). Le prix des clous varie de 1 à 3 ob. ; leur nombre est de 190 pour une paire de portes, 251 pour la 2° et probablement 250 pour la 3°.

Ferrements.

La ferrure d'une porte comprend.

Des tourillons : στροφίγγες (2° col., l. 9) ;

Des crapaudines : γοινικίδες (2° col., l. 65) : une figure de la Poliorcétique de Héron ne laisse aucun doute sur le sens de ce mot (édit. Wescher, p. 106).

— Les ferrements désignés sous le nom d'ἀμφιδεῖαι (2° col., l. 55) paraissent être des frettes.

— Enfin l'inscription indique (2° col., l. 69) la ferrure d'une τροχιλεία : mais cet article de dépense n'a, croyons-nous, rien de commun avec les portes : la τροχιλεία paraît être, ici comme à l'Erechtheion, une machine telle qu'un treuil.

Goudronnage des bois.

Non seulement les coins de scellement et les longrines de chaînage des

murs sont goudronnés, mais. même dans les temples, les bois de charpente
et de menuiserie sont vernis au goudron. Une opération préalable consiste à
les passer au sable (2ᵉ col., l. 43, 44, 67). — Aujourd'hui encore, les marins
nettoient au sable leur navire, et le passent au *brai :* les Grecs, peuple de
marins, auraient transporté dans leur achitecture les usages de la charpenterie navale.

Enduits.

Nous lisons (2ᵉ col., l. 59-64) une liste de matières dont le mélange
paraît destiné à la confection des enduits :

Argiles de 2 provenances distinctes : 43 parties :

Sable : 5 parties :

Recoupes de pierre (Cf. 2ᵉ col., l. 71) :

Poussières de 3 provenances distinctes :

Paille hachée et bourre ;

Et enfin une liqueur nommée χύλωμα qui sert à agglutiner le mélange.
et qui n'est pas de l'eau, puisqu'elle coûte 1 drachme le conge. Rien n'indique
que ce soit de la chaux éteinte ; et il est à remarquer que, dans toute cette
série de comptes où figurent tant de travaux de maçonnerie, le mot de chaux
ne se présente pas une seule fois : la pierre de taille est posée à joints vifs ;
la brique et le moellon, sur lits de mortier de terre.

Décoration.

Les jambages des portes (παραστάδες, 2ᵉ col., l. 41 et 50) ont pour couronnement un chapiteau d'ante composé d'une « cymaise » (voir inscr. de l'Erechtheion, p. 148). surmontée d'un carré. Les bois des menuiseries et des charpentes sont, nous venons de le voir, vernis à la résine. Une peinture à la
cire est appliquée sur le marbre de la cymaise (2ᵉ col., l. 50 et 52).

II. *Renseignements économiques.*

Fournitures.

Ici encore les matériaux sont approvisionnés *en régie.* Pour les pierres
de taille et pour les briques, nous avons reconnu que l'État achetait la
matière et payait à part la main-d'œuvre : les seuls cas de fournitures faites
par l'entrepreneur de la main-d'œuvre sont :

1° Une fourniture insignifiante de bois pour un échafaudage volant, qui d'ailleurs demeure la propriété de l'entrepreneur (2ᵉ col. l. 42, 45) ;

2° Une autre, pour une construction de gradins ? (2ᵉ col. l. 8) qui peut-être présentent eux aussi un caractère temporaire ;

3° Une fourniture de blocages pour les travaux imprévus de la basse fondation (l. 9).

— Pour ce dernier genre de travail, l'usage grec paraît être de laisser à l'entrepreneur le soin de se procurer lui-même les matériaux : le devis de Livadie (p. 184) nous a précédemment offert un exemple à l'appui de cette remarque ; une inscription de Lesbos que nous résumerons plus loin nous donnera l'occasion d'une vérification nouvelle.

Condition des ouvriers esclaves.

L'inscription jette quelque jour sur la situation des esclaves publics :

La nourriture d'un esclave coûte par jour 1/2 drachme (l. 5 ; 2ᵉ col. l. 5). L'État fournit à ses esclaves : 1° leurs instruments de travail, tels que les corbeilles pour les transports (l. 65 ; 2ᵉ col. l. 31) ; 2° leur vêtement. Le texte spécifie l'achat de leurs chapeaux (l. 70) ; le ressemelage de leurs chaussures (2ᵉ col. l. 55). A certaines fêtes on leur fait une distribution de vin (2ᵉ col. l. 68). — Leurs chefs sont nourris comme eux, et touchent un salaire de 10 dr. par prytanie, soit par 35 jours (l. 5 ; 2ᵉ col. l. 6) : cette solde est fort inférieure à celle des ouvriers libres ; le surveillant ne serait-il pas lui-même un esclave auquel l'État alloue comme encouragement une légère rétribution ? — Enfin (2ᵉ col. l. 60) nous voyons l'esclave associé aux mystères de la religion éleusinienne : initiation fort imprévue et qui relève l'idée que nous sommes habitués à nous faire de la condition de cette classe d'hommes dans la société grecque.

Salaires des ouvriers libres.

Le salaire journalier, pour l'ouvrier qui se nourrit à ses propres frais (οἰκόσιτος), varie entre 1 dr. 1/2, prix ordinaire (l. 30, 33, 46, 62 ; 2ᵉ col. l. 24), et 2 dr. (2ᵉ col. l. 42) ou même 2 dr. 1/2 (l. 28). On le voit exceptionnellement descendre (l. 32) à 1 dr. 1 obole 1/2.

Si l'on compare ces chiffres au prix constant de 1 dr. porté aux comptes de l'Erechtheion, on observe :

1° L'absence d'uniformité dans les salaires, qui paraît établir une différence entre les coutumes d'Eleusis et celles d'Athènes ;

7

2° L'usage, à Eleusis, de laisser la nourriture à la charge de l'ouvrier. La différence entre le salaire habituel d'Eleusis et le salaire d'Athènes est de 1/2 dr. : or nous venons de dire que ce chiffre de 1/2 dr. correspond juste au prix de l'alimentation journalière d'un esclave. Cela donnerait à croire que, sur les chantiers de l'Erechtheion, les ouvriers recevaient leurs aliments en nature.

Prix divers.

Les matériaux de construction sont acquis aux conditions suivantes :

Le mille de briques crues de 1 pied 1/2 de côté coûte 36 dr. de fabrication et 4 dr. d'argile : en tout, 40 dr. (l. 36 et 37).

— Une tuile de Corinthe vaut, prise à Corinthe, 5 oboles (l. 73) ; rendue à Athènes, elle revient à 1 dr. (l. 71).

Les tuiles ordinaires coûtent, en fabrique, à peu près le même prix que celles de Corinthe (2ᵉ col. l. 74) : le transport seul est moins cher.

— Les bois précieux destinés à la menuiserie sont évalués à la pièce ; le prix du pied cube, calculé d'après les données de l'inscription (2ᵉ col.), s'élève pour le cèdre à plus de 80 dr. ; pour l'orme, il varie de 8 à 20 dr. ; le frêne paraît avoir une valeur peu différente de celle de l'orme.

— A propos de l'Arsenal du Pirée, nous avons posé la question de la provenance des bois de charpente. L'inscription d'Eleusis est loin de la résoudre ; mais, en indiquant Corinthe comme l'entrepôt principal, elle exclut tout au moins l'hypothèse d'une provenance indigène.

COMPTES DE CONSTRUCTION DU GRAND TEMPLE D'ELEUSIS

C. I. A. 834 c (2ᵉ vol. 2ᵉ part.). — Inscription de l'an 347 avant notre ère, publiée pour la première fois par M. Philios ('Εφημ. ἀρχαιολ. 1883, 1).

C'est un fragment de comptabilité relatif à des transports de marbres ; et, d'après la remarque de M. Philios, ces marbres sont ceux du frontispice élevé devant le grand temple de Cérès par l'architecte Philon, sous le gouvernement de Démétrius de Phalère (Vitr. VII, 17) : la date répond de l'attribution.

— Les dix premières lignes (fort mutilées) paraissent consacrées à la mise en état de la route où les transports doivent avoir lieu, et des aqueducs qui traversent cette route (ὑπόνομοι, l. 4).

— Viennent ensuite les comptes d'établissement ou de réparation des chariots destinés aux transports (l. 11-44).

Les câbles de l'attelage proviennent en partie des dépôts de la marine : des ὑποζώματα, fournis par l'arsenal du Pirée, sont coupés pour s'adapter à leur nouveau rôle (l. 12, 20 ; 13, 14).

Les organes des chariots donnent lieu à une longue nomenclature où certains mots, tels que ἐπωτίδες, paraissent empruntés au vocabulaire de la marine ; d'autres, au vocabulaire de l'architecture : καταγεῖσα, μεσόμναι, etc. A l'aide de ces éléments on pourrait, croyons-nous, reconstituer avec grande vraisemblance le chariot ; mais cette question se rattache trop indirectement à l'histoire de l'architecture pour que nous entrions dans les développements qu'elle exige.

— De la ligne 44 à la ligne 63, l'inscription détaille les dépenses de personnel :

L'architecte, c'est-à-dire le surveillant du chantier, est rétribué à raison de 2 dr. ? par jour (l. 60).

Le secrétaire chargé de tenir l'état des dépenses reçoit par décret du peuple une indemnité journalière de 2 oboles.

Quant aux esclaves, les dépenses qui les concernent sont de point en point celles de l'inscription précédente : initiation aux mystères (l. 44) ; achat de chapeaux, de semelles et de clous pour les chaussures (l. 44, 49).

— Les dernières lignes (64-87) ont trait au transport même des tambours de colonnes entre le Pentélique et Eleusis. Les comptes nous sont conservés pour 24 tambours (ou, littéralement, pour 24 « vertèbres ») ; et voici les chiffres qui en ressortent :

Prix de la journée d'une paire de bêtes de trait (de bœufs probablement) : 4 dr. et 1/2 obole (l. 65) ;

Nombre de paires de bêtes de trait attelées pour traîner un bloc : variable entre 37 et 40 ;

Durée du trajet : 3 jours (exceptionnellement 2 jours 1/2, l. 73).

Cette dépense de force et de temps pour faire parcourir dix lieues environ à des blocs dont le volume n'excède pas 2^{mc}, paraît indiquer une route bien défectueuse.

COMPTES DE CONSTRUCTION DU TEMPLE DE JUPITER-SAUVEUR AU PIRÉE

Inscription publiée par M. Eustratiades dans l''Αρχαιολογιχὴ ἐφημερίς, 2e série, 1872, n° 421.

— Les principaux articles déchiffrables se rapportent à l'établissement des soubassements. Ces soubassements (κρηπιδαῖοι) sont exécutés en pierre de même provenance que celle de l'Arsenal du Pirée, la pierre *d'Acté* (l. 14). D'ailleurs, suivant la règle presque universellement adoptée chez les Grecs, les pierres ne sont pas fournies par l'entrepreneur : l'État les fait directement extraire, par voie de régie, et en solde aux tâcherons « l'extraction et le transport (l. 14). »

— Les lignes 20-25 ont trait à la pose de 51 καταληπτῆρες : sont-ce des crampons de scellement que leur forme ferait assimiler à des *anses?*

COMPTE DE TRAVAUX EXÉCUTÉS AUX ABORDS D'UN TEMPLE A TRÉZÈNE

Le Bas, *Voyage archéol.*, complément par M. Foucart : Béotie, 157, *a*.

— Les premières lignes de ce fragment d'inscription contenaient les derniers articles d'un compte pour l'achèvement du temple : on y mentionne (l. 8) le ravalement du stylobate, qui se faisait en dernier lieu par crainte des accidents qui menacent spécialement cette partie de la construction ; puis (l. 12-19) l'indemnité de retour allouée aux ouvriers d'art devenus sans emploi.

— La 2ᵉ partie de l'inscription a trait à des travaux aux abords du temple, savoir :

1° Murs servant probablement à la clôture de l'enceinte sacrée (l. 18-25) : murs en pierre, abrités par une toiture en tuiles.

2° Rectification de la voie d'accès du temple (l. 26-40) : Mention est faite des murs de soutènement, ὑποδομαί (l. 35 et 36) ; de leurs fondations, θεμέλια, et du remblai, χοή, qu'ils supportent. Vient enfin la *chaussée* proprement dite, στρῶμα, et le couronnement, ἀποτρίγχωσις, des murs bordant la route.

3° Aqueduc composé de tuyaux, αὐλοί (l. 41, 42) ;

4° Bassin, πυαλίς (l. 43) ;

5° Rigole, ζωρύα, destinée à détourner les eaux vives qui menacent le temple (l. 45-49).

COMPTE DE TRAVAUX PUBLICS A HERMIONE

Le Bas *Voyage archéol.*, contin. par M. Foucart : Pelop., 159, *h*.

— L'inscription mentionne :

1° Des paiements pour transports de pierres (l. 14 et 15), pour montages de chapiteaux (l. 17 et 18) ;

2° Des indemnités de retour allouées aux ouvriers étrangers (l. 5 à 13).

INSCRIPTION DE CORCYRE

C. I. G., 1838.

Sur le même marbre sont réunis deux textes différents : l'un est un compte de dépenses ; l'autre paraît être le libellé d'un jugement ou d'une convention sur une question de servitude d'écoulement des eaux pluviales qui tombent de la toiture d'un temple.

— Indications juridiques et économiqnes fort vagues, et qui n'intéressent qu'indirectement l'histoire de l'art des constructions.

RÈGLEMENT GÉNÉRAL POUR LES TRAVAUX PUBLICS A TÉGÉE

Inscription en dialecte béotien, publiée et traduite pour la première fois par M. Rangabé (Acad. des Inscr., *Savants étrangers*, 1ᵉ série, t. VI, p. 279) ; rééditée et traduite à nouveau par M. Foucart dans la continuation du *Voyage archéologique* de Le Bas (Pelop., 340, *e*) ; commentée au point de vue juridique par M. R. Dareste (*Annuaire de l'Association des Etudes grecques*, 1877, p. 107).

— Les clauses sont purement administratives, et se classent comme il suit :

l. 1. Institution d'une juridiction spéciale (le tribunal des adjudicateurs) pour toutes les questions relatives aux travaux.

l. 6. Dispositions relatives au cas où les travaux seraient interrompus par une guerre.

l. 15. Mesures à prendre en cas d'entraves apportées aux adjudications.

l. 20. Défense de se charger sans autorisation spéciale de plus de deux entreprises à la fois.

l. 30. Interdiction de toute action devant des tribunaux étrangers.

l. 37. Clauses relatives aux dommages et aux cas d'insubordination.

l. 52. Les prescriptions du présent règlement sont valables pour tous les travaux publics de Tégée.

— Les termes de l'inscription supposent le système des paiements par avances. Le règlement prescrit en effet (l. 12) que si les travaux *non encore commencés* sont empêchés par un cas de force majeure, l'entrepreneur *rendra l'argent qu'il aura reçu* : il n'est pas sans intérêt de constater la généralité de cet usage qui consistait à solder les travaux, sous la garantie d'une caution, par une série de versements anticipés.

MARCHÉ POUR DES TRAVAUX DE DESSÈCHEMENT A ERETRIE.

'Αρχ. ἐφημ., 404 (année 1869) : Marché publié par M. Eustratiades et ana lysé par M. R. Dareste, qui a donné le sens des principales expressions techniques (*Annuaire des Études grecques*, 1877, p. 107).

Ouvrages mentionnés :

Conduites souterraines, φρεατίαι.

Rigoles à ciel ouvert, ταφροί.

Un canal de décharge, ὑπονόμος, avec vanne (θύρα).

Un bassin, δεξαμένη, entouré d'un mur d'appui (δρυφάκτος).

L'entrepreneur devra exécuter à ses frais tous les travaux du dessèchement ; il jouira de l'ἀσυλία, càd. (voir le Mém. de M. Dareste) que ses biens ne pourront être saisis pour couvrir les dettes de ses compatriotes. Dans des circonstances que les lacunes du texte laissent malheureusement indécises, les terrains nécessaires aux travaux seront sujets à expropriation. — Quant à la rémunération, elle consiste dans la cession, pour dix années, des terres desséchées, moyennant une redevance de 30 talents.

CONTRAT POUR LA RÉPARATION DU THÉATRE DU PIRÉE

C. I. G. 102. — Cf. *Annuaire des Études grecques*, 1877 et C. I. A. 1058.

Les articles conservés se rapportent au mode de paiement : Les entrepreneurs prennent à leur charge les réparations, et s'indemniseront sur les revenus du théâtre dont ils seront fermiers moyennant une redevance annuelle de 3,400 dr. En principe, c'est une concession de même sorte que celle du dessèchement des marais d'Eretrie.

— Au cas où les conventions ne seraient pas observées, la ville se réserve le droit de faire exécuter les travaux au compte de l'entrepreneur : nous appellerions cette mesure une *mise en régie*.

MARCHÉ DE TRAVAUX PUBLICS A DÉLOS

C. I. G., **2266** : Dernières lignes d'un contrat que Bœckh rapporte à la période comprise entre la 115ᵉ et la 140ᵉ ol.

La partie perdue paraît avoir contenu les prescriptions techniques ; la partie conservée est surtout administrative. Elle prévoit le cas de ce singulier « procès de mensonge » que nous avons essayé d'expliquer p. 189 ; puis elle s'étend sur la condition faite aux ouvriers étrangers. Contrairement à l'usage athénien, les magistrats de Délos admettent des étrangers à soumissionner leurs travaux ; et ils leur accordent pour un temps déterminé la franchise des droits d'octroi (l. 18). — Le mode de paiement est très nettement stipulé : paiements par avances échelonnées, sous la garantie d'une caution et moyennant la retenue du dixième (l. 14). — Les adjudicateurs sont à la fois surveillants et comptables : s'il y a retard dans les versements, l'entrepreneur les met personnellement en cause ; tout se passe entre eux et lui. Leur rôle est de point en point le rôle de délégués responsables que les Romains attribuaient aux *curatores*.

— On lit, l. 23, que l'État fournira « de l'airain travaillé πρ.ιων. » ; et plus loin, *après une lacune*, on distingue le membre de phrase suivant : « pour le στρῶμα du temple d'Apollon » :

Les auteurs du *Corpus* traduisent : « de l'airain débité à la scie (πριώνι), et admettent que cet airain était destiné au στρῶμα, càd. au dallage (ou bien à la toiture?) du temple. — La lecture πριώνι nous paraît plus que douteuse, et la lacune permet de croire qu'entre la fourniture de bronze et l'établissement du στρῶμα, il n'existe aucune liaison.

AUTRE MARCHÉ A DÉLOS

Ἀθήναιον, vol. 4, p. 154.

— Inscription très mutilée : indiquait les conditions de paiement du dixième de garantie (ἔπι | [δέκατον] : l. 5-6), ainsi que la retenue dont l'entrepreneur et ses répondants seront passibles pour chaque **jour** de retard dans la livraison des travaux.

FRAGMENT DE DEVIS POUR LES SUBSTRUCTIONS D'UN TEMPLE
DANS L'ILE DE LESBOS

Ephemeris epigr., vol. II (1875), n° XVI.

— Cette inscription ne nous est connue que par une copie malheureusement fort incorrecte faite au xv° siècle par Cyriaque d'Ancône.

L'objet du devis est la continuation des travaux de fondations d'un temple.

La fouille sera pratiquée uniformément jusqu'à une profondeur de deux coudées : « Toutefois, ajoute le devis, s'il y a des parties molles dans le sol destiné à recevoir la fondation (θεμέλιον), l'entrepreneur décapera pour faire place à de la pierre grossière, fournissant lui-même à lui-même la pierre grossière. »

Les blocs de cette fondation présenteront au moins les dimensions suivantes : Longueur, 1/2 coudée ; largeur, 1 coudée ; épaisseur, 3 palmes. — Pour les asseoir, on dressera le sous-sol par gradins, et lors de la pose on observera d'établir entre les joints une bonne *découpe*.

Les dernières lignes se rapportent aux soins requis de l'entrepreneur pour le dressage des faces de lits : je crois y lire les mots διαψαμμώσας θεμέλιους ; il y aurait là un indice de l'emploi du sable pour obtenir par usure des faces de lits bien planes.

— Tel est le résumé de ce fragment de devis. — Comme forme de rédaction, il se rapproche fort de l'inscription de Livadie (p. 175) : même style lourd, diffus ; une phrase entière se retrouve presque semblable à elle-même dans les deux textes : « ἐὰν δέ τι μαλακὸν... »

— On notera que, dans les deux cas, c'est seulement pour les fondations que le devis confie à l'entrepreneur la fourniture des matériaux : le caractère imprévu de ces travaux explique assez cette dérogation à la règle des marchés à forfait.

PRINCIPAUX ÉLÉMENTS
D'UN VOCABULAIRE TECHNIQUE
FOURNIS PAR LES INSCRIPTIONS

Ἀιετός fronton.

ἀκρογείσιον couronnement de corniche.

ἀναθυροῦν encadrer (d'une ciselure).

ἀνθέμιον palmette.

ἀντίζυγον contre-moise.

ἀντιθῆμα pierre faisant contre-parement.

ἁρμός joint vertical. La face antérieure d'une pierre s'appelle προςιὼν ἁρμός, et les faces verticales de contact entre cette pierre et ses voisines ἀπιόντες ἁρμοί.

ἀστράγαλος quart de rond.

Βάθρον gradin; traverse d'une porte à claire-voie?

βάσις lit de pose (d'une pierre).

Γεισῆπους, γεισηπόδισμα encorbellement d'une corniche.

γεῖσον corniche; γεῖσα ἀιέτια, καταιέτια corniches rampantes (d'un fronton).

γογγύλος profilé.

γόμφος cheville.

Δέμα crampon.

διαβήτης niveau.

διέρεισμα entretoise; poutre de plancher.

δίοδος passage transversal: poterne.

δοκός poutre; δοκίς poutrelle.

δρύφακτος mur d'appui.

Ἔνδεσμος madrier de chaînage.

ἔπαλξις mur crénelé; ἐπάλξιον désigne plus spécialement le parapet.

ἐπεργασία arasement (d'une assise de pierres).

ἐπιβλής traverse.

ἐπίκρανον, κιόκρανον chapiteau; ἐπικρανίτις couronnement de mur.

ἐπιστύλιον architrave.

ἐπωροφία (voir ὀροφή).

εὐθυντηρία soubassement; ὑπευθυντηρία substruction.

εὕρημα prix d'adjudication; ὑπερεύρημα enchère.

Ζυγόν linteau.

Θεμέλιον fondation.

θρᾶνος longrine.

θριγκός chaperon.

θύρα vantail d'une porte, vanne; θυραία baie de porte; θυρίς fenêtre, créneau; θύρωμα grande porte; ὑπερθύρον couronnement de porte.

θυροκιγκλίς montant de porte à claire-voie.

θωρακεῖον revêtement.

Ἰκρίον, ἰκρίωμα échafaudage; ἰκριωτήρ montant.

ἱμάς madrier portant le voligeage d'une toiture; latte.

Κάλυμμα volige d'un comble; panneau d'un plafond.

καλυπτήρ tuile couvre-joint?

κάλχη rosace.

κανθήλιος échafaudage volant.

κανών règle; κ. λίθινος règle de pierre (pour les opérations de dressage).

καταληπτήρ crampon de scellement?

καταστρωτήρ dalle.

8

κατατομή ravalement d'un parement vertical.

καταφορά pente.

κέραμος tuile; κ. ἡγεμών tuile de rive.

κερκίς broche?

κεφαλή : κατὰ κεφαλήν à niveau.

κίων piédroit (spécialement pilier carré).

κλιμάκις (voir σελίς).

κολαπτήρ ciseau; poinçon.

κορυφαῖον faîtage.

κρατευταί éperons de fondation.

κρηπίς socle.

κριός tête de poutre.

κύβος corbeau (cubique).

κυμάτιον talon.

Λείστριον ciseau à taillant lisse.

λιθολόγημα blocage.

λιθοτόμος carrier.

Μασχαλιαία pierre d'angle.

μεσόμνη toute pièce horizontale isolée dans l'espace : entrait d'un comble; tablette d'une étagère.

μετακιόνιον entre-colonnement.

μέτωπον trumeau (entre deux baies); front d'une construction.

μιλτολογεῖν vérifier à la sanguine (le dressage des surfaces); σύμμιλτος ajusté à la sanguine.

Ξοίς toute espèce de marteau tranchant : ξ. χαρακτή marteau bretté, laye; ξ. χ. πυκνὴ ἐπηκονημένη laye fine; ξ. χ. τραχεῖα rustique; ξ. ἀρτίστομος marteau à taillant en bédane.

Ὀδός seuil.

ὁμοτριβεῖν s'ajuster à joints vifs; τριμματολογεῖν vérifier l'ajustage.

ὄνυξ crampon.

ὀπαῖον caisson (d'un comble).

ὀρθοστάτης pierre de champ.

ὀροφή toute espèce de plate-forme : plafond, plancher, toiture. Quand la toiture est distincte du plafond, on lui réserve le nom d'ἐπωροφία. Le plancher haut et le plancher bas d'une salle se distinguent par les mots ἄνω et κάτω ὀροφή.

οὖς console.

Παραστάς jambage (de porte).

πάροδος chemin de ronde.

πελεκητής ébaucheur?

πελεκῖνος queue d'aronde.

περίδρομος terre-plein d'une enceinte.

πλαίσιον caisson (d'un plafond).

πλευρά : παρὰ πλευράν en parement?

πλινθοβολεῖν faire un repiquage.

πλίνθος brique; pierre de taille.

προσαγωγεῖον équerre.

προστομιαῖον chambranle?

Ῥάβδωσις cannelure.

Σανίς planche.

σελίς panne de comble; poutre de plafond. σ. κλιμάκις (poutre-échelon) : poutre ou panne ordinaire; σ. καμπύλη (panne de brisis) : faîtage.

σπεῖρα base de colonne.

στεγάζειν couvrir d'une plate-forme.

στόχος pilier.

στρῶμα chaussée.

στρωτήρ madrier horizontal.

στῦλος colonne; παραστύλιον pilastre adossé; στυλοβάτης stylobate.

σφηκίσκος chevron (de comble); solive (de plancher).

σφόνδυλος tambour d'un fût.

Τράπεζα plate-forme d'échafaudage.

Ὑπερτόναιον linteau; ὑποτ. seuil.

ὑποδομή mur de soutènement?

ὑπόθημα sous-poutre.

ὑποτομή ravalement du dessous d'une pierre.

Χοῦ remblai.

χοινικίς crapaudine.

RECTIFICATIONS
ET OBSERVATIONS ADDITIONNELLES

ARSENAL DU PIRÉE.

Pag. 5, l. 3. — *Au lieu de* Milet,
     lire ...... Melite.

Cette correction a son importance; car, jusqu'à l'époque de notre inscription, il est, je crois, sans exemple qu'Athènes ait confié ses travaux à d'autres qu'à des citoyens : ses ressources lui suffisaient. Au contraire, on voit les autres villes grecques fréquemment obligées de faire appel à des entrepreneurs étrangers (Inscr. de Tegée et de Delos).

Pag. 15, l. 14. — *Au lieu de* meutrières,
     lire ...... meurtrières.

Pag. 36, l. 11. — *Au lieu de* 3 à 5,
     lire ...... 4 à 5.

LES MURS D'ATHÈNES.

Pag. 47, l. 9. — *Au lieu de* le chemin de ronde,
     lire ...... la poterne.

Pag. 52, l. 4 et 5. — *Au lieu de* Et il superposera [à ces créneaux] des linteaux de
         bois (C) [régnant] sur la longueur du mur,
     lire ...... Et [à ces créneaux] il superposera, en les chevillant,
         des linteaux de bois (C) (régnant) sur (toute) la
         traversée du mur.

Pag. 60, l. 9 — *Au lieu de* les chemins de ronde,
     lire ...... les poternes.

Pag. 64, l. 8. — *Au lieu de* chemin de ronde (δίοδος). Ce δίοδος,
     lire ...... chemin de ronde (πάροδος). Ce πάροδος.

— Nous avons confondu à tort dans une signification commune les deux mots δίοδος et πάροδος. — En fait, les deux mots ont des sens bien distincts : le δίοδος est un passage transversal, une *poterne;* et c'est au mot πάροδος qu'est réservé le sens de *chemin de ronde :* c'est au πάροδος seul que conviennent les explications de la page 64.

Voir sur le sens du mot *diodos* l'excellent article de M. de Rochas dans le *Dictionnaire des antiquités* de M. Saglio.

Pag. 81, 1ʳᵉ col., l. 7. — *Au lieu de* γεισμπόδισμα,
                 lire . . . . . . γεισηπόδισμα
    —   2ᵉ col., l. 9. — *Au lieu de* Μέτωπον... 40. 61. 62.
                 lire . . . . . . Μέτωπον... 60. 66.

L'ERECHTHEION.

Pag. 107 à 109. — Il est possible que les *petits caissons* V, au lieu de se grouper quatre par quatre dans l'intervalle de deux solives, se soient groupés simplement deux par deux entre des solives moins espacées.

De cette sorte, les grands caissons auraient présenté non plus un plan carré, mais un plan en rectangle allongé, forme que le mot τετράγωνον est loin d'exclure. — Si l'on admet cette hypothèse, on s'expliquera mieux peut-être les passages 1ᵉʳ fr., l. 31, et 2ᵉ fr., l. 1, où les petits caissons sont mentionnés *par couples.* Dans cette nouvelle hypothèse, les grands caissons compris entre les solives du plafond rappelleraient davantage les grands caissons compris entre les chevrons du comble : la correspondance de forme et de vocabulaire entre l'ὀροφή et l'ἐπωροφία deviendrait plus complète.

Ce n'est là d'ailleurs qu'une variante, qui modifierait à peine l'aspect du plafond, *sans rien changer* au rôle des pièces qui le composent.

TABLE GÉNÉRALE

Pages.

PRÉFACE.. 1

1ʳᵉ ÉTUDE.

L'Arsenal du Pirée, d'après le devis original des travaux......................... 1

2ᵉ ÉTUDE.

Les Murs d'Athènes, d'après le devis de leur restauration..................... 43

3ᵉ ÉTUDE.

L'Erechtheion, d'après les comptes des dépenses............................. 85

4ᵉ ÉTUDE.

Un devis de travaux publics à Livadie..................................... 173

APPENDICE.

Notice analytique des principales inscriptions relatives aux travaux publics chez les Grecs :
    a) Fragments de la comptabilité des Propylées et du Parthénon............. 215
    b) Compte de dépenses relatif à la pose de deux statues................... 216
    c) Comptes de l'enceinte et des temples d'Éleusis........................ 222
    d) Comptes de construction du temple de Jupiter Sauveur au Pirée.......... 223
    e) Compte de travaux exécutés aux abords d'un temple à Trézène.......... 224
    f) Compte de travaux publics à Hermione............................... 224
    g) Inscriptions de Corcyre.. 225
    h) Règlement général pour les travaux publics à Tégée................... 225
    i) Marché pour des travaux de dessèchement à Eretrie................... 226
    j) Marché pour la réparation du théâtre du Pirée....................... 226
    k) Marchés de travaux publics à Délos................................ 227
    l) Devis pour les substructions d'un temple dans l'île de Lesbos........... 228
Principaux éléments d'un vocabulaire technique fournis par les inscriptions............ 229
Rectifications et observations additionnelles..................................... 231

PARIS. — IMP. DE LA SOC. ANON. DE PUBL. PÉRIOD. — P. MOUILLOT. — 43746.

OUVRAGES DU MÊME AUTEUR

L'ART DE BATIR CHEZ LES ROMAINS (1 vol. gr. in-4°). **60 fr.**

(Ouvrage couronné par l'Institut.)

L'ART DE BATIR CHEZ LES BYZANTINS (1 vol. gr. in-4°). **60 fr.**

L'ASIE MINEURE ET LES TURCS, Souvenirs de voyage
(1 vol. in-18). . . . .

LE SAHARA, Souvenirs d'une Mission à Goléah (1 vol. in-18).

(Le Rapport technique de la Mission est sous presse à l'Imprimerie Nationale.

PARIS. — IMP. DE LA SOC. ANON. DE PUBL. PÉRIOD. — P. MOUILLOT. — 43748